Eberhard Winterhager • Die vergessene Pflicht

Das Grunddefizit des postmodernen Pluralismus

Eberhard Winterhager

Die vergessene Pflicht

Das Grunddefizit des
postmodernen Pluralismus

Die vergessene Pflicht
Verfasser: Eberhard Winterhager
Satz, Druck und Verarbeitung: Vorländer GmbH & Co., Siegen
– 1998 –
ISBN 3-923483-30-9

In matris memoriam

Vorwort

Die nachfolgenden Gedanken haben großenteils eine journalistische Ausgangsbasis. Wer beruflich damit befaßt ist, Wege und Entscheidungen von Menschen, von Politikern zumal, zu beschreiben, muß zwar nicht unbedingt eigene Überzeugungen über den richtigen Weg haben, aber wer kommentierend mehr zu Papier bringt als bloße Beschreibungen, für den sollte die Rechtfertigung seiner kritischen Aussagen eine maßgebliche Rolle spielen.

Auf der Suche nach solcher Rechtfertigung dürfte die Fixierung zulänglicher Grundlagen wichtiger sein als die Anhäufung zusätzlichen Expertenwissens. Der Experte wird ohnehin seinen Mitmenschen immer noch unverständlicher, weshalb dem Journalisten vermehrte Mittlerfunktionen zukommen. Um der Klärung von Grundlagen willen gilt es aber dort, wo menschliches Handeln im Mittelpunkt steht, der Frage nachzugehen, ob solches Handeln nicht letztlich aus einem einheitlichen Grund erfolgen sollte. Das ist das Anliegen dieser Betrachtungen. Sie sind im Kern philosophischer Natur. In einer Zeit, in der sich die Universitätsphilosophie mit einer Randexistenz abgefunden zu haben scheint, kehren die nachfolgenden, praxisnahen Gedanken zu der alten Vermutung zurück, daß jeder menschlichen Vernunft eine ursprüngliche sittliche Einsicht zugänglich ist. Nicht die wohlfeilen „Bereichsethiken", sondern die Mitte aller Ethik wird neu thematisiert.

„Philosophie ist ihre Zeit, in Gedanken erfaßt", hat einst G. W. F. Hegel geschrieben. Dazu muß sie sich aber den Problemen ihrer Zeit stellen, muß die Erkenntnisse anderer Disziplinen prüfen und immer neu zu den Grundlagen zurückkehren.

Auf diesen Weg geraten zu sein, verdanke ich der „Begegnung" mit den wichtigsten Werken Immanuel Kants noch während meiner Gymnasialzeit. Mein Philosophiestudium wurde zur Konsequenz dieser Suche. Besonders die Vorlesungen und Seminare bei Dieter Henrich in den Jahren 1965 bis 1968 (damals in Heidelberg), vor allem ein zweisemestriges Seminar über die „Transzendentale Deduktion der Kategorien" und ein Oberseminar über „Das Problem Selbstbewußtsein", haben die Hoffnung auf die Richtigkeit dieses Weges zur Gewißheit werden lassen.

Siegen, im Mai 1998 — Eberhard Winterhager

Inhalt

Vorwort 7
Einleitung 11
Kapitel 1: Die mutlosen Wohlstandsbürger 19
Kapitel 2: Das System der Konsensfindung 27
Kapitel 3: Vom „Prinzip“ der Prinzipienlosigkeit 39
Kapitel 4: Auf der Couch der Sozialwissenschaften 49
Kapitel 5: Unerschütterte Gesinnungen 59
Kapitel 6: Alarmzeichen der Gewalt 69
Kapitel 7: Abenteuer Wirtschaft 75
Kapitel 8: Lähmende Strukturen 101
Kapitel 9: Spenden allein reichen nicht 111
Kapitel 10: „Multikulturelle“ Ausflüchte 125
Kapitel 11: Brücken zum Islam? 137
Kapitel 12: Emanzipation 153
Kapitel 13: Der Individualismus und seine Schwächen 163
Kapitel 14: Zwischenmenschliche Deformationen 181
Kapitel 15: Das Verhältnis zur Natur 193
Kapitel 16: Die Moral in der pluralistischen Gesellschaft 205
Kapitel 17: Die sittliche Einsicht 217
Kapitel 18: Das Sittengesetz 227
Kapitel 19: Warum moralisch sein? 239
Kapitel 20: Der Prozeß der Zivilisation und die Freiheit 251

Einleitung

Die Erkenntnisse, die eine Gesellschaft von sich selber und anderen gewinnt, sind stets auch „Produkte" dieser Gesellschaft. Ob solche gesellschaftlichen Produkte die Gesellschaft quasi über sich und andere hinausbringen, ob sie also „wahr" sind, scheint nicht von vornherein ausgemacht. Zweifel daran keimen vor allem dann auf, wenn politische, wirtschaftliche oder soziale Umbrüche stattfinden und der Eindruck entsteht, daß jene früheren Erkenntnisse ihr Gewicht, ihre Relevanz usw. verloren haben. Als größter solcher Umbruch dürfte im 20. Jahrhundert nach dem epochemachenden Einschnitt des Ersten Weltkriegs der Untergang des „real existierenden Sozialismus" in Osteuropa einschließlich Ostdeutschlands anzusehen sein. Viele jener vermeintlich gesicherten Erkenntnisse, welche die alte Bundesrepublik bis zum Herbst des Jahres 1989 über sich selbst und über ihre Unterscheidungsgründe zur damaligen DDR produziert hat, waren auf einmal sehr fragwürdig geworden.

Nur mit einem Verdrängungsprozeß ohnegleichen war es zu erklären, daß die ganze marode Lage der DDR so schlagartig zutage trat. Atemlos beobachtete die alte bundesdeutsche Gesellschaft, was da geschah, und besonders ihre Linke mußte begreifen lernen, daß es auch ihre eigenen Dogmen über die Vorzüge sozialistischer Ansätze gewesen waren, deren Zusammenbruch sich hier mitvollzog.

Geht man der Fehleinschätzung inhaltlich nach, dann waren es offenbar sowohl die wirtschaftliche und ökologische Situation der DDR, über die man im Westen unzulänglich informiert war, als auch die Stimmung der Menschen, die sich nach weit verbreiteter Auffassung des Westens in einem sozialistischen Land ihren Bedürfnissen gemäß eingerichtet hatten. Beides, jene Verdrängung und diese Annahme, erwiesen sich im Spätherbst des Jahres 1989 als ein für eine vermeintlich aufgeklärte Gesellschaft lange gehegter, erstaunlicher Irrtum.

Über die Situation vieler Unternehmen der DDR wie auch über die ökologischen Mißstände war allerdings so manches bekannt gewesen. Man raunte nur im Westen mehr darüber, als daß man die entsprechenden Einsichten systematisiert und ausgewertet hätte. Wer solches versuchte, galt schon als kalter Krieger. Schon 1978 schrieb der polnische Publizist Stefan Kisielewski, im Westen gebe es keine

Interessenten für die Wahrheit über den Zustand der kommunistischen Staaten.[1] In Deutschland aber wurde solches Nichtwissen-Wollen spätestens nach der Phase der neuen Ostpolitik unter Willy Brandt regelrecht kultiviert.

Hinsichtlich der Menschen vor allem in der DDR scheint man im Westen recht weitgehend an eine Realisierung des Ziels eines sozialistischen Menschen bzw. eines sozialistischen Bewußtseins geglaubt zu haben. Selbst die Sozialwissenschaften, die doch ein nüchternes Bild ihres Erkenntnisgegenstandes zeichnen sollten, haben sich gegen solchen Glauben nicht nachhaltig aufgebäumt. Zu sehr stand wohl vielen ihrer Vertreter eine „bessere" Gesellschaft als Ziel vor Augen, welches die DDR zwar bei weitem nicht erreicht hatte, für welches sie aber eine immer noch vielversprechende Option war. Noch nach dem Fall der Berliner Mauer schrieb Erhard Eppler am 24. November 1989 in der „Zeit", im Experiment eines demokratischen Sozialismus liege eine Chance für den anderen deutschen Staat. Auf der „Grundlage des Gemeineigentums an großen Produktionsmitteln" sei politischer und ökonomischer Wettbewerb freizusetzen.[2] Der Zweifel am eigenen System schlug sich nieder in Ratschlägen für die DDR, welche freilich damals die große Mehrheit nicht befolgen mochte.

So bleibt denn als vorläufige Schlußfolgerung aus solchen Beobachtungen die Frage zu stellen, ob man in der alten bundesdeutschen Gesellschaft – und vielleicht darüber hinaus – den heutigen Menschen mit allen seinen Eigenarten, mit seinen Wünschen, Hoffnungen und auch seinen Fehlern realistisch genug gesehen hat bzw. sieht. Das geschichtlich-konkrete Subjekt, über das viele nachzudenken vorgeben, muß eben bis in alle erfahrungswissenschaftlichen Niederungen hinein verstanden werden.

Dabei kann es kaum einen Zweifel daran geben, daß es in unserer Zeit vor allem die Erfahrungswissenschaften vom Menschen weiter gebracht haben als in irgendeiner Zeit zuvor. Es ist jedoch keineswegs genauso selbstverständlich, daß es der Gegenwart gelungen wäre, alle Erfahrungseinsichten über den Menschen wieder zu einem Menschenbild aus einem Guß zusammenzusetzen. Eine Art wissenschaftlich begründetes Integral aus den Erkenntnissen der Einzelwissenschaften vom Menschen zu bilden, übersteigt gerade die Möglichkeiten der Einzeldisziplinen.

Damit aber muß es vielleicht gar nicht anmaßend sein, wenn sich ein Journalist anheischig macht, zur Frage eines angemessenen Menschenbildes etwas beitragen zu können. Anders als der Soziologe, der es mit dem homo sociologicus, oder der Psychologe, der es mit dem homo psychologicus, oder der Ökonom, der es mit dem homo oeconomicus zu tun hat, ist der Journalist schon immer am geschichtlich-konkreten Menschen orientiert. Er ist sogar befugt und als Wissenschaftsjournalist aufgerufen, dem Wissenschaftler Zweifel an der Eignung einer wissenschaftlichen Theorie, eines theoretischen Modells zur Erklärung der Realität mitzuteilen.

Journalismus erhebt selber keinen wissenschaftlichen Anspruch. Aber nach der Wahrheit sucht er auch. Wollte man den Sprachgebrauch mancher Philosophen benutzen, könnte man sagen, daß Journalisten zumeist auf der Ebene sogenannter Protokollsätze ihren Einstieg finden, also bei der Beschreibung von Ereignissen, Fakten, wie sie sich in der realen Welt anbieten. Daß die Journalisten dabei auch schon Unmengen wissenschaftlich beeinflußter Deutungsschemata benutzen, versteht sich von selber.

Nun ist es gerade und ausschließlich der geschichtlich-konkrete Mensch, der handelt und dessen Handeln sittlichen Maßstäben genügen sollte, sofern denn Sittlichkeit dem Menschen aufgegeben ist. Um menschliches Handeln geht es in den nachfolgenden Betrachtungen. Daß aber bloße Erfahrungswissenschaften solchem Handeln hinsichtlich seiner moralischen Seite gerecht werden könnten, ist nach wie vor nicht anzunehmen.

Um es in einer Analogie auszudrücken: Bezeichnenderweise kommt für die Rechtsprechung nicht der Rechtswissenschaftler, sondern der Richter in Betracht. Und was in rechtlicher Hinsicht gilt, dürfte ähnlich in moralischer Hinsicht gelten. Der Theoretiker mag hier wichtige Beiträge leisten, das moralische Subjekt ersetzt er als solcher nicht. Ja, es ist z. B. schon problematisch genug, inwieweit etwa ein Soziologe menschliche Freiheit thematisch machen kann, sucht er doch nach Gesetzmäßigkeiten des Verhaltens in Gruppen usw. Der Historiker aber oder evtl. auch der Politologe, die keineswegs für reine Erfahrungswissenschaften stehen müssen, sind insoweit, als ihre Disziplinen auch moralische Aspekte im Handeln der geschichtlichen Personen zu beurteilen suchen, anderen Beobachtern zumindest nicht notwendig voraus.

Sofern es um Fragen der Moral geht, ist eben jeder Mensch als Mensch angesprochen. Im Kern kann hierbei nur jeder für sich urteilen, erkennen, was zu tun ihm aufgegeben ist. Überdies besteht hinsichtlich der sittlichen Prinzipien, der Imperative – oder wie man es nennen mag – schon unter den Lehrern der Ethik kein Einvernehmen. Die Ethik als die philosophische Disziplin, welche über die moralischen Probleme systematisch nachdenkt, vermag sich sogar in allzu vielen ihrer Ausprägungen den meisten Menschen kaum mehr verständlich zu machen.

Bekanntlich läßt sich menschliches Handeln im Einzelfall kaum „von außen" beurteilen. Die Handlungsmotive des einzelnen sind dem Außenstehenden im Normalfall nur sehr bedingt durchsichtig. Einen Menschen nach moralischen Kriterien wegen seines Handelns zu verurteilen oder zu loben, ist ein irrtumsträchtiges Geschäft. So mancher Richter, der bei der Anwendung des Strafrechts um die Frage nach der moralischen Verwerflichkeit eines Handelns nicht herumkommt, ist nicht zu beneiden.

Anders scheinen sich die Dinge jedoch zu verhalten, wenn es um die Beurteilung größerer Sozialgebilde geht. Mit Bezug auf solche Gebilde zu fragen, ob und inwieweit sich die Menschen hier nicht nur an Rechtsnormen, sondern auch an sittliche Normen halten, scheint durchaus legitim. Dabei können offen sichtbare Verstöße gegen Grundsätze der Sittlichkeit zumindest zweierlei besagen: Entweder die Menschen vermuten neben den Rechtsnormen kaum mehr (ungeschriebene) sittliche Normen, oder sie kennen zwar (noch) sittliche Vorgaben, aber sie halten sich aus irgendwelchen Gründen nicht mehr daran.

Was indes bei der Suche nach sittlichen Vorgaben im menschlichen Verhalten innerhalb von Sozialsystemen als zusätzliches Problem auftritt, sind die gesellschaftlichen oder sozialen Normen. Sie spielen neben den Rechtsnormen eine teilweise beachtliche Rolle. Es scheint zumindest nicht selbstverständlich, daß solche Normen etwas mit Sittlichkeit, mit Moral zu tun haben. Ja, solche Normen können sogar – wie man es nicht zuletzt aus der Dichtkunst weiß – der Sittlichkeit regelrecht entgegenstehen. Jedenfalls wissen wir heute, daß auch soziale Normen in Frage gestellt werden, daß sie sittlich geprüft werden müssen.

Die in der Gegenwart häufig zu hörenden Hinweise auf „Wertewandel" oder gar „Werteverfall" kranken nur zu oft daran, daß schon begrifflich nicht geklärt wird, ob die Werte aus sittlichen oder sonstigen gesellschaftlichen Normen resultieren bzw. solche Normen darstellen sollen. Was für Sozialwissenschaftler ein taugliches begriffliches Instrument sein mag, kann für denjenigen, der sich auf philosophische Maßstäbe besinnt, die Dinge weitgehend vernebeln. Nur wenn Werte sozusagen moralische Fixgrößen wären, hätte es Sinn, sich auf die Wertediskussion einzulassen. Ordnet man sie aber bei den (nichtmoralischen) sozialen Normen ein, müssen sie aus dem Gesichtswinkel der Moral vernünftigerweise zu allen Zeiten und von allen Generationen neu geprüft werden.

Werden nun – wie generell in modernen Gesellschaften – die Werte bzw. sozialen Normen zumindest teilweise ständig neu in Frage gestellt, wird auch so etwas wie „Orientierung" mehr und mehr zum Problem. Der Münchner Philosoph Robert Spaemann schreibt etwa: „Das Glücken des eigenen Lebens bleibt ... unthematisch, solange traditionelle, religiöse und soziale Orientierungshorizonte in fragloser Geltung sind und die Gewohnheiten, durch die diese Horizonte verinnerlicht werden, den Charakter einer ‚zweiten Natur' haben."[3]

Ob es wirklich das „Glücken des Lebens" ist, was erst nach dem Zerfall der traditionellen Orientierungshorizonte thematisch wird, sei hier noch dahingestellt. Auf alle Fälle hat die Suche nach den moralischen Bestimmungselementen im Leben der Menschen heutiger Wohlstandsgesellschaften schon insofern einen guten Sinn, als viele Orientierungen verlorengegangen sind. Das Schlagwort von der Orientierungskrise ist in den vergangenen Jahren oft zu hören gewesen. Daran hat die Theorie nichts Erkennbares ändern können. So weit die Theorie in Form der Wissenschaften auch vorangekommen sein mag, hinsichtlich der Praxis lassen sich Fortschritte kaum ausmachen, ja, die Theorie ist sogar tendenziell geeignet, die Praxis des Menschen zu verunsichern.

Hinzu kommt nach heute verbreiteter Einsicht – nochmals ist das Thema hier anzusprechen – der Niedergang des Kommunismus. War bis zu dieser Zäsur vieles im politischen Handeln noch durch den Dualismus zweier Weltmächte, durch die damit verbundene militärische Bedrohung sowie durch die Abschottung der westeuropäischen Märkte gegen die Billiganbieter aus Osteuropa bedingt, so hat sich diese Problemkonstellation heute sozusagen in viele Detailprobleme zerlegt. Seit dem Wegfall jenes fundamentalen Gegensatzes aber stellt sich in ganz neuer Weise die Frage, worauf der Mensch und die Menschheit insgesamt denn nun ihre Kräfte auszurichten haben.

Es sollte auch für die mittlerweile weithin verunsicherten Anhänger der Marktwirtschaft über jeden Zweifel erhaben sein, daß die großen menschheitlichen Ziele als solche nicht mehr Sache der Marktwirtschaft sein können. Vielmehr gilt es, die Marktwirtschaft besser als bisher in den Dienst dieser Ziele zu stellen, vor allem in dasjenige einer dauerhaften Grundversorgung aller Menschen bei Erhaltung des ökologischen Gleichgewichts auf der Erde. Wenn es unserer Zeit mit ihren Bekenntnissen gegen Nationalismus und Rassismus und für das Lebensrecht aller Menschen ernst wäre, dann würde sie jedenfalls die nötige Ordnungspolitik zur Absicherung der unerläßlichen marktwirtschaftlichen Mechanismen weit entschlossener anpacken.

Gerade vor dem Hintergrund des Bekenntnisses zum Lebensrecht aller Menschen stellt sich deshalb die Frage nach der Pflicht des Menschen mit neuer Nachdrücklichkeit. Besonders in den hochentwickelten Wohlstandsgesellschaften, wenn auch vielleicht nicht in allen ihren sozialen Schichten, gibt es weitgehende Gestaltungsmöglichkeiten und Freiräume, hinsichtlich deren die Frage zu stellen ist, ob sie nicht weit mehr zum Vorteil der Menschheit genutzt werden könnten. Solche anderweitige bzw. verbesserte Nutzung investiver Spielräume muß keineswegs ihrer Privatnützigkeit Abbruch tun, im Gegenteil: Die größere Risikobereitschaft verdient bei Erfolg auch den höheren Gewinn.

Das kommunistische Experiment hat unfaßlich viele Ressourcen vertan. Es scheint noch nicht einmal ausgemacht, ob angesichts der nur unwesentlich langsamer wachsenden Zahl der Erdbevölkerung der „Point of no Return“ nicht schon überschritten ist. Wäre dies der Fall, ließe sich absehen, daß nur noch gigantische Katastrophen ein Gleichgewicht zwischen einer wesentlich verringerten Zahl der Erdbevölkerung und den sonstigen Gegebenheiten des Globus herbeiführen können.

Gerade in jenen Fällen aber, in denen die Vernunft es nicht mehr oder noch nicht überschauen kann, welche Auflagen dem einzelnen Handeln gemacht werden müssen, damit ein sicherer Weg beschritten wird, empfiehlt sich die Rückbesinnung auf die Pflicht. Wir müssen uns in diesem Sinne als Menschen fragen, was uns zu tun gebührt, damit allen Menschen eine Lebenschance gewährt wird und auch die übrige Kreatur, soweit sie einen „Zweck an sich“ darstellt, keinen weiteren Schaden nimmt.

Hans Jonas[4] nennt die Verantwortung eine „neu hervorgetretene Pflicht“ unserer Zeit und erhebt diese Verantwortung zu einem „Prinzip“, als ob die Berücksichtigung der Folgen unseres Handelns nicht schon zu allen Zeiten gefordert gewesen wäre. Jonas mag allerdings mit der Annahme richtig liegen, daß sein „Prinzip Verantwortung“ im politischen Rahmen eine griffigere Forderung darstellt als die fundamentalere Frage nach der Pflicht. Doch die Fixierung unseres Blicks auf die Verantwortung macht es leichter, auf andere bzw. andere Instanzen zu warten, statt hier und jetzt selber Hand anzulegen. Ähnlich wie viele vor Jahren mit Jonas ihre Hoffnung auf den Begriff (und auf die Sache) „Verantwortung“ gesetzt haben, ist es inzwischen der von Amerika kommende Kommunitarismus, der Abhilfe von allen Übeln bringen soll. Die Rückkehr zu dem schlichten und doch zugleich unbequemen Gedanken der Pflicht wird demgegenüber kaum ins Auge gefaßt.

[1] Stefan Kisielewski, „Ist das schon Sozialismus, oder kommt es noch schlimmer?“, FAZ vom 29. August 1978.

[2] Erhard Eppler, Ist die DDR zu retten? Die Zeit vom 24. November 1989.

[3] Robert Spaemann, Glück und Wohlwollen, Stuttgart 1989, S. 45.

[4] Hans Jonas, Das Prinzip Verantwortung, Frankfurt 1984, S. 8.

Kapitel 1

Die mutlosen Wohlstandsbürger

Der Niedergang des Kommunismus gegen Ende der 80er und zu Beginn der 90er Jahre hat seinerzeit unter vielen Verfechtern der Marktwirtschaft und der liberalen Demokratie ein Gefühl der Genugtuung ausgelöst, ohne freilich in Triumph umzuschlagen. Sofern dieses Gefühl nicht Elemente der Selbstgerechtigkeit in sich trug, war ihm eine gewisse Berechtigung nicht abzusprechen. Man hätte deshalb auch auf der Basis solcher Bestätigung der Überzeugung, auf dem richtigen Weg zu sein, die Freisetzung neuer Bereitschaft zum Engagement im Sinne eines Neuaufbaues bzw. eines Ausbaues der Marktwirtschaft erwarten sollen.

Doch sofern es derlei Freisetzung gegeben hat, ist sie schnell verpufft, wobei in Deutschland die weitgehende Übertragung des Rechts und des Anspruchsniveaus einer saturierten westlichen Gesellschaft auf eine Gesellschaft mit gigantischem Nachholbedarf zur Falle für viele Unternehmer geworden ist. Der neue Mut der Marktwirtschaftler brachte teilweise Erfolge und wurde teilweise auch dilettantisch unterminiert. In einzelnen Bereichen entstanden völlig ungerechtfertigte Gewinne. Eine ausufernde Subventionsbürokratie zahlte für die Sicherung von immer weniger Arbeitsplätzen immer höhere Zuschüsse. Für diejenigen allerdings, die zunächst als Unternehmer mit eigenem, existenziellem Einsatz aus maroden Überbleibseln lebensfähige Betriebe zu schaffen begonnen hatten, wirkten solche Begleiterscheinungen der Wiedervereinigung demotivierend.

Tendenziell wurde obendrein aus der für die bundesdeutsche Gesellschaft typischen Sorge heraus, die Unternehmer könnten zu große Gewinne machen, die Verteilung dieser Gewinne schon vorab in Angriff genommen. Das Anspruchsniveau des Westens wurde den Bürgern der neuen Bundesländer weit schneller vermittelt als seine Leistungsgrundlagen. So kam es bereits zu beträchtlichen Tariferhöhungen, als die Unternehmen mit ihren Ost-Engagements noch in roten Zahlen steckten. Deshalb sind viele Gewinne gar nicht erst entstanden – auch nicht für die Volkswirtschaft. Viele neu geschaffene Arbeitsplätze gerieten in Bedrängnis und verschwanden sogar wieder.

Die Tatsache indes, daß die Resignation so schnell um sich gegriffen hat, dürfte eher mit der Mutlosigkeit breiter Kreise zu tun gehabt haben, die bereits mit der sich abzeichnenden Wiedervereinigung im Frühjahr und Sommer 1990 immer deutlicher wurde. Während die tatsächliche Bedrohung der freiheitlichen Demokratien, die unter dem Schutzschirm der NATO standen, durch den Verfall der Sowjetunion um ein ungeahntes Maß abnahm, wurden die Menschen nur mutloser – besonders in Deutschland.

So hat Francis Fukuyama, Amerikaner japanischer Abstammung und unter George Bush Mitarbeiter des Weißen Hauses, in dem zeitweilig beachteten Buch „Das Ende der Geschichte – Wo stehen wir?" die Beobachtung festgehalten: „Als es im Herbst 1989 zu der großen Umwälzung in Osteuropa kam, zögerten viele Deutsche vor der Wiedervereinigung, weil sie zuviel Geld kosten könnte..."[1] Ergänzend läßt sich zu dieser Feststellung sagen: Der Versuch von Bundeskanzler Helmut Kohl, diese Mutlosigkeit durch anderslautende, wohlklingende Prognosen zu zerstreuen und sein Vorgehen, durch das wirtschaftlich ungerechtfertigte Umtauschverhältnis von Ostmark in D-Mark, noch reichlich Geschenke auszustreuen, machte dann das ganze Unternehmen erst richtig teuer.

Fukuyama, der in dem von ihm verkündeten Sieg der liberalen Demokratie das Ende der Geschichte zu erkennen meinte, weil prinzipiell gesehen hinsichtlich der Staatsverfassungen nunmehr alles Entscheidende erreicht sei, hielt – damit zusammenhängend – noch ein anderes Problem fest: Da in der liberalen Demokratie jeder nur noch das eigene Wohlergehen anstrebt, schwindet die Bereitschaft zum Dienst an der Allgemeinheit. So ergeben sich laut Fukuyama Anzeichen dafür, daß es sich bei dem Wohlstandsbürger der liberalen Staaten um den „letzten Menschen" handelt, wie ihn Friedrich Nietzsche in „Also sprach Zarathustra" geschildert hat.

„Der letzte Mensch stellt die Selbsterhaltung über alles andere", erklärt Fukuyama. „Als Nietzsches Zarathustra seine Rede vom letzten Menschen beendet hatte, erhob sich ein Geschrei in der Menge: ‚Gib ... uns diesen letzten Menschen, oh Zarathustra', – so riefen sie – ‚mache uns zu diesem letzten Menschen'. Das Leben des letzten Menschen ist ein Leben in physischer Sicherheit und materiellem Überfluß, also genau das, was westliche Politiker ihren Wählern so gerne versprechen."[2] Anders als die westlichen Politiker wandte sich Zarathustra laut Nietzsche jedoch von solchem Volke ab, er fühlte sich mißverstanden.

Man muß Nietzsches Lehre vom Übermenschen noch keineswegs folgen, wenn man rein um des Menschen willen die Perspektive des Wohlstandsbürgers für wenig attraktiv hält. Jedenfalls sprechen aber für Nietzsches Voraussage so manche Anzeichen, daß „die Demokratisierung Europas auf die Erzeugung eines zur Sklaverei im feinsten Sinne vorbereiteten Typus hinausläuft“.[3]

Fukuyama, der sich mit vielen seiner Aussagen auf G. W. F. Hegel stützt, ohne dessen spekulative Weltsicht zu teilen, verweist darauf, daß der Mensch laut Hegel „ohne den Krieg und die Opfer, die er verlangt, ... verweichlicht und egozentrisch“ wird.[4] Noch in seiner Rechtsphilosophie wiederholt Hegel in diesem Sinne, durch den Krieg werde „die sittliche Gesundheit der Völker in ihrer Indifferenz gegen das Festwerden der endlichen Bestimmtheiten erhalten ..., wie die Bewegung der Winde die See von der Fäulnis bewahrt ...“[5] Hegels Empfehlung lautet deshalb, wie es auch Fukuyama wiedergibt, in gewissen zeitlichen Abständen einen kurzen, entschlossenen Krieg zur Verteidigung von Freiheit und Unabhängigkeit zu führen, damit die Menschen gesünder und zufriedener bleiben.[6]

Daß ein solcher Gedanke zu verwerfen ist, dürfte kaum strittig sein. Für die inneren Verhältnisse eines Staates aber besitzt er bedauerlicherweise sehr viel Realitätsnähe, wie ja auch in früheren Zeiten so mancher Krieg geführt worden ist, weil er interne Konfliktlagen zu beseitigen geeignet schien oder die Macht der Regierenden stabilisieren sollte. Schlüssiger noch scheint die These Hegels mit der Begründung, daß die existenziellen Gefahren eines Krieges existenzielle Formen der Solidarität hervorbringen und den Menschen die kleinen oder größeren Beschwerden des Alltagslebens in Friedenszeiten zu relativieren gestatten.

Daß es um existenziellere Formen der Solidarität nach Phasen langer Friedenszeiten schlecht auszusehen scheint, läßt sich nicht zuletzt auch an Ereignissen und Betrachtungsweisen belegen, die seit dem Scheitern der schnellen Aufschwungträume nach der deutschen Wiedervereinigung auftraten. Im Westen ächzten die Menschen über relativ kleine Opfer, und in den neuen Bundesländern war wenig Anerkennung dafür zu finden, daß es den Menschen dort weit besser ging als denen in Polen, in Rußland usw.

Bedenkt man vor solchem Hintergrund, welche Opfer- und welche Hilfsbereitschaft in wirklich kritischen Zeiten in Deutschland an der

Tagesordnung waren bzw. von der Obrigkeit problemlos eingefordert werden konnten, muß der Unterschied zwischen Kriegs- und langen Friedenszeiten mit erheblicher wirtschaftlicher Prosperität nachhaltig ins Auge fallen. Wenn aber genauso das Postulat feststeht, daß Kriege nicht mehr geführt werden sollten, liegt auch die Frage auf der Hand, wie man denn die Entwicklung der Staaten hin zu bloßen Versicherungsanstalten mit begrenzter Einzahlungspflicht des einzelnen und unbegrenzter Leistungspflicht des Gemeinwesens aufhalten kann.

Mit der ausschließlichen Orientierung an der Selbsterhaltung und an immer noch höherem Lebensstandard gehen einer Gesellschaft jedenfalls prinzipielle Orientierungen verloren. Selbst unbeschränkt leistungsfähige Menschen begeben sich bewußt oder unbewußt mehr und mehr in die verlockenden Fänge der staatlichen Daseinsvorsorge, so daß es ihnen oft schon in jungen Lebensjahren zu risikoreich erscheint, mehr Mobilität zu zeigen, sich selbständig zu machen usw.

Symptome, die den Verlust auch prinzipieller Orientierung bestätigen, lassen sich in großer Zahl finden. Schon das oft krasse Mißverhältnis der Verteidigung des Eigenen und der Großzügigkeit im Umgang mit fremdem Eigentum, vor allem aber mit staatlichen Gütern (z. B. bei Demonstrationen mit der in den 70er Jahren halblegitimierten „Gewalt gegen Sachen“) liefert Belege dafür. Ähnlich sieht es bei solchen Eigentumsdelikten aus, bei denen nicht selber betroffene Menschen wegblicken, statt sich für die Einhaltung des allen gemeinsamen Rechts einzusetzen.

Auch für jene, die in dem von Fukuyama aufgenommenen Gedankengang Hegels eine unfaßliche Glorifizierung des Krieges sehen, muß der Zerfall der Solidarität der Bürger und ihre zunehmende Ignoranz gegenüber dem Recht, sofern es nicht ihr subjektives Recht ist, Anlaß zu Klärungsversuchen sein. So manche These von Sozialwissenschaftlern ließe sich hier anführen.

Arnold Gehlen hat z. B. in der Schrift „Die Seele im technischen Zeitalter“ die Auffassung vertreten, „die übermäßige Arbeitsteilung“ erzeuge einen inaktiven, quietistischen Menschentyp[7], der „den Gehalt“ seines Lebens in der Freizeit suche.[8] An die Stelle von eigenen Erfahrungen träten Meinungen und Gesinnungen zweiter Hand und erschreckender Konformitätsdruck.[9] Doch selbst wenn diese Auffassung uneingeschränkt zuträfe, was schon von der Do-it-yourself-

Welle der Freizeitgesellschaft und den jüngeren Formen der Arbeitsorganisation widerlegt zu werden scheint, wäre der Schritt von der Inaktivität zum Zerfall des Rechtsbewußtseins noch nicht unbedingt selbstverständlich.

Jedenfalls sind es offenbar strukturelle Bedingungen der bürgerlichen Gesellschaft selber, die sich in abnehmender Loyalität der Bürger gegenüber den liberalen Demokratien niederschlagen. Niklas Luhman, der Großmeister der Systemsicht unter den Sozialwissenschaftlern, hat den Verfallstrend folgendermaßen beschrieben: „Wenn man unter Postmoderne das Fehlen einer einheitlichen Weltbeschreibung, einer für alle verbindlichen Vernunft oder auch nur einer gemeinsamen richtigen Einstellung zur Welt und zur Gesellschaft versteht, dann ist genau dies das Resultat der strukturellen Bedingungen, denen die moderne Gesellschaft sich selbst ausliefert.“[10]

Während sich mit Luhmanns Analyse insoweit noch etwas anfangen läßt, leitet der andere bekannte Analytiker sozialer Gesamtzusammenhänge seine Überzeugungen immer noch wesentlich aus marxistischen Grundannahmen her: Jürgen Habermas, Antipode und langjähriger Gesprächspartner Luhmanns, konnte – gerade auch, wenn man es aus heutiger Perspektive betrachtet – z. B. in der einst berühmten Schrift „Legitimationsprobleme im Spätkapitalismus“ kaum überzeugende Deutungsschemata für den hier beschriebenen Verfallstrend darlegen.

Nicht zuletzt die deutsche Wiedervereinigung, von der intellektuellen Linken mit ihrem geistigen Doyen Habermas an der Spitze zunächst eher betreten beobachtet, hätte so manche Gründe für eine Totalrevision der Habermasschen Philosopheme hergegeben. Doch wer mag schon nach so vielen Jahren publizistischen Erfolges zugeben, daß sein Menschenbild der Realität nicht gerecht geworden ist?

Aber Habermas hat zumindest insofern viel für sich, als er im Gegenzug gegen Luhmann die theoretische und die sittliche Geltungsdimension, also Wahrheit und sittliche Imperative, nicht soziologisch zu relativieren bereit ist. Das „Projekt der Moderne“ mochte er nicht preisgeben. Das gesellschaftliche System wird also weiterhin an anderem gemessen, auch wenn dieses andere seine eigenen Legitimationsprobleme aufwirft.

Ohne die einzelnen Aspekte solcher und weiterer Theorien des näheren beleuchten zu müssen, scheint als Phänomenbestand folgendes konstatiert werden zu können: Die modernen Industriestaaten mit ihren freiheitlich-rechtsstaatlichen Verfassungen und ihrem umfassenden Wohlfahrtsangebot haben immer größere Anteile ihrer Bevölkerung auf Gedeih und Verderb von sich abhängig gemacht.

Musterbeispiel ist hier das bundesdeutsche Sozialversicherungssystem, dem kaum noch ein junger Mensch entkommen kann und das fortan für ihn die Verwiesenheit auf Politikerwillkür bedeutet. In solchem Netz von Wohltaten und Gängelei wird der frohe Mut des „wandernden Handwerksgesellen" – laut Max Weber (Wirtschaft und Gesellschaft) früher der Idealtyp des christlichen Kulturkreises – erstickt. Die Frage nach Sicherheiten läßt viel Mut zergehen.

Der mutlose Wohlstandsbürger ist zumindest in vielerlei Hinsicht das Produkt politischer Wohltaten, deren Erfinder vom mündigen Bürger fabulieren und unausgesprochen den von ihnen abhängigen Bürger meinen. Mut entsteht aus dem Vertrauen in die eigenen Kräfte, doch in einem System umfassender sozialstaatlicher Bevormundung vermögen immer mehr Menschen nicht mehr einzuschätzen, was sie denn nun der eigenen Kraft verdanken und was einem undurchschaubar gewordenen System. Folgerichtig haben sich die Mutproben vieler auf ganz andere Tätigkeitsbereiche verlegt.

Unter den modernen Industriestaaten haben allenfalls die USA solchem Trend nur bedingt entsprochen und so nicht zuletzt der atypisch großen Mobilität der amerikanischen Gesellschaft Rechnung getragen. Mehrere Staaten, wie etwa Schweden oder Neuseeland, haben die Entwicklung umgekehrt, als das entstandene System nicht mehr finanzierbar war und die Arbeitslosigkeit zunahm. Aber auch in den USA sind im Zuge der gesellschaftlichen Ausdifferenzierung (nach dem Sprachgebrauch Luhmanns) viele Trends mit den westeuropäischen Verhältnissen vergleichbar geblieben. Die Annahme, sie könnten sich unter der 1993 begonnenen demokratischen Präsidentschaft wieder verstärken, wurde jedoch auf Grund der später entstandenen Mehrheitsverhältnisse im Kongreß obsolet: Die Härte der republikanischen Mehrheit gegenüber den Schwächsten der Gesellschaft hat zugleich das andere Schreckensbild aufgefrischt: nicht dasjenige der Verweichlichung, sondern das der weitgehend fehlenden Solidarität einer Gesellschaft mit dem Mitmenschen.

Freilich haben die größere Härte und vielleicht auch die – zumindest von Zeit zu Zeit hervorbrechende – idealistischere Grundhaltung der amerikanischen Politik, wenn es um die Menschenrechte geht, immer wieder bezeichnende Signale wider die Mutlosigkeit gesetzt, wie sie viele Europäer und speziell die Deutschen ergriffen hat. Leben und Freiheit scheinen ja hierzulande für den Wohlstandsbürger nur noch dann einen nicht relativierbaren Wert zu haben, wenn es jeweils um das eigene Leben und die eigene Freiheit geht.

Liegt aber nun die Mutlosigkeit ganzer Gesellschaften selbst im Angesicht verbrecherischen Treibens von Völkern benachbarter Kulturkreise – wie bei dem mehrjährigen, unfaßlichen Vorgehen serbischer Rassisten in Bosnien-Herzegowina – in der Konsequenz der fortschrittsorientierten Moderne? Oder sollte diese Mutlosigkeit in der Konsequenz jenes Aussteigertums liegen, das diese Moderne sozusagen als ihren eigenen Ausschuß hervorbringt?

Man kommt wohl nicht umhin, der Moderne alle ihre Produkte zuzurechnen. Diese Einsicht dürfte auch auf der Linie Luhmanns liegen: Die Negation des Fortschritts durch eine beträchtliche Anzahl von Aussteigern ist eben eine Art ungewollter „Output" dieses Fortschritts. Diesem Aussteigerproblem suchen dann wiederum andere Ausdifferenzierungen einer Gesellschaft Herr zu werden. Ganze Heerscharen von Sozialpädagogen, Milliardenbeträge und sonstige Leistungen des Gesellschaftssystems sollen etwas reparieren, was in immer neuen Formen doch wieder zutage tritt. Das System kann sein aus ihm selbst hervorgegangenes Negat kaum leugnen und scheint doch auch nicht zufriedenstellend damit fertigzuwerden.

Wohl im Anschluß an Luhmann hat der Soziologe Ulrich Beck in seiner Einführung zum Soziologentag 1990 in Frankfurt die These vertreten: „Modernisierung ist ein Auflösungsprozeß, an dessen Ende die gesellschaftlichen Vorgaben – von der Tradition bis zum kategorischen Imperativ – nur noch die Qualität von Lippenbekenntnissen haben."[11]

Der Philosoph Hermann Lübbe schließlich geht der Sache grundsätzlicher nach. So verweist er – etwa in dem Aufsatz „Zwei Seiten des Fortschritts" – darauf, daß „die mannigfachen Erscheinungsformen der neuen Befindlichkeit bis hin zum Aussteigertum nicht zuerst in Deutschland, vielmehr in den USA beobachtet und dort auch beschrieben worden" seien. Lübbe erklärt: „Noch nie hat eine Zivilisationsgenossenschaft lebenserfahrungsmäßig ihre Lebensbedingungen weniger verstanden als unsere eigene."[12]

Hier deutet sich in der Tat erneut eine Betrachtungsweise an, wie sie schon in der erwähnten Schrift von Arnold Gehlen – dort nur resultierend aus der fortschreitenden Arbeitsteilung – angeschnitten worden war. Angesichts jener gewaltigen Diskrepanz zwischen dem, was einer breiten Mehrheit der heutigen modernen Gesellschaftssysteme noch über diese Systeme vermittelt werden kann, und dem, was darüber vermittelt werden müßte, ist die Mutlosigkeit des einzelnen fast schon eine zwingende Konsequenz.

Abhängig von undurchschaubar gewordenen Rechtsbestimmungen und Behördenstrukturen – bei Kommune, Rentenversicherer, Krankenversicherer, Arbeitgeber usw. – muß sich der einzelne im Konfliktfall der Gerichte (Verwaltungs-, Arbeits- und Sozialgerichte) bedienen, deren Arbeitsweise er oft noch weniger begreift. Zusätzliche Unsicherheit entsteht dann spätestens bei den nächsten einschneidenden Sparmaßnahmen des überforderten Sozialstaats.

Es scheint also etwas daran zu sein, daß solche Moderne eine zersetzende Funktion entwickelt hat, zersetzend insbesondere für dasjenige, was Menschen als Menschen verbindet und was dem Menschen ein angemessenes Verhältnis zur Natur immer schon nahelegt: Mit der Entwicklung und Ausdifferenzierung der Moderne hat die Entwicklung jenes geistigen Horizontes nicht Schritt gehalten, die den einzelnen üblicherweise erkennen ließ, was zu tun seine Pflicht sei.

Gewiß hat es zu allen Zeiten Pflichtverstöße des Menschen gegeben. Nie aber waren die „Chancen“ so groß, bedingt durchs Nichtwissen oder gar gestützt aufs Nichtwissen, sich leichter von seinen Pflichten zu verabschieden. Und oft genug stehen dazu in der pluralistischen Gesellschaft Organisationen bereit, die das Versäumte dem Staat anlasten und den Entpflichteten noch „gerecht“ dastehen lassen.

1 Francis Fukuyama, Das Ende der Geschichte, München 1992, S. 443.
2 a.a.O. 413 f.
3 Friedrich Nietzsche, Jenseits von Gut und Böse, Nr. 242.
4 Fukuyama, S. 434.
5 G. W. F. Hegel, Grundlinien der Philosophie des Rechts, 324.
6 Fukuyama a.a.O.
7 Arnold Gehlen, Die Seele im technischen Zeitalter, Hamburg 1957, S. 45.
8 a.a.O. S. 110.
9 a.a.O. S. 49, 53.
10 Niklas Luhmann, Beobachtungen der Moderne, Opladen 1992, S. 42.
11 Ulrich Beck, Die Industriegesellschaft schafft sich selber ab, FAZ v. 19.10.1990.
12 Hermann Lübbe, Zwei Seiten des Fortschritts, in: Die Politische Meinung, Ausgabe 242, St. Augustin 1989, S. 21 ff.

Kapitel 2

Das System der Konsensfindung

Zu den vielfältigen Aspekten, die hinsichtlich des Niedergangs der kommunistischen Staaten und speziell der DDR einer gründlicheren Untersuchung bedürfen, gehört die Tatsache, daß vor allem in der Bundesrepublik auch die Ansichten über die DDR mehr oder weniger zusammengebrochen sind. Wie konnte es geschehen, daß im Zeitalter der Sozialwissenschaften ein gänzlich marodes Wirtschafts- und Sozialsystem so überschätzt wurde? Welchen Wert haben Wissenschaften und freier Journalismus in einem Land, wenn sie sich zu großen Teilen dermaßen von der Realität des kommunistischen Nachbarstaates derselben gemeinsamen Nation entfernen durften, ohne sich selber in Frage zu stellen?

Die unrühmliche Chronik der zahllosen journalistischen Beiträge, welche sich in den 80er Jahren mit der Realität des „zweiten deutschen Staates" zu beschäftigen vorgaben und doch das Entscheidendere übersahen, ist schon mehrfach dokumentiert worden. Da haben Journalisten aus dem Westen den Gesichtern der Menschen in der damaligen DDR noch zunehmende Hoffnung ablesen wollen, als diese größtenteils schon nicht mehr an den Sozialismus glaubten. Statt kritischer zu recherchieren, wie sie dies mit Bezug auf die alte Bundesrepublik nur zu gerne taten, haben namhafte Journalisten hinsichtlich der DDR geschönt und für beflissene Interviews mit dem SED-Chef und Staatsratsvorsitzenden Erich Honecker die kritische Recherche hintangestellt.

Wo waren in angemessener Dichte die Berichte über Umweltskandale, über die Verschiebung wertvoller Kulturgüter in den Westen und anderes mehr? Kann man das weitgehende Verschweigen eigentlich nur mit den unfreien Arbeitsbedingungen der Korrespondenten in Ostberlin erklären, oder waren vielleicht doch die Zweifel am eigenen bundesdeutschen System dermaßen hochgepflegt worden, daß man den Niedergang „drüben" nicht wahrnahm?

Bei allen zahllosen Hinweisen auf die desolater werdende Lage in der DDR mußten es ganz einfach Wahrnehmungsprobleme im Westen sein, die dazu führten, keine Summe der Signale in umfassenden Analysen zu ziehen. Selbst Zeitungen des bürgerlich-konservativen Lagers hielten es für problematisch, durch lückenlose Berichte über die tatsächliche Lage in der DDR in den Ruf kalter Krieger zu geraten.

Diejenigen indes, die stets die Nase beim Wind hatten, brauchten nach dem Zusammenbruch der DDR und dem Offenbarwerden ihres eigenen, fundamentalen Irrtums noch nicht einmal zu fürchten, dazustehen ähnlich jenem illustren Magazin nach dem Abdruck der gefälschten Tagebücher Adolf Hitlers: Wo sich eine genügend große Anzahl vor allem aus der sogenannten Intelligenz geirrt hat, verzeiht man sich tunlichst gegenseitig alles, nennt den Irrtum verständlich, bemäntelt ihn gar oder entwickelt die These von der völligen Unabsehbarkeit eines Zusammenbruches. Über allem aber drängt sich der Eindruck auf, daß die vorauseilende Anpassung an die vermutete Leser-Akzeptanz und die mutmaßliche Tendenz des Zeitgeistes für das journalistische Angebot Vorrang vor der Wahrheitssuche und mithin vor dem journalistischen Ethos hatte.

Gerade die Rückbindung der Wahrheitssuche an das, was dem gesellschaftlichen System gemäß zu sein scheint, erinnert erneut an den Theorieansatz Niklas Luhmanns: Auch die Weise der Konsensfindung und der Inhalt dieses Konsenses in einer Gesellschaft lassen sich als „funktional differenziertes System" auffassen, das sich durch Bezugnahme auf Externes und durch die Verarbeitung interner Vorgänge schrittweise oder kontinuierlich fortentwickelt. Da es angeblich – laut Luhman – über jener „Fremdreferenz" und dieser „Selbstreferenz" des Systems kein unabhängiges Drittes gibt, wird auch eine „gemeinsame (richtige, objektentsprechende) Einstellung zu einer vorgegebenen Welt" bestritten.[1]

Diese frappant zutreffende Beschreibung muß natürlich um so mehr die Frage aufwerfen, was dann wohl Journalismus (und mit ihm so manche sozialwissenschaftliche Arbeit) mit unabhängiger Wahrheitssuche zu tun hat.[2] Das Gesellschaftssystem bzw. der dasselbe verbindende Konsens scheint jedenfalls auch noch die Wahrnehmung durch entsprechende Selektion im Griff zu haben.

Wollte man die Konsensfindung dieses Systems näher beschreiben, müßte man wohl insbesondere jenen Phasen nachspüren, in denen einzelne Themen noch offen kontrovers diskutiert werden und in denen es dann der einen oder anderen Seite gelingt, ein Thema schrittweise oder – auf Grund einschneidender Ereignisse wie der Reaktorkatastrophe von Tschernobyl mit Bezug auf die Diskussion um die Kernenergie – abrupt für sich zu „entscheiden". Ist ein solches Stadium erst einmal erreicht, wird ein Standpunkt üblicherweise durch eine primitivere Form der Tabuisierung gegen weitere Angriffe relativ immun: Wer in den einschlägigen Kreisen und Veranstaltungen dann noch den Versuch macht, festgefahrene Urteilsstrukturen durch neue Argumente aufzulockern, erntet sehr oft nur noch ein unwilliges Stöhnen.

Das Gesellschaftssystem, das um den Konsens ringt, ihn um seiner Stabilität willen braucht, „befriedet" das Thema quasi dadurch, daß es Störendes ausklammert, mit dem Stigma des angeblich Überwundenen versieht. Konfliktbewältigung durch Verdrängung scheint auch in einer vermeintlich aufgeklärten Gesellschaft noch eine probate Strategie zur Konsensfindung zu sein.

Speziell in der Bundesrepublik, deren besonderer geschichtlicher Werdegang, deren geographische Lage oder nur überhaupt deren etwas harmoniebedachte Bürger eine gehobene Empfindlichkeit gegenüber fundamentalen Kontroversen bedingen, wird die Konsensfindung noch weitgehend durch die beiden großen, öffentlich-rechtlichen Fernsehprogramme beeinflußt. Verantwortet von proporzbestimmten Aufsichtsgremien, repräsentieren sie jeweils Subsysteme, die akzeptanzgeleitete Realitätsdarstellungen liefern.

In einer Art Interferenz der oft parteipolitisch mühelos zuzuordnenden Journalisten und ihrer parteipolitisch beherrschten Aufsichtsgremien entsteht bei den öffentlich-rechtlichen Sendern eine offiziöse Realitätsdarstellung. Die Sichtweise speziell der dominierenden Nachrichtensendungen mit ihrer begrenzten Anzahl von Nachrichtenblöcken vermittelt den Eindruck, hier würden alle wichtigen Ereignisse des Tages wiedergegeben.[3]

Was alles durch diese über zwei Jahrzehnte lang dominierenden Fernsehprogramme in den Köpfen und im Verhalten der Menschen bedingt worden ist und wird, ist kaum zu erfassen. Immerhin wissen besonders die Politiker, daß hier quasi die Agenda im Sinne der Konsensfindung festgelegt wird. Nicht zuletzt deshalb bestimmen bekanntlich die entsprechenden Sendezeiten die Reihenfolge der Redner im Bundestag.

Obwohl solchermaßen zahllose Rädchen fast planmäßig ineinandergreifen, kann dieses System zur Ermittlung bzw. Durchsetzung der herrschenden Meinung natürlich kein hermetisch geschlossenes sein. Irgendwann werden eben die Brüche mit der Realität zu augenfällig. Überdies wird der Konsens auch dadurch immer wieder auf die Probe gestellt, daß es vielfältige Themen sind, welche – noch nicht tabuisiert – quasi hochkochen können und deren Auswirkung für das bisher fixierte Gleichgewicht der Diskussion nicht immer sogleich durchschaubar ist.

So haben beispielsweise die Gegner der Kernenergie, die seit Tschernobyl das (veröffentlichte) Meinungsklima in der Bundesrepublik entscheidend bestimmen, durchaus an der Problematik des zunehmenden Ausstoßes von Kohlendioxid und dessen Konsequenzen für das ökologische Gleichgewicht der Erde zu knabbern. Es könnte ja schließlich trotz aller Beteuerungen betreffend die verfügbaren Größenordnungen regenerativer Energien so weit kommen, daß der Mensch in seiner heutigen, noch immer dramatisch zunehmenden Zahl mit der Kernenergie eher auf Erden zu überleben vermag als ohne dieselbe - über diese Möglichkeit ist jedenfalls abseits aller Konsensfindung noch nicht entschieden.

Der oft – zumindest auf lange Zeitphasen hin – von verantwortungsbewußter Wahrheitsfindung deutlich entfernte Konsens unter den Meinungsführern einer Gesellschaft hat nun allerdings nicht für alle Menschen durchgängige Verbindlichkeit. Das kann sowohl in der Weise der Fall sein, daß eine Gegenmeinung latent vorhanden bleibt, ohne sich überhaupt zu artikulieren, als auch so, daß sich Gegenmeinungen in kleineren oder größeren Gruppen artikulieren und nur zeitweise oder ganz darauf verzichten, nach außen in Erscheinung zu treten.

Ein augenfälliges Beispiel für die erstgenannte Fallgruppe war die gewaltige Diskrepanz zwischen der veröffentlichten Meinung und der – zunächst verschwiegenen – Mehrheitsmeinung zu Beginn des Golfkriegs gegen den Irak im Januar 1991. Der gigantische mediale Aufwand besonders in den Tagen vor jenem Ultimatum, dem 16. Januar 1991, ließ den Eindruck entstehen, in Deutschland wende sich eine fast homogene riesige Mehrheit gegen die gewaltsame Befreiung des Ölscheichtums Kuwait durch eine internationale Streitmacht unter Führung der Amerikaner.

Wenige Tage später zeigte sich dann in Meinungsumfragen, daß dem nicht so war, ja, daß sogar rund drei Viertel der Befragten der Ansicht waren, der Krieg müsse geführt werden. Die Empörung der Meinungsmacher richtete sich anschließend – teilweise mit Erfolg – gegen die Verschleierung der Angriffspläne der Alliierten gegenüber der Presse. Dabei wurde das Recht der Presse auf offenen Zugang zu allen kriegswichtigen Informationen dermaßen überhöht, daß demgegenüber der Schutz der Soldaten des Westens völlig zurücktreten sollte: Die offene, unverzügliche Information über den gesamten Stand des Kriegsgeschehens hätte ja auch den Kriegsgegner informiert und ihm eine effizientere Gegenwehr ermöglicht, welche jedenfalls vielen Soldaten, die im Auftrag der UNO kämpften, das Leben gekostet hätte.

Zu der anderen Fallgruppe dürften jene Vorgänge gehören, die sich bis in das Jahr 1993 hinein wellenförmig verstärkt haben: die Übergriffe gegen Asylbewerber und später gegen weitere Ausländer in der Bundesrepublik. Die dabei auftauchenden rechtsradikalen Gruppierungen hatten sich offenbar über Jahre im verborgenen gebildet und sahen nun vor allem durch Zulauf junger, unerfahrener Menschen die Chance zuzuschlagen, sich in immer dramatischeren Rechtsverstößen zu artikulieren. Und das fast genauso Unverständliche war die Tatsache, daß viele Bürger solchem Treiben zunächst mit einem gewissen Wohlwollen gegenüberzustehen schienen.

Erst die Mordanschläge des Herbstes 1992, denen im schleswig-holsteinischen Mölln drei Türkinnen zum Opfer fielen, rüttelten Millionen von Menschen wach. Daß die daraufhin von sehr viel gutem Willen getragenen Demonstrationen Hunderttausender gegen Ausländerhaß, ihre Lichterketten und Appelle jene Gewaltbereiten eines anderen belehren konnten, stand von vornherein zu bezweifeln, wie es dann auch vor allem die Solinger Mordbrenner bewiesen haben.

Im übrigen wäre es der Diskussion wert gewesen zu fragen, ob nicht gerade die hunderttausendfache, lichterglänzende Zurschaustellung der guten Gesinnung jene rechtsradikalen Gruppierungen noch entschlossener gemacht hatten. Mochten diese Demonstrationen des guten Willen nämlich mit Blick auf das Ausland zu begrüßen sein, so war doch an ihnen selber auch sehr viel Fadenscheiniges. Wie viele dieser Demonstranten waren denn wohl auch bereit, ein Asylbewerberheim in ihrer Nachbarschaft zu akzeptieren?

Jedenfalls blieben die bedrohlichen Kräfte trotz aller Lichterketten virulent. Überhaupt scheint es so auszusehen, daß – durch welche individuellen Erfahrungen oder (sozialen bzw. psychischen) Konstellationen auch immer – der jeweils herrschende Konsens oder zumindest der scheinbar herrschende Konsens immer auch Menschen dazu veranlaßt, sich dagegen abzusetzen. Es entstehen kleinere oder größere Gruppierungen, die sich durch keinen Vernunftappell beirren lassen. Sie grenzen sich durch eigene Lebensstile und Denkweisen gegen jenen Konsens ab.

„Wo aber Einheit ist, wächst das Spaltende auch", war eine Art Leitmotiv eines Vortrags von Thomas Nipperdey zum Abschluß des Historikertages 1990 in Bochum. Der früh verstorbene, vielseitige Historiker legte hier als Grundthese dar, daß „unsere Welt" mit jedem Tag einheitlicher werde: „Die Bürokratie vereinheitlicht Lebensverhältnisse, Produktions- und Verkaufsformen, das Sozialrecht..." Gleichzeitig aber werde diese Welt „jeden Tag vielfältiger, unsere Gesellschaften werden Regenbogengesellschaften von Regionalismen, Gruppenidentitäten, Alternativkulturen." Die zunehmende Freizeit „individualisiert die Lebensstile und ermöglicht das Luxusideal der Selbstverwirklicher wie deren Narzißmus, die Postmoderne proklamiert die Auflösung der einheitlichen Vernunft".[4]

Betrachtet man die von einzelnen Gruppen und Medien praktizierte Weise der Darstellung von Realität, kann man sogar immer neue Ansätze dafür erkennen, sich bestimmten Formen von Alternativkulturen anzunähern. Das Lebensgefühl solcher Trendsetter wird quasi adaptiert, und sei es durch die Übernahme des Turnschuh-Images und die unvermeidlichen Blue jeans, die dann gar nicht mehr teuer genug sein können. Andere Gruppen werden auf diese Weise tendenziell abgestoßen, wollen z. T. sogar draußen stehen, sich selber abstoßen und andere eher provozieren.

Es ist unschwer zu erkennen, wohin eine solche Entwicklung führt: Das Ergebnis hinsichtlich der gesellschaftlichen Anforderungen an das Handeln des einzelnen ist sozusagen der kleinste gemeinsame Nenner. Die heute praktizierte Toleranz umfaßt teilweise beträchtliche Spielräume und wird dennoch gegenüber demjenigen, der sich auf ältere, tradierte Überzeugungen beruft, immer wieder sehr engherzig.

Ein Straßenpassant, der heutzutage noch ganz bewußt den von ihm beobachteten Diebstahl zur Anzeige bringt, gilt vielen bereits als „Law-and-order"-Mensch und demgemäß als altvorder und illiberal. Wer die Ehe ohne Trauschein nicht – zumindest nach außen hin – als fortgeschrittene Form des Zusammenlebens von Menschen und als Zeichen für die Emanzipation der Frau akzeptiert, sieht – wie es mitunter im jugendlicheren Jargon treffend heißt, „alt aus".

Das vielfältig zu hörende Gebot der Liberalität scheint insofern eine gewisse Drift aufzuweisen. Dieter E. Zimmer, einer jener Autoren der Wochenzeitung „Die Zeit", welche dort mitunter quasi gegen den Strom schreiben, hat 1993 einen Beitrag zu dem Thema „Political Correctness" veröffentlicht, in dem er Ansätze für die aus den USA bekanntgewordene Zeitgeist-Strömung auch in Deutschland nachwies. Unter der Flagge der „Political Correctness" war in den vergangenen Jahren an manchen amerikanischen Universitäten der Kampf gegen Rassismus und Sexismus teilweise in Formen der Dämonenaustreibung übergegangen, war eine Art „Tugenddiktatur" entstanden[5].

Wo indes der Konsens einer Gesellschaft oder von Subsystemen derselben durch eine Art Tugendterror mit bestimmter Ausrichtung herbeigeführt werden soll, hat es in Wahrheit mit der Liberalität ein Ende. Zimmer schrieb seinerzeit, die PC speise sich in Deutschland anders als in den USA „natürlich nicht aus den Emanzipationskämpfen ethnischer Bevölkerungsgruppen", sondern übernehme „das diffuse Erbe der lange meinungsbeherrschenden Linken mit ihren frustrierten sozialistischen Hoffnungen".

Rückblickend betrachtet, waren es wohl keineswegs jene Lichterketten, die die schlimmsten Exzesse des rechtsextremen Treibens zurückgedrängt haben. Ja, unter den Anführern der Lichterketten-Idee hatten gerade auch jene ein Betätigungsfeld im Sinne ihrer eigenen Überzeugungen gefunden, die einem ungehinderten Zuzug von Asylbewerbern das Wort redeten und nicht verstehen konnten oder wollten, daß es auch Menschen gab, die sich von diesem Zuzug bedrängt fühlten und die damit zu einer Art Nährboden für Rechtsextremisten wurden. Ansätze von „Political Correctness" waren es auf jeden Fall gewesen, die allen Befürwortern einer Verschärfung der Zulassungskriterien für Asylbewerber schon Neigungen zu Nationalismus und Rassismus unterstellten.

Wie auch immer das Problem der Asylbewerber im moralischen Sinne zu beurteilen ist (vgl. dazu unten 10. Kapitel), immerhin haben die Vorgänge bis zur Verabschiedung der mittlerweile auch vom Bundesverfassungsgericht weitgehend akzeptierten, neuen Gesetze lebhaftes Anschauungsmaterial dafür geliefert, wie und mit welchen Mitteln in der Bundesrepublik ein liberalistischer Konsens herbeigeführt werden sollte. Wäre er durchgesetzt worden, bestünde weiter Anlaß zu wachsender Sorge, seine Zurückweisung durch eine „bürgerliche" Mehrheit des Parlaments hat demgegenüber in eine Situation zurückgeführt, in der auch wieder mehr Sicherheit der in Deutschland lebenden und der nach wie vor hineinströmenden Ausländer im Sinne eines pragmatischen Konsenses entstehen konnte.

Dies führt den Betrachter allerdings zu einer weiteren Tatsache: In einem Monatsbericht des Allensbacher Instituts aus dem Jahr 1992[6] hat Renate Köcher die Beobachtung festgehalten, daß in der bundesdeutschen Gesellschaft prinzipielle Maßstäbe zunehmend zugunsten einer Situationsethik aufgegeben werden: „Langzeitanalysen belegen, daß feste Maßstäbe für richtig und falsch, für zulässig und unzulässig zunehmend zugunsten einer Situationsethik aufgegeben werden: Wie die Gesellschaft bestimmte Verhaltensweisen bewertet, wird in wachsendem Maße von den Umständen, den Absichten und Zielen, die verfolgt werden, abhängig gemacht."

Dafür, daß es klare Prinzipien wären, die den Konsens dieser demokratischen Gesellschaft bedingen, spricht also wenig. Vielen Politikern und sonstigen Meinungsmachern geht es aber auch gar nicht unbedingt um die Durchsetzung solcher Prinzipien. Ihnen geht es zumeist um – teilweise in Gesinnungen gekleidete – Interessen, um eigene bzw. um Gruppeninteressen, deren Durchsetzung wiederum ihren eigenen Interessen am besten dient. „Meinungen aus zweiter Hand" und „erschreckender Konformitätsdruck" sind da oft genug durchaus bereitwillig genutzte Instrumente.[7]

Selbst wenn man sich mit solchen Fragen der Konsensfindung in einer modernen Gesellschaft auf denkbar waberndem Grund bewegt, muß daneben doch noch das aufgegriffen werden, was in politischen Debatten um Fragen von existentieller Bedeutung immer einmal wieder beschworen wird: der sogenannte „Grundkonsens der Demokraten". Auch bei den zahllosen Meinungsumfragen, die mittlerweile weithin zu kontinuierlichen Stimmungsbarometern fortentwickelt worden sind, gibt es oft genug Anlaß zu der skeptischen Nachfrage, ob hier nicht die Befragten nur sehr oberflächlich verstanden werden und ob sich hinter der schnell dahingesprochenen Tagesmeinung nicht noch so etwas wie tiefere Schichten verbergen, die gediegenere Auskunft zu geben vermögen, wenn sie denn ansprechbar sein sollten.

Wer indes das Gespräch mit Menschen gewohnt ist, die den Wesenskern des Grundgesetzes nicht wirklich kennen (man kann vermutlich etwas durchaus kennen, ohne es notwendig begrifflich beschreiben zu können), der gerät mit der Suche nach einem Grundkonsens der Gesellschaft in Zweifel. Sofern die Rede von einem Grundkonsens der Demokraten, der Gesellschaft oder gar der Nation einen angebbaren Sinn bekommen soll, wird man hinter jenem Grundkonsens eine normative Festlegung ausmachen müssen, die nicht notwendig und schon gar nicht durchgehend eingehalten wird.

In diesem Sinne ließen sich die zahlreichen Lichterketten gegen Ausländerhaß und Rassismus, die zwischen Herbst 1992 und Frühjahr 1993 in vielen Städten zustande kamen, auch als Appelle zur Besinnung auf jenen Grundkonsens als eine Norm begreifen, ohne deren Einhaltung die ganze Gesellschaft gefährdet würde. Ob dabei aber alle Beteilgten inhaltlich denselben Grundkonsens meinten, steht dahin.

Zurückkommend zur alltäglichen Konsensfindung wird jedenfalls aus dem Dargelegten unübersehbar deutlich, daß mit Bezug auf jedwede Konsensfindung Aufklärung not tut. Man erinnert sich hier des viel zitierten Kantschen Aufsatzes „Beantwortung der Frage: Was ist Aufklärung". Die wenigen, eingängigen Seiten beginnen mit den Worten: „Aufklärung ist der Ausgang des Menschen aus seiner selbstverschuldeten Unmündigkeit. Unmündigkeit ist das Unvermögen, sich seines Verstandes ohne Leitung eines anderen zu bedienen. Selbstverschuldet ist diese Unmündigkeit, wenn die Ursache derselben nicht am Mangel des Verstandes, sondern der Entschließung und des Mutes liegt, sich seiner ohne Leitung eines andern zu bedienen. Sapere aude! Habe Mut, dich deines eigenen Verstandes zu bedienen! ist also der Wahlspruch der Aufklärung".[8]

Man möchte hierzu sogleich noch mit Kant fortfahren: „Faulheit und Feigheit sind die Ursachen, warum ein so großer Teil der Menschen ... dennoch gerne zeitlebens unmündig bleiben ..."[9] Für alle jene, die als Journalisten oder Wissenschaftler ihre Pflicht zu tun versuchen und nicht nur bezahlte Auftragsarbeiten machen, muß diese Pflicht auch zur Suche nach einer Wahrheit führen, welche jeden vermeintlichen Konsens, jede dogmatisch erstarrte Weltsicht wieder in Frage zu stellen geeignet ist.

Solche Pflicht und solche Wahrheitssuche, die nicht nur nach Akzeptanz schielen, richten sich auf jenes unabhängige Dritte, dessen Möglichkeit Niklas Luhmann bestreitet. Das sittlich Gebotene und die

Wahrheit sollten als selbständig Geltendes nicht so leicht beiseite zu schieben sein. Jürgen Habermas, der letzte „Frankfurter", hat mit seinem Rekurs auf Sprache und Kommunikation letztlich keine überzeugenden Argumente gegen die von Kant und dem deutschen Idealismus entscheidend vertiefte „Bewußtseinsphilosophie" beigebracht. Um so mehr ist ihm aber – auch im Sinne Kants und des Idealismus – gegen Luhmann beizupflichten, daß an der Geltungsdimension festzuhalten ist.[10] Die Wahrheit und das schlechthin sittliche Handeln mögen letztlich unerreichbare Ziele sein, aber sie lassen sich deshalb gerade nicht durchgängig auf die Gesellschaft hin relativieren.

Daß die Ausrichtung auf die Wahrheit für solche Journalisten gilt, die sich zur Chronistenpflicht bekennen, sollte übrigens unbezweifelbar sein. Gewiß kennt jeder Journalist das Problem, nicht weiterzukommen, wenn er etwa eine Schuldfrage im zwischenmenschlichen Bereich aufhellen möchte. Aber darüber, daß die Fakten in konservativen und linksliberalen Blättern dieselben sind und sein müssen, läßt sich gar nicht erst diskutieren.

Auch wenn sich manche Journalisten gerne der Rückenstärkung durch namhafte Sozialwissenschaftler versichern, liegt somit die Verantwortung für ihre Irrtümer doch bei ihnen selbst. Das sollten die zitierten Sätze Kants deutlich genug machen. Wissenschaftler diskutieren zwar gerne auch über ihre Verantwortung, aber sie tun dies doch in vielen Disziplinen eher auf irgendwelchen oberen Geschossen des bekannten Elfenbeinturms. Nicht zuletzt hier zeigt sich eine Konsequenz aus der – methodisch zwingenden – Begrenzung auf einen, den jeweiligen Methoden zugänglichen „Gegenstand". Sofern dieser Gegenstand ein Aspekt am Menschen ist - also der erwähnte homo sociologicus, der homo oeconomicus usw. - liegt die Re-Integration des geschichtlich-konktreten Menschen nicht mehr in der Reichweite dieser Disziplinen. Die auf bloße Erkenntnissegmente gestützte angebliche Verantwortung könnte nur dann glaubhaft werden, wenn sie sogleich die Experten für die übrigen Erkenntnissegmente mit zu Rate zöge.

Journalisten haben gerade vor solchem Hintergrund selber zu verantworten, welche theoretischen Elemente sie benutzen. In journalistischer Verantwortung liegt es, der Wahrheit nachzugehen wie die Wissenschaft, aber deren Abstraktionen zu meiden oder doch in ihrer

Reichweite richtig einzuschätzen. Für Journalisten geht es also immer – nochmals sei es betont – ums geschichtlich-konkrete Subjekt. Wären die Journalisten der Bundesrepublik insoweit bei ihrem Leisten geblieben und hätten sie demgemäß nicht nur die Mängel(chen) ihres eigenen Landes aufgestöbert, sondern auch die dramatischen Mißstände in der DDR breiter recherchiert und systematischer aufgearbeitet, wäre der Zusammenbruch des deutschen Staatssozialismus nicht so „überraschend" gekommen, wie es sich viele bis heute einreden.

Immerhin konnte in diesem Sinne Meinhard Miegel 1992 in „Die Zeit" schreiben, daß das Siechtum der DDR von jedem, der es wollte, wahrzunehmen war. Jeder Besucher habe ihren Verfall sehen können.[11] Vor dem Zusammenbruch der DDR hatte sich das unter den Federn sehr namhafter Autoren gänzlich anders dargestellt. Warum denn wohl?

Wer beim geschichtlich-konkreten Subjekt stehengeblieben wäre, hätte wohl auch die Legitimität der SED-Herrschaft niemals als eine Legitimität sui generis zu akzeptieren vermocht. Aber alle jene, die auch im Westen schon unterwegs waren zu einem vermeintlich besseren Menschenbild und die von diesem Menschenbild in der DDR zumindest Aspekte verwirklicht sahen, dachten da anders. Sie wurden von der Geschichte denkbar schnöde widerlegt.

Für diejenigen, die sich während der Jahrzente der deutschen Teilung von den linksintellektuellen Trendsettern nicht hatten irre machen lassen und vom Fortbestehen einer deutschen Nation (im soziologischen Sinne) überzeugt blieben, war deshalb ein „Dossier" der „Zeit" vom 17. Dezember 1993 eine höchst bemerkenswerte Quelle. In einer Diskussion zwischen den „linken Intellektuellen" Adam Michnik und Jürgen Habermas sagte der Pole Michnik hier u. a. zu Habermas: „Ich erinnere mich an ein Gespräch mit Ihnen 1979 in Warschau, als Sie über das Problem der Vereinigung Deutschlands überhaupt nicht sprechen wollten. Anfangs war ich sehr demütig, weil man gegenüber Habermas nicht nicht demütig sein kann, und dann sagte ich, daß die deutsche Linke meiner Meinung nach denselben Fehler begeht wie einst Rosa Luxemburg in Polen, weil sie die Kraft und Dynamik des deutschen Nationalgefühls nicht verstehen will..."[12]

Gerade solch ein Sachverhalt sollte auch ansonsten zu mehr Wachsamkeit vor allen möglichen Formen von gesellschaftlichem Konsens führen, der nicht in seiner Legitimität wirklich erwiesen ist. Der Verdacht liegt auf der Hand, daß mit derlei Konsens so manches problematische Thema quasi gesellschaftlich befriedet worden ist und wird, obwohl es nicht wirklich gelöst ist bzw. obwohl seine Nicht-Lösung in absehbarer Zeit wesentlich größere Probleme verursachen könnte.

1 Luhmann, Beobachtungen der Moderne, S. 28.

2 Luhmann hat sich bekanntlich explizit mit den Wahrheitsvermeinungen des Journalismus auseinandergesetzt. Sein Werk „Die Realität der Massenmedien" (Wiesbaden 1996) fügt sich lückenlos in sein übriges Oevre ein. Seine Behauptung, die Massenmedien informierten gar nicht über eine vorgegebene Realität, sondern schüfen sich quasi ihre eigene, hält freilich schon nicht der Tatsache stand, daß von der widerspenstigen Realität zumindest von Zeit zu Zeit – wie im Falle des Zusammenbruchs der DDR – ein experimentum crucis präsentiert wird, das die früheren Fehldeutungen entlarvt.

3 Vgl. etwa Hans-Dieter Kübler, Die Aura des Wahren oder die Wirklichkeit der Fernsehnachrichten, in Kreuzer/Prümm (Hrsg.), Fernsehsendungen und ihre Formen, Stuttgart 1979, S. 249–289.

4 Thomas Nipperdey, Wo aber Einheit ist, wächst das Spaltende auch, Vortrag zum Abschluß des Historikertags 1990 in Bochum, leicht gekürzt abgedruckt in FAZ v. 29. Oktober 1990.

5 Dieter E. Zimmer, PC oder: Da hört die Gemütlichkeit auf, in Die Zeit vom 22. Oktober 1993.

6 FAZ vom 12. November 1992.

7 Gehlen, a.a.O.

8 Immanuel Kant, Beantwortung der Frage: Was ist Aufklärung, zitiert ohne Sperrungen nach der Weischedel-Werke-Ausgabe, Insel-Verlag, Band VI.

9 a.a.O. S. 53.

10 Vgl. schon oben 1. Kapitel.

11 Meinhard Miegel, Einheit als Entziehungskur, in: Die Zeit vom 6. Nov. 1992.

12 Mehr Demut, weniger Illusionen, Dossier in: Die Zeit vom 17. Dez. 1993.

Kapitel 3

Vom „Prinzip" der Prinzipienlosigkeit

Wenn man die Betrachtungen der beiden vorigen Kapitel zusammenfaßt, scheint ein Gemeinsames deutlich hervorzustechen: Eine Orientierung der handelnden Menschen an praktischen Prinzipien, die ihr Zusammenleben einigermaßen zuverlässig leiten, läßt sich in den größeren gesellschaftlichen Trends nicht nachweisen und wird auch von solchen Gesellschaften gar nicht gefordert. Jener Demoskopen-Hinweis, wonach feste Maßstäbe für richtig und falsch zunehmend zugunsten einer Situationsethik aufgegeben werden, hat sehr viel für sich. Und selbst bei der Wahrheitssuche ist die Überlagerung durch Interessen und interessengeleitete Konsense an der Tagesordnung.

Aber was heißt eigentlich „Situationsethik"? Nimmt man die Aussage wörtlich, kann dieser Ethik auch kein verdeckter rationaler Maßstab innewohnen, womit man aber letztlich dort landet, wo die Ethik als philosophische Lehre schon vor mehr als zwei Jahrhunderten gestanden hat, beim „moralischen Gefühl" oder dem „moralischen Sinn". Darauf haben sich einst vor allem englische Philosophen berufen. Die Fortschritte an Rationalität, auf die man sich sonst so gerne besinnt, spielen auf einmal keine Rolle mehr. Es ist, als wolle man die Prinzipienlosigkeit zum Prinzip ausrufen, frei nach Goethes Torquato Tasso: „Erlaubt ist, was gefällt."

Insofern sich diese Entwicklung mit Bezug auf die Gesellschaft als Ergebnis der wohlfahrtsstaatlichen Errungenschaften darstellt (vgl. oben 1. Kapitel), scheinen sich auch insoweit die Feststellungen des Philosophen Hermann Lübbe oder des Staatsrechtslehrers und früheren Verfassungsrichters Ernst-Wolfgang Böckenförde wie anderer zu bestätigen, wonach die Demokratie ihre eigenen Grundlagen nicht zu sichern vermag.[1] Ja, diese Demokratie muß das Zunehmen der Zahl von Bürgern fürchten, die des Preises der Gefälligkeiten überdrüssig sind, den Politikern den Rücken kehren und an Wahlen nicht mehr teilnehmen.

Das Fehlen einer für alle verbindlichen Vernunft, das Luhmann als Charakteristikum der Postmoderne ausgemacht hat (s. o.), zeigt bemerkenswerte Konsequenzen. Spricht man in dieser Zeit beispielsweise mit Leitern von Bauaufsichtsämtern bei Kommunen, findet man fast durchgängig eindrucksvolle Bestätigungen der folgenden Aussage: Für das jeweils eigene Grundstück wird jedwede Nutzungsbeschränkung entrüstet verworfen, für das Grundstück des Nachbarn indes können die Beschränkungen nicht weit genug gehen.

Erstaunlich, so sollte man meinen, ist solche Entwicklung schon. Immerhin bedeutet ja doch das Zusammenleben in einem Staat die fortgesetzte Einübung von Rechtsregeln. Sollte der „Prozeß der Zivilisation" (Norbert Elias) vielleicht gar nicht über ein gewisses Niveau hinausgetrieben werden können, ohne daß er durch die typisch menschlichen Schwächen eines zunehmenden Anteils von Bürgern in vielen Bereichen wieder unterlaufen wird? „Ein Staat ... ist die Vereinigung einer Menge von Menschen unter Rechtsgesetzen", hat es Immanuel Kant definiert.[2] Dazu gehört aber doch vor allem die Frage, ob mein Handeln bzw. die Richtschnur meines Handelns verallgemeinerungsfähig ist. Zu fragen ist demnach: Was geschähe, wenn alle sich das herausnehmen, was ich mir herauszunehmen beliebe?

Mit jener Situationsethik gerät schon mit Blick auf das Recht und damit auf den Staat Beträchtliches ins Wanken. Aber auch in moralischer Sicht erscheint solche Ethik eher als Nicht-Ethik: Gerade angesichts der Welle der Ausländerfeindlichkeit hatte sich ja gezeigt, daß nur die Besinnung auf das allgemein Menschliche – Verallgemeinerung also – zuverlässige Kriterien gegen nationalistische Umtriebe liefert. Eine Situationsethik, die die Verallgemeinerungsfähigkeit der Richtschnur des menschlichen Handelns preisgibt, ist also nicht tragfähig.

Der Gießener Philosoph Odo Marquard hat 1981 mit der kleinen Schrift „Abschied vom Prinzipiellen" eine „Philosophie der Endlichkeit" propagiert, die entgegen unserer Darlegung doch so etwas wie eine Art prinzipielle Prinzipienlosigkeit ins Recht setzt. Die Skeptiker, so meint Marquard, seien gar nicht die, die prinzipiell nichts wissen, „sie wissen nur nichts Prinzipielles". Das Prinzipielle sei „lang, das Leben kurz".[3]

Es scheint nicht ganz sicher, ob Marquard auch bezüglich der Praxis das meint, was er hier sagt. Insofern er nämlich für Menschen schlechthin argumentiert, setzt er bei ihnen prinzipiell Gemeinsames voraus. Wo sich aber Menschen entscheiden, in erster Linie Menschen zu sein, vernunftbegabte, auf physisch und psychisch erträgliche Rahmenbedingungen angewiesene Menschen, nehmen sie stets auch zugleich wahr, was sie anderen Menschen schulden – so, wie die erwähnten Demonstranten mit ihren Lichterketten bekundeten, daß alle Ausländer Mitmenschen sind.

Die Frage, die sich angesichts der Unabweisbarkeit solcher schlichten Argumente gerade in einer „aufgeklärten" Zeit stellt, ist, wieso darüber eigentlich gestritten werden muß. Es hat den Anschein, als korrespondiere der Zunahme an Systemrationalität der Niedergang hinsichtlich der prinzipiellen Rationalität im Handeln des einzelnen. Gewiß, der Intellekt weiß vieles zu nutzen, was persönlichen Vorteil verspricht, aber in solcher Instrumentalität besinnt er sich gerade nicht darauf, was dem Menschen als Menschen zu tun gebührt.

Oft genug ist dargetan worden, daß der derzeitige Sozialstaat den Mißbrauch der Sozialkassen für das Individuum vorteilhaft werden läßt, daß sich das Individuum mithin durchaus rational verhält, wenn es sich seine Vorteile mit Blick auf Leistungen der Sozialkassen sichert. Das System belohnt seine mißbräuchliche Ausnutzung und läßt denjenigen, der dies ablehnt, auch noch als Trottel erscheinen.

So wird z. B. die Solidarität der Arbeitenden mit denen, die krank sind, besonders in Zeiten guter Konjunktur vom „blauen Montag" zahlloser Arbeitnehmer in dreister Weise mißbraucht. Dennoch war das Thema „Lohnfortzahlung im Krankheitsfall" zu einem Tabuthema gediehen, wie Bundesregierung und Bundestagsmehrheit im Jahre 1996 anläßlich der entsprechenden, heiß umkämpften Gesetzesänderung feststellen mußten. Indem es aber der von einschlägig tätigen Gruppierungen mit viel Moralpathos gepflegte Konsens aussichtslos macht, derlei Dinge angemessener zu regeln, wird dem System der Wettbewerb zum Negativen hin wesenhaft verbunden bleiben.

Jene erwähnte These, wonach die Demokratie nicht ihre eigenen Grundlagen zu sichern vermag, scheint in solchem Zusammenhang denkbar glaubwürdig zu werden. Als eine Veranstaltung im Sinne beständig zu verbessernder Wohlfahrt springt der demokratische Staat mit zunehmender wirtschaftlicher Blüte mehr und mehr dort ein, wo sich ursprünglich die Mitmenschlichkeit seiner Bürger hatte bewähren müssen. Bei millionenfachem Bewährungsbedarf gibt es dann naturgemäß auch unglücklich gelagerte Fälle, in denen Hilfe von außen not tut. Und wenn dies erst einmal statt hat, regelt sich über den beliebig auszudehnenden Gleichheitssatz alles weitere wie von selber.

Während die Fortschreibung einer solchen Entwicklung zu den Zeiten der alten Bundesrepublik bei vereinzelten Einschnitten über sogenannte „Haushaltsstrukturgesetze“ noch nicht ausgeschlossen erschien, hat sich eine Fortsetzung dieser Politik seit der Wiederherstellung der deutschen Einheit als nicht mehr finanzierbar erwiesen. Wie es das vereinte Deutschland sich nicht mehr erlauben konnte, den Arbeitnehmern der Kaligruben von Bischofferode ähnliche Vergünstigungen zukommen zu lassen wie den Bergleuten an Ruhr und Saar, so in vielen anderen Bereichen. Schon um auch insofern wieder zu einer Gleichbehandlung zurückzukehren, müßte es der demokratische Staat mithin schaffen, dem Bürger die Konsequenzen der gelebten Prinzipienlosigkeit deutlich zu machen.

Doch der Verzicht auf die Inpflichtnahme der Bürger im Sinne der Mitmenschlichkeit und die Abgeltung aller mitmenschlichen Pflichten über Steuern und Sozialbeiträge führen statt dessen unweigerlich immer tiefer in eine Sackgasse. Der „bürokratisierte Gemeinsinn“, so hat es Ottfried Höffe zum Ausdruck gebracht, also der durch Abgaben erzwungene Gemeinsinn, tut der Bereitschaft zur direkten Mitmenschlichkeit Abbruch. „Wer die ‚soziale Wärme‘ fördern will, muß den bürokratisierten Gemeinsinn erheblich verkleinern“, erklärt Höffe.[4]

Doch sind die Anspruchsgrundlagen erst einmal festgeschrieben und wird auf ihrer Basis das trickreiche Ausnutzen des Sozialstaats auch noch belohnt, ist dessen verhängnisvoller Kurs nur schwer aufzuhalten. Und die Einführung der sogenannten Pflegeversicherung nach dem Umlagesystem in einer Phase, in der auch die demographische Sackgasse für die Bundesrepublik längst absehbar war, spricht dafür, daß zu viele bundesdeutsche Politiker keineswegs an der Spitze der Einsicht marschieren bzw. nach wie vor nicht über den Tellerrand der nächsten und vielleicht der übernächsten Wahl hinausblicken.

Während auch das Bildungssystem insoweit keine Anstrengungen macht, den Blick der jungen Menschen für die Grenzen des Sozialstaats zu schärfen, gibt es aber durchaus Lehrer, die den Schülern beibringen, wie man aller Leistungen des Sozialstaates teilhaftig wird. Wenn dann noch daneben die Pflichten gegenüber diesem Staat in Frage gestellt werden, wird die Prinzipienlosigkeit erkennbar zur Zukunftslosigkeit.

Um es an der jüngsten deutschen Geschichte zu demonstrieren: Die zunehmenden Schwierigkeiten nach der ersten Euphorie aus Anlaß der Wiederherstellung der deutschen Einheit und besonders der verbreitete Unmut vieler Menschen hatten ja wohl besonders damit zu tun, daß die Regierung aus Unionsparteien und FDP eine überzeugende Inpflichtnahme der Bürger nicht mehr zu organisieren wußte. Diese Inpflichtnahme hätte auch die Wiederbelebung des Wissens um die Grundlagen der Marktwirtschaft einschließen müssen, wozu es beispielsweise gehört zu vermitteln, daß wesentlich mehr Investitionen nur durch Konsumverzicht aufzubringen sind.

Die offen ausgesprochene Enttäuschung des Kanzlers Helmut Kohl, der sich darüber beschwerte, wie gering die Opferbereitschaft der Bürger sei, konnte man auch als Offenbarungseid eines Politikers ansehen, der den Bürgern den Sinn der Pflicht und den Gewinn der Pflichterfüllung nicht zu vermitteln vermochte. Statt dessen hatte er im Wahlkampf 1990 unter dem Druck seines Gegenkandidaten Oskar Lafontaine, der den hohen Preis der Einheit beschwor und zugleich im Osten wie im Westen die Bürger zu Forderungen ermunterte, allen Gewinne versprochen und die umfangreichen nötigen Vorleistungen verschwiegen. Lafontaine aber gelang es, auf dem Wege über die für ihn vorhersehbare Reaktion Kohls einen Fall von „selffulfilling prophecy“, von sich selbst erfüllender Prophetie, zustande zu bringen.

Gewiß kann hier nicht so getan werden, als ob die Alternative der bewußten Inpflichtnahme der Bürger nur Begeisterung ausgelöst hätte. Aber gerade auch über die beschriebenen Weisen der Konsensfindung wäre doch jedenfalls eine Kursbestimmung vorgenommen worden, der sich viele derer, die die öffentliche Meinung beeinflussen, nicht entziehen konnten. Wo indes keine Prinzipien vermittelt werden, werden auch – bildlich gesprochen – keine Pflöcke gesetzt, die die Wegrichtung vorgeben. Das „Prinzip“ der Prinzipienlosigkeit wird damit in seiner für alles Menschliche zersetzenden Funktion einmal mehr durchsichtig.

Francis Fukuyama hat es für die Demokratie – vielleicht durch Verzicht auf allzu hohe bzw. auf explizit prinzipielle Maßstäbe – schmeichelhaft ausgedrückt: „Den Menschen in den demokratischen Gesellschaften fällt es besonders schwer, Fragen mit wirklich moralischem Inhalt ernsthaft in der Öffentlichkeit zu behandeln. Moralität setzt voraus, daß man zwischen besser und schlechter, zwischen gut und böse unterscheidet, und das verletzt das demokratische Prinzip der Toleranz. Aus diesem Grund interessiert sich der letzte Mensch vor allem für seine persönliche Gesundheit und seine Sicherheit; darüber kann man schließlich nicht streiten".[5]

Aber auch wenn mit der Toleranz eine der edleren Tugenden thematisiert wird (wobei dieser Begriff nur zu leicht unzulässig aufgeweicht wird), kommt Fukuyama doch zu dem Ergebnis von Lübbe und Böckenförde, wonach die Demokratie ihre eigenen Fundamente nicht zu sichern vermag: „Liberale Demokratien tragen sich nicht selbst, das Gemeinschaftsleben, von dem sie abhängig sind, muß eine andere Quelle haben als den Liberalismus".[6]

Natürlich sollten die hier deutlich gewordenen prinzipiellen Mängel solcher Demokratie nicht etwa zu irgendwelchen vermeintlichen Vorzügen anderer Regierungsformen überleiten. Nirgendwo ist ja zugleich die Chance so groß, die Menschen in freier Selbstbestimmung für ein Gemeinwesen zu engagieren. Der Kampf gegen die Prinzipienlosigkeit kann deshalb nur Element des Wettbewerbs der Parteien und eines legitimierbaren Konsenses der Demokraten sein.

Wer freilich auf entsprechende Vorbilder warten will, nimmt sich Bemerkenswertes vor. Parlamente und staatliche Bürokratien sind in aller Regel mit Repräsentanten des Mittelmaßes besetzt. Dafür sorgen insbesondere die in der „Formatierung" von Menschen tätigen Parteien. So mag es zwar vielleicht noch Persönlichkeiten geben, die in öffentlichen Ämtern außer ihrer Alimentation durch den Staat keine weiteren geldwerten Vorteile für sich einstreichen. Die Wahrscheinlichkeit indes, daß sie auch noch die Leistung der ihnen nachgeordneten Personen ungeachtet ihrer parteipolitischen Einstellung einschätzen und fördern, ist denkbar gering. Nicht der unbestechliche Spitzenbeamte, der im Zweifel auch den Politikern ob ihrer Ausnutzung staatlicher Mittel für parteipolitische Zwecke entgegenträte, ist das Leitbild, sondern der politische Beamte. Die Parteiopportunisten machen überall Karriere.

Soweit die vorerwähnten Gedanken geeignet sind, Aspekte des vielgerühmten „Projekts der Moderne" darzustellen, dürfte damit zugleich deutlich geworden sein, daß der prinzipiengeleitete Mensch diese Moderne nie angebetet und sich damit auch nicht in der Beliebigkeit der Postmoderne verirrt hat. Nun könnte es sein, daß manch einer die Suche nach dem prinzipiengeleiteten Menschen als die Suche nach einem Fossil diffamieren möchte. Aber solcher Ansatz scheint nicht zwingend.

Die Zahl derer, die auf idealistische Vorgaben in einer unidealen Welt ansprechbar sind, die hier durch ihr Engagement einen besseren Lebenssinn finden als die opportunistischen Mitläufer der Anspruchsgesellschaft, ist doch auch wieder so gering nicht. Die Rückkehr zur mitmenschlichen Pflicht und entsprechend zur (vielen vielleicht bieder erscheinenden) Pflichterfüllung, von der Demokratie organisiert, würde diese Demokratie zugleich wieder aus sich selbst heraus lebensfähiger machen.

Als geschichtlich herausragendes Beispiel wird man insoweit vielleicht an Großbritannien erinnern dürfen, dessen Demokratie in vielem denkbar unindeal ist, das aber im Kampf gegen den Nationalsozialismus Kräfte mobilisiert hat, die eine gigantisch anmutende Vitalität aufwiesen. Reinhold Schneider, der diese britische Leistung letztlich als Ergebnis religiöser Überzeugungen gedeutet hat[7], dürfte zwar sehr vieles glorifiziert haben. Aber was immer bei der Mobilisierung solcher Kräfte noch zusätzlich eine Rolle gespielt hat: Die These, liberale Demokratien trügen sich nicht selbst, scheint nicht zwingend. Es kommt nur darauf an, von welchem Menschenbild sie ausgehen und welches Menschenbild sie befördern. Wer freilich beim „Prinzip" der Prinzipienlosigkeit stehenbleibt, entzieht tatsächlich der Demokratie entscheidende Existenzgrundlagen.

Auf derselben Linie sind – zumindest in ihren ursprünglichen Gedanken – sogar solche Theorien einzuordnen, die im rationalen Diskurs die Basis aller Demokratie und damit deren ganze Legitimation sehen. In der Gegenwart ist es besonders der Sozialphilosoph Habermas, der mit solchem Ansatz – typischerweise vor allem beim universitären Publikum – viel Anklang im In- und Ausland findet. Dabei muß hier zunächst noch ausgeklammert werden, daß Habermas seine „Theorie des kommunikativen Handelns" durchaus in Richtung auf andere Ufer zu entfalten sucht. Am Anfang dieser Theorie steht jedenfalls ein Begriff der Rationalität, welcher es gestattet, unter Angabe vieler „guter Gründe" gerade das zu tun, was in der heutigen Gesellschaft stattfindet:

Habermas definiert in dem zweibändigen Werk wie folgt: „Unsere Überlegungen können wir dahingehend zusammenfassen, daß wir Rationalität als eine Disposition sprach- und handlungsfähiger Subjekte verstehen. Sie äußert sich in Verhaltensweisen, für die jeweils gute Gründe bestehen. Das bedeutet, daß rationale Äußerungen einer objektiven Beurteilung zugänglich sind".[8] Daß der letzte namhafte Statthalter der Frankfurter Schule seine kommunikative Theorie zu einem – nach eigener Einschätzung – besseren Ersatz der praktischen Philosophie ausgestaltet, gelingt nur dadurch, daß er aus jenem gänzlich formalen Rationalitätsbegriff schrittweise durch Einfügung zusätzlicher Bedingungen eine gleichsam moralisch hochstehende Rationalität macht.

Wer sich auf die ersten Argumente der Theorie des kommunikativen Handelns einläßt, so könnte es scheinen, wird von Habermas auf den richtigen Weg gebracht: „Es geht um die Emergenz einer höherstufigen Lebensform", heißt es.[9] Aber an dieser Emergenz, diesem Auftauchen des Höheren aus dem Niederen, muß irgendetwas nicht ganz stimmen, denn jener rationale Diskurs der unteren Ebene findet wohl allerorten in der Demokratie statt, ohne daß sie sich notwendig in der richtigen Richtung entwickelt. Und Habermas scheint auch die Spielverderber ausfindig gemacht zu haben: In seinen oft sehr heftigen Attacken speziell in der Wochenzeitung „Die Zeit" sind es offenbar die Rechten, die sich der Emergenz à la Habermas widersetzen.

Der Frankfurter, der in intensiver Auseinandersetzung mit dem Bielefelder Soziologen Luhman die Geltungsdimension, d. h. Wahrheit, moralische Normen usw. verteidigt, läßt sich zwar kaum als spiritus rector der Prinzipienlosigkeit bezeichnen, aber seinem relativen Erfolg bei seinem zeitgeistnahen Angriff auf die Bewußtseinsphilosophie vom Schlage Kants, Fichtes usw. entspricht keineswegs ein erkennbarer Fortschritt bei der Sicherung von Prinzipien. Ohne die offene oder verdeckte Nutzung der Erkenntnisse jener Bewußtseinsphilosophie hätte er diese Prinzipien wohl kaum (wieder)gefunden, was schon allein Zweifel daran begründet, ob jener rationale Diskurs nicht insgeheim alles Entscheidende voraussetzt und als solcher nicht vornehmlich zu endlosem Palaver tendiert.

[1] Ernst-Wolfgang Böckenförde hat diese These 1967 wohl als erster vertreten und sie auch später wiederholt, z. B. in dem Aufsatz „Der Vernünftige Staat – Aufgaben und Grenzen", in: Deutsches Allgemeines Sonntagsblatt vom 14. Mai 1978 (gekürzte Fassung eines Vortrags) oder „Fundamente der

Freiheit“ in: Erwin Teufel (Hrsg.) Was hält die moderne Gesellschaft zusammen? Frankfurt 1996, S. 89 ff. Lübbe hat sie seinerseits in dem Buch „Religion nach der Aufklärung“ (Graz, Wien, Köln 1986) in größerer Breite dargelegt.

2 Kant, Metaphysik der Sitten, § 45.

3 Odo Marquard, Abschied vom Prinzipiellen, Aufsatzsammlung, Stuttgart 1981, vgl. auch den Aufsatz „Abschied vom Prinzipiellen“, in: FAZ vom 14. November 1981.

4 Ottfried Höffe, Individuum und Gemeinsinn – Thesen zu einer Sozialethik des 21. Jahrhunderts, in Erwin Teufel a.a.O. S. 15 ff.

5 Fukuyama, a.a.O. S. 405 f.

6 a.a.O. S. 430.

7 Reinhold Schneider, Das Inselreich, Gesammelte Werke 2, Frankfurt 1979.

8 Jürgen Habermas, Theorie des kommunikativen Handelns, 4. Auflage, Frankfurt 1987, Band I, S. 44.

9 Band II, S. 23.

Kapitel 4

Auf der Couch der Sozialwissenschaften

Wenn man die Frage stellt, was in unserem Kulturkreis für die weitgehende Preisgabe prinzipieller Vorgaben eine Rolle spielen könnte, fällt das Augenmerk nicht zuletzt auf die in wenigen Jahrzehnten rasant gewachsene Rolle der Sozialwissenschaften. In ihrem der Grundforderung nach unvoreingenommenen, empirischen Herangehen an soziale Phänomene behandeln sie zwangsläufig alle ihre Gegenstände als pure Erfahrungsgrößen. Sie relativieren somit jeden „Wert" und jedes Prinzip. Die Frage etwa, ob es für den Menschen als solchen eine eminente Bedeutung hat, sonntags die Verkündung von Gottes Wort in einer Kirche mitzuerleben, findet bei sozialwissenschaftlichen Erhebungen eine Antwort der folgenden Art: 23 Prozent der Befragten glaubten daß ..., 47 Prozent glaubten, daß nicht ... usw.

Fernsehen, Illustrierte, Nachrichtenmagazine und Zeitungen sehen es seit langer Zeit schon als verkaufsfördernd an, über die Ergebnisse jüngster Meinungsumfragen zu berichten. Mit merkwürdigem Eifer studieren offenbar viele Zuschauer und Leser solche Erhebungen, wobei dadurch vielleicht gar ein gewisser Anpassungsdruck derart entstehen dürfte, man müsse heute so und so denken. Andere mögen sich dagegen noch bewußter von den Massentrends absetzen. Jedenfalls sind teilweise auch reflektiertere Formen des einschlägigen Handelns und Denkens das Resultat des Studiums solcher Erhebungen.

Das Ergebnis dieser und weiterer Formen der Einbeziehung sozialwissenschaftlicher Erkenntnisse in unser tägliches Denken und Handeln ist aber allemal ein größeres oder kleineres Maß an Relativierung. Wer etwa die religiösen Riten seiner Konfession einmal nüchtern-sozialwissenschaftlich betrachtet und ihre Zweckmäßigkeit zur Mehrung der Pietät der Gläubigen durchschaut hat, hat zweifelsohne auch etwas von der Unschuld des Gläubigen verloren. G. W. F. Hegel faßte einst in seinen Vorlesungen zur Ästhetik das Ergebnis solcher Reflexion über religiöse Lebensformen sehr treffend in dem Satz zusammen: „Es hilft nichts, unser Knie beugen wir doch nicht mehr."[1]

Der Weisen, in denen die Methoden der Soziologie, der empirischen Sozialforschung, der Sozialpsychologie oder auch der Psychoanalyse Menschen zur Relativierung und zum Abbau ihrer Werthaltungen und Prinzipien bewegen, sind viele. Es gibt Menschen, die zur Vermeidung aller psychischen Verklemmungen ihrem Triebleben so sehr nachgeben, daß sie sich weitgehend selber auf ein Naturereignis reduzieren. Gerade dem aber gilt es zu wehren. Es geht hier also nicht darum, Sozialwissenschaften generell in Frage zu stellen, und auch nicht darum, es ihnen gleichzutun. Aber der mündige, der selbst entscheidende Mensch kann gewiß nicht nach sozialwissenschaftlichen Gesetzmäßigkeiten handeln. Die Reduktion des Menschen auf den Leisten einer oder mehrerer Sozialwissenschaften läßt im Grunde sogar diese Wissenschaften selber fragwürdig werden.

Selbstkritische Wissenschaftler machen auf solche Aspekte ihres Wirkens übrigens durchaus aufmerksam, zumal es ein Stück wissenschaftliche Redlichkeit ist, über die Reichweite der jeweiligen Erkenntnisse aufzuklären. In ausgesprochen beeindruckender Weise hat dies in seiner Lehre immer wieder der Neurologe und Psychiater, Gründungsvater der Logotherapie, Viktor E. Frankl, getan. In einem Vortrag, den er 1974 im Kölner Lindenthal-Institut hielt und den die FAZ in etwas gekürzter Form veröffentlichte, war es besonders knapp und verständlich gefaßt: „Können wir Psychiater den existentiell Frustrierten Sinn geben? – Nein, das können wir nicht. Am wenigsten kann es der Psychiater", erklärte Frankl unter anderem.[2]

Gegen Ende des Vortrags wurde der Wissenschaftler, der einst die Konzentrationslager Auschwitz und Dachau überstanden hatte, dann noch deutlicher: „Der unbeeinflußte, nicht indoktrinierte Mensch von der Straße, der nicht jahrelang auf Couchen herumgelungert ist und nicht als Student jahrelang auf Universitäten indoktriniert wurde, der weiß, daß der Mensch mehr ist als das Ergebnis von konditionierenden Prozessen oder Lernprozessen. Er ist mehr als das Ergebnis von Umwelt und Erbe, mehr als das Produkt von Produktionsprozessen. Das weiß der Mensch in der Tiefe seines Herzens..."

Derjenige Wissenschaftler, der die Problematik der Konsequenzen der Sozialwissenschaften mit Bezug auf die Soziologie wohl am deutlichsten sichtbar gemacht hat, war Friedrich H. Tenbruck. In einem Gutachten aus dem Jahre 1979 wandte sich der 1994 verstorbene Tübinger Soziologieprofessor gegen den Plan, das Starnberger

„Max-Planck-Institut für interdisziplinäre Forschung über die Lebensbedingungen der wissenschaftlich-technischen Welt“ in ein „Max-Planck-Institut für Soziologie“ umzuwandeln.[3]

Hier schrieb Tenbruck u. a.: „Die Gesellschaft wird durch die Ausbreitung der Sozialwissenschaften ebenso institutionell verändert, wie sie durch die Verbreitung der Naturwissenschaften verwandelt worden ist, und diese Veränderung zur künstlichen und regulierten Gesellschaft ist unabhängig von den Erkenntnisinhalten der Sozialwissenschaften. Die Verbreitung der Wissenschaft in Lehre, Forschung und Beruf läuft bereits auf einen gesellschaftlichen Strukturwandel hinaus ... Mit anderen Worten gibt es für jede Wissenschaft optimale Grenzen, die nicht überschritten werden dürfen, wenn die Wissenschaft noch ein Instrument der Gesellschaft und ein Moment der Aufklärung sein soll.“

Inhaltlich hieß es in dem Gutachten zu den Erkenntnissen der Soziologie u. a.: „... das dringende Problem besteht doch in der Frage, ob die tatsächlichen Erkenntnisse der Sozialwissenschaften ein Weltbild legitimieren, in dem der Mensch zum totalen Gesellschaftswesen wird, das in seinem Handeln bloß von gesellschaftlichen Umständen getrieben und in seinem Sinnen bloß auf ebendiese Umstände gerichtet ist.“ Auch der Gebrauch, der von sozialwissenschaftlichen Erkenntnissen gemacht wird, muß mithin bedacht sein. „In dem Maße, wie wir das Wissen der Sozialwissenschaften in Berufen und Halbberufen benutzen, entsteht die künstliche Gesellschaft, so wie uns die Naturwissenschaften die technische Umwelt beschert haben.“

Der kritische Denker, der seine Theoreme in dem Buch mit dem bezeichnenden Titel „Die unbewältigten Sozialwissenschaften oder Die Abschaffung des Menschen“ ausführlich entwickelt hat, macht darauf aufmerksam, daß die Sozialforschung zunehmend „je eifriger sie betrieben wird, nur mehr die Wirkungen ihres eigenen Tuns“ erfaßt. Nur eine angemessene Selbstbeschränkung der Sozialwissenschaften „auf solche Aufgaben“, die sie „sinnvoll erfüllen“ können, würde die Gesellschaft befördern: „Alsbald wären wir auch von der verhängnisvollen Mißweisung befreit, mit der die Sozialforschung sich selbst in Arbeit und Brot wie uns in Verwirrung setzt: daß sie fortlaufend nach den ‚gesellschaftlichen' Ursachen derjenigen Probleme sucht, die sie eben dadurch teils erst in die Welt gebracht hat, teils am Leben erhält“.[4]

Daß die Gedanken Tenbrucks nicht sehr viel bewirken konnten angesichts der Tatsache, daß auch Sozialforschung ihrerseits ein soziales Phänomen ist, welches aus seinen (fach)immanenten Gesetzmäßigkeiten ohne gewaltige Anstöße von außen nicht herauskommt, liegt auf der Hand. Mit Niklas Luhmann könnte man wiederum argumentieren, Sozialforschung sei ein „funktional differenziertes System", das wie alle Systeme seine Differenzierungen durch interne Operationen fortentwickelt.

Solche Forschung treibt voran von Moderne zu Moderne höherer Stufe oder vielleicht zur Postmoderne. Der damals in Bamberg lehrende Soziologe Ulrich Beck sah 1990 beim Soziologentag in Frankfurt das wiedervereinigte Deutschland als „ein Deutschland der zwei Modernen".[5] Wo aber solche Differenzierungen erst einmal anfangen, da gerät die ganze Modernität zu einem Dschungel, aus dem nicht mehr herauszufinden ist – worauf ebenfalls die „Postmoderne" als letzte denkbare Alternative folgt.

Immerhin gibt es neben Tenbruck auch noch andere, die den Sozialwissenschaften den Vorwurf des zersetzenden Einflusses nicht ersparen, ohne sie deshalb aber in Bausch und Bogen zu verwerfen. So hat etwa Franz Xaver Kaufmann u. a. in einem knappen Vortrag auf derlei hingewiesen: „Wie die von Sigmund Freud inspirierte Psychoanalyse die geheimen Triebkräfte menschlichen Handelns aufgedeckt hatte, so brachte nun eine sozialwissenschaftlich inspirierte Ideologiekritik die herrschende Pflichtenmoral ins Zwielicht. Und diese hat sich davon bis heute nicht erholt."[6]

Ganz auf der Linie solcher Entwicklung reduziert Helmut Klages – für den Sozialwissenschaftler plausibel – die Pflicht zu einem Wert, der somit wie viele andere Werte vom Wertewandel erfaßt wird: „Schon seit den 60er Jahren findet in Deutschland, aber auch in anderen Ländern ein Wertewandel statt, in dessen Verlauf individualistische Selbstentfaltungswerte an Boden gewinnen und Pflicht- und Akzeptanzwerte abnehmen".[7] Der Sozialwissenschaftler scheint den Nachweis dafür zu liefern, daß die Zurückstufung der Pflicht – wenn denn der einzelne sie wirklich mitvollzöge – lediglich ein Wandel und kein Verfall der Menschlichkeit des Menschen ist.

Besonders subtile Formen des Einflusses scheinen jene Unterdisziplinen der Sozialwissenschaften zu zeitigen, die auch noch das Denken selber in seinen Bedingungen zu erfassen suchen. Dazu sei hier auf die sogenannte Wissenssoziologie abgehoben, die von brillanten Denkern wie Karl Marx, Max Weber, Max Scheler und Karl Mannheim vorangetrieben worden ist.

Nimmt man etwa mit Mannheim das Denken als weitestgehend bedingt durch unser gesellschaftliches Sein, erscheinen Prinzipien als Setzungen sozialer Gruppen (als „gesellschaftliche Vorgaben", wie Beck es nannte). Dann aber liegt es nahe, in solchen Setzungen nur mehr „Ideologie und Utopie" (so der Titel des Hauptwerks von Karl Mannheim[8] zu vermuten mit dem Ergebnis, daß bei allen sozialen Normen eigentlich nur noch interessieren muß, ob sie sanktionsbewehrt sind oder nicht.

Die Problematik, die sich hier auftut, liegt in folgendem: Es scheinen nicht gerade viele Sozialwissenschaftler zu sein, die insoweit klare Begriffe einführen, als man die soziale Bedingtheit des Denkens keineswegs leugnen muß, um dennoch an der Freiheit dieses Denkens und damit an der sittlichen Verantwortlichkeit jedes (denkenden) Menschen festzuhalten. Obendrein haben es sich gerade viele Soziologen sowie sprachanalytisch oder kommunikationstheoretisch engagierte Philosophen angelegen sein lassen, jene philosophischen Ansätze, die die Freiheit des Menschen argumentativ zu sichern suchten, als „Bewußtseinsphilosophie" beiseite zu schieben.[9]

So spricht manches für den Eindruck, daß es heutzutage vielerorts an den unerläßlichen philosophischen Komplementärangeboten mangelt, die das sozialwissenschaftliche Denken in seine Grenzen einzuordnen wissen. Diese Entwicklung ist dadurch begünstigt worden, daß sich derlei Philosophie, also die bereits erwähnte „Bewußtseinsphilosophie", keines hohen Ansehens mehr erfreut.

So mochte Ralf Dahrendorf in der Schrift „Homo Sociologicus" noch mit Fug und Recht die praktische Philosophie Immanuel Kants benutzen, um darzutun, daß sich „soziale Rolle" und Freiheit des Menschen nicht etwa ausschließen.[10] Inzwischen aber scheint es zu den Standards zu gehören, daß auch für die Philosophen nur noch soziale Phänomene wie Sprache und kommunikatives Verhalten als Ausgangsgröße bzw. einzig mögliche Evidenzbasis gelten. Wo freilich das Bewußtsein des Subjekts nur noch über solche Ausgangsebenen quasi erschlossen werden kann, also nicht einen eigenständig legitimen Zugang zu sich selber haben soll, kann man Freiheit nur noch leugnen oder – offen bzw. verdeckt – voraussetzen.

In solcher geistesgeschichtlichen Konstellation gewinnt die breit angelegte, zweibändige „Theorie des kommunikativen Handelns“ von Habermas eine merkwürdige Doppelrolle. Man kann sie einerseits ansehen als eines jener Produkte, welche sich die Sozialforschung selber eingebrockt hat. Man kann sie andererseits aber auch deuten als den Versuch, ausschließlich mit den Mitteln solcher Forschung etwas zurückzugewinnen, was durch die Überbetonung der Sozialwissenschaften verlorgengegangen zu sein scheint: die Geltungsdimension.

Verblüffen muß es ja schon, daß die Argumente, die Habermas gegen die Bewußtseinsphilosophie präsentiert bzw. in Rahmen eines wortreichen Oevre präsentiert hat, keineswegs über dasjenige hinausgehen, was den bedeutendsten dieser Bewußtseinsphilosophen selber bekannt war. Einem Kant, einem Fichte oder auch einem Husserl war die Möglichkeit, von sprachlichen Äußerungen, von kommunikativem Handeln auszugehen, keineswegs verborgen geblieben. Aber sie hatten eingesehen, daß das Individuum als Konglomerat aus sozialen Rollen oder als Schnittpunkt gesellschaftlicher Lebens- und Verkehrsformen nicht zulänglich beschrieben war.

Für diese und weitere Philosophen stand vielmehr fest, daß das Subjekt, welches seiner eigenen Vernunft und Freiheit als einer Einheit innegeworden war, die Voraussetzung auch jener sozialen Aspekte bildete. Solches Denkens bekannte sich freilich zu so etwas wie „Metaphysik“, d. h. zu Theorieaspekten, die wie Wahrheit und sittliches Gebot, wie Vernunft und Freiheit erfahrungswissenschaftlich nicht zu erfassen bzw. hinreichend festzumachen sind. Anders als bei Habermas ist Gesellschaft solchen Regionen gegenüber nachrangig.

So wie Habermas seinerzeit mit dem Begriff „Spätkapitalismus“ den Glauben vieler Linker an den Untergang dieser Wirtschaftsform beflügelte, so hat er sich auch auf das „nachmetaphysische Zeitalter“ festgelegt. Da er aber auf die Geltungsdimension nicht verzichten will, schleust er das, was seit Kant als „metaphysica generalis“ gilt, in der „Theorie des kommunikativen Handelns“ auf verschlungenen Wegen ein, ohne es wirklich zu begründen.

Zu den merkwürdigen Sprüngen der Habermasschen Argumentation gehört es etwa, wie leicht er von der Anwendung sozialer Normen mit Bezug auf Gruppen zu einer Art Universalisierung dieser Normen gelangt, so daß sie nunmehr für alle vernünftigen Menschen verbindlich erscheinen. Derlei Universalisierung erweckt nämlich gerade den Eindruck eines Ausstiegs aus dem sozialwissenschaftlichen Bedingungsgefüge.

Geht man den jeweiligen Gedankengängen in dem Habermasschen Opus genauer nach, entdeckt man im übrigen jeweils dort, wo eine systematische Argumentation angezeigt wäre, einen der ausgedehnten Rückgriffe auf Max Weber, George Herbert Mead oder Emile Durkheim usw. Diesen Gewährsleuten wird zwar jeweils attestiert, daß sie noch teilweise der Bewußtseinsphilosophie verhaftet gewesen seien, aber die Frage, ob die jeweils übernommenen Einsichten nicht gerade auch der Bewußtseinsphilosophie zu verdanken sind, wird nicht gestellt.

So spricht etwa einiges dafür, daß Mead seinen Universalisierungsaspekt ausschließlich an der Vernunft des Menschen festmacht.[11] Erfahrungswissenschaftlich kann aber ein solcher Vernunftbegriff keineswegs bei allen Menschen festgestellt worden sein, er verdankt sich vielmehr einer bewußtseinsphilosophischen Introspektion. Habermas wäre hier jedenfalls gut beraten gewesen, zur Begründung seiner Theorie eigenständige Argumente zu liefern, statt verdeckt bewußtseinsphilosophische Argumente zu nutzen. Aber dann wäre es vermutlich auch um jene Emergenz, um das Auftauchen des Höheren aus dem Niederen, geschehen gewesen.

Genauso verhält es sich mit der Freiheit des Subjekts, die sich in der „Theorie des kommunikativen Handelns“ ganz allmählich als „Freiheitsspielraum“ einschleicht. Die Mittel der Idealisierung und Formalisierung, die Habermas ergänzend braucht, müßten ebenfalls ganz anders begründet werden: Welche tatsächliche Kommunikationsgemeinschaft ließe sich denn wohl mit erfahrungswissenschaftlichen Mitteln „idealisieren“ und „formalisieren“? „Was der kategorische Imperativ leisten sollte, kann mit Hilfe der Projektion einer Willensbildung unter den idealisierten Bedingungen eines universellen Diskurses eingelöst werden“, erklärt Habermas.[12] Die Rechtfertigung solcher Bemerkungen steht also aus.

Selbst innerhalb der Argumentation von Habermas werden aber schon Brüche deutlich. So will er etwa mit Mead gegen Kant belegen, daß das moralisch urteilsfähige Subjekt nicht für sich allein prüfen kann, ob eine Norm den Interessen aller entspricht. Diskurse gemäß der Vorgabe einer idealen Kommunikationsgemeinschaft müßten tatsächlich durchgeführt werden, sie seien nicht durch „monologisierte Scheindialoge“ zu ersetzen.[13] Dann wieder ist die ideale Kommunikationsgemeinschaft offenbar dermaßen unangreifbar internalisiert, daß „in extremen Fällen eine Person ihre Selbstachtung nur wahren“ kann, „wenn sie dem moralischen Urteil aller Zeitgenossen entgegenhandelt.“[14]

Mit dem letzterwähnten Gedanken scheint Habermas übrigens schon für den Fall vorgebeugt zu haben, daß die Teilnehmer der Diskurse trotz aller idealisierenden Bedingungen dem Lehrer Habermas dennoch nicht folgen. So wetterte er denn im Rahmen der Diskussion um eine Änderung des Asylrechts in „Die Zeit“[15] wider die infame Rechte, die nach seiner Einschätzung den „Druck der Straße“ benutzte, um jenes Grundrecht auszuhebeln. Zwar waren es dann doch wieder Massenbewegungen, auf die sich der Frankfurter glaubte stützen zu können, jene Lichterketten nämlich oder das zu sich selbst kommende „republikanische Bewußtsein“ hinter den Särgen der Opfer von Mölln, aber dennoch wird in diesem Artikel der Diskurs nicht mehr bemüht.

Insofern war es denn auch eine bemerkenswerte Tatsache, daß die Bremer Rechtslehrerin Sibylle Tönnies, die ihre geistige Herkunft offenbar in der Nähe der Frankfurter ansiedelt („wir Altlinken“), Habermas vorhielt, er nehme jetzt „eine scharfe Zensur an der plebejischen Meinungsbildung“ vor. Alles spreche dafür, „daß Habermas eine Wende vollzogen hat. Das möge er doch seinem Publikum mitteilen, seine Diskurstheorie verabschieden und sich bescheiden in die lange Reihe derer einreihen, die zur Begründung ihrer Moralauffassung nichts weiter als ihre gute Gesinnung zur Verfügung haben – er stünde dabei zwischen den besten Geistern.“[16]

Ob Habermas nun eine solche Wende vollzogen oder sich die Auswahl derer, welche sich zur idealen Kommunikationsgemeinschaft eignen, immer schon selber vorbehalten hat: Fest steht, daß die Mittel der Sozialwissenschaften nicht dazu taugen, die Couch der Sozialwissenschaftler zu verlassen. Die ganz schlichte Frage, was ich zu tun habe, wenn eine Gruppe von Asylbewerbern in meiner Nachbarschaft angesiedelt werden soll, mag in etlichen mehr oder weniger idealen Kommunikationsgemeinschaften diskursiv erörtert werden, die Entscheidung habe ich dennoch selber zu treffen.

Ja, es spricht sogar etwas für die Vermutung, daß der Gedanke der jeweils eigenen Pflicht nicht durch soziologisch oder sozialphilosophisch abgefedertes Palaver verwässert werden darf. Da ist Habermas durchaus zuzustimmen, daß es einer Person dabei auch um die Selbstachtung gehen muß (s. o.), die eben nicht der Anpassung geopfert werden darf. Theoretische Vorklärungen mögen in den allermeisten Fällen wichtig und geboten sein, sie mögen sogar manchen blinden Aktionismus verdienstlich verhindern, aber die Theorie, die sich anschickt, die Pflicht zu zerreden, ist ein Stück Perversion.

[1] G. W. F. Hegel, Ästhetik, hrsg. von Friedrich Bassenge, 2. Aufl. Frankfurt o. J., S. 110.

[2] Viktor E. Frankl, Die Frage nach dem Sinn, FAZ vom 30. November 1974.

[3] Friedrich H. Tenbruck, Die Gesellschaftswissenschaften stürzen die Gesellschaft ins Abenteuer, FAZ vom 9. März 1979.

[4] ders. Der Mensch als Merkmalsträger – Wie die Sozialforschung die Privatsphäre veröffentlicht und zerstört, FAZ vom 31. März 1984.

[5] Ulrich Beck, s.o. Fußnote 11 zu Kapitel 1.

[6] Franz Xaver Kaufmann. Modernisierung, Wertewandel und Gemeinsinn, in: Was bedeutet uns Gemeinsinn heute? 17. Tagung der Aktion Gemeinsinn e.V. am 11. und 12. 11. 1995 in Eisenach, Bericht hrsg. v. der Aktion Gemeinsinn, Bonn.

[7] Helmut Klages, Chancen des Wertewandels, in: Was hält die moderne Gesellschaft zusammen? Hrsg. von Erwin Teufel, Frankfurt 1996, S. 45 ff.

[8] Karl Mannheim, Ideologie und Utopie, 4. Auflage, Frankfurt 1965.

[9] Vgl. die Fußnoten zu Habermas am Schluß des letzten Kapitels.

[10] Ralf Dahrendorf, Homo Sociologicus, 10. Auflage, Opladen 1971, S. 42 u. 83 f.

[11] siehe z. B. Habermas, Theorie des kommunikativen Handelns, Band II, S. 142: „Haltung aller vernunftbegabten Wesen".

[12] a.a.O. II, S. 144.

[13] a.a.O. II, 145.

[14] a.a.O. II, 149.

[15] Habermas, Die zweite Lebenslüge der Bundesrepublik: Wir sind wieder „normal" geworden, in: Die Zeit vom 11. Dezember 1992.

[16] Sibylle Tönnies, Die Linken verlassen die sinkenden Massen, in: FAZ vom 23. Dezember 1992.

Kapitel 5
Unerschütterte Gesinnungen

Mit Theorien aller Art, die an sich selbst lediglich wahre Aussagen bzw. Systeme wahrer Aussagen sein sollen, läßt sich vielerlei machen. Man kann z. B. den sozialwissenschaftlichen Vergleich der Lebensweise deutscher und türkischer Menschen in der Bundesrepublik zu Vorschlägen einer besseren Integration oder zur Abwehr von Integrationsabsichten benutzen. Ein Beispiel für ein anderes, bemerkenswertes Vorgehen ist das folgende, das der Fernsehjournalist Klaus Bednarz mit Bezug auf den furchtbaren Mord an fünf türkischen Frauen am 1. Juni 1993 in einem Kommentar der „Tagesthemen" an den Tag gelegt hat:

„Nicht nur nach jenen gilt es zu suchen, die in Solingen die Brandsätze warfen, sondern auch nach jenen politischen und publizistischen Biedermännern, die seit Monaten und Jahren die sogenannte Ausländerdebatte angeheizt haben. Im publizistischen Bereich sind es vor allem Hetzblätter der Springer-Presse, aber auch die FAZ und der ‚Spiegel', die zur Panikmache gegen Ausländer beigetragen haben..."

Das Bemerkenswerte an solcher Denkfigur ist es, daß die Darlegung tatsächlicher Probleme, welche im Zusammenhang mit dem Ansturm von Asylbewerbern entstehen, ihr nichts anhaben kann. Ein Journalist, der sich erdreistet, die Proteste von Bürgern wiederzugeben, welche ihre Turnhalle nicht zur Notunterkunft für Asylsuchende umfunktioniert wissen wollen, mußte für Bednarz schon zu den Tätern gehören, weil er ja nach dessen Kategorien die Ausländerdebatte „anheizte". Vielleicht lag es aber nach Ansicht von Bednarz überhaupt nur an jener Hetzpresse, daß die Menschen die Umfunktionierung ihrer Turnhalle nicht für normal hielten.

Es erscheint angemessen, den der Argumentation des Fernsehjournalisten zugrunde liegenden Gedanken als „Gesinnung" zu bezeichnen, weil in solchem Denken eine Überzeugung zum Ausdruck kommt, die mit nachprüfbarem Wissen wohl nichts zu tun hat. Da verkündet einer, die Gleichheit aller Menschen müsse eine Differenzierung nach Kulturen, eine Differenzierung auch nach Heimatrechten und sozialen Ansprüchen ausschließen. (Die Notwendigkeit von Differenzierungen ergeben sich für solche Vordenker regelmäßig erst dort, wo ihre eigenen Vorrechte und erworbenen Ansprüche zur Disposition gestellt werden sollen.)

Derlei Gesinnung gibt sich also erhaben über die Widrigkeiten einer ganz anderen sozialen Wirklichkeit. Ja, man konnte Journalisten wie Bednarz oder auch seinen Gesinnungsfreunden in manchen Gruppierungen noch nicht einmal Eindruck mit dem Hinweis machen, daß die Durchsetzung dieser Gesinnung beispielsweise die deutschen Tarifordnungen endgültig sprengen mußte, weil allen gesinnungsfroh hereingelassenen Ausländern zu den geltenden Tarifen keine Arbeitsplätze zur Verfügung gestellt werden konnten.

Fälle von Gesinnungen, die sich von der Realität nicht beirren lassen, gibt es gerade in der vermeintlich aufgeklärten Zeit erstaunlich oft, ja, es fragt sich, ob nicht die Komplexität der heutigen Lebensumstände samt der administrativen Vorgaben geradezu den Ausweg in die Gesinnung nahelegen. Man erinnere sich insoweit an jene These Arnold Gehlens, der erklärt hatte, im technischen Zeitalter träten an die Stelle von eigenen Erfahrungen Meinungen und Gesinnungen aus zweiter Hand (s. o. 1. Kapitel).

In diesem Zusammenhang darf vielleicht auch an eine politische Auseinandersetzung erinnert werden, die zwei Jahrzehnte zurückliegt und die seinerzeit das Bild von einer zerrissenen bundesdeutschen Gesellschaft zu rechtfertigen schien. Man stritt um die Aufstellung neuer, atomar bestückter Mittelstreckenraketen, die ein Gegengewicht zu der von den einen behaupteten, von den anderen aber geleugneten Bedrohung durch neue Waffensysteme („Grauzonenwaffen“) des damaligen Ostblocks bilden sollten.

Die Offenlegung der Angriffspläne des Warschauer Paktes durch den wenig später zurückgetretenen Verteidigungsminister Gerhard Stoltenberg Anfang Februar 1992 war nun geeignet, die „Nachrüstungsdebatte“ jener Zeit in neuem Licht erscheinen zu lassen. Und die Tatsache, daß eine Aufbereitung jener Debatte weitgehend unterbleiben konnte, sagt sogar etwas über diejenigen aus, die in der Bundesrepublik solche Auseinandersetzungen üblicherweise in Gang setzen und ohne die dieselben merkwürdigerweise nicht so leicht stattfinden.

Da waren also nun für Historiker jene Akten einzusehen, die sich in Strausberg, im östlich von Berlin gelegenen ehemaligen Verteidigungsministerium der DDR, gefunden hatten. Sie sprachen eine so eindeutige Sprache vom Angriffswillen der Sowjettruppen und der mit ihnen verbündeten Armeen, daß man nachträglich erschauern mußte. Was im Osten stets bestritten worden war, war nun belegt. Binnen weniger Tage sollten nach dieser Kriegslogik die Ostblocktruppen die Bundesrepublik, Dänemark und anschließend Frankreich unter massivem Einsatz von Atomwaffen überrollen.

Diese Pläne wurden nach der Wahl Michail Gorbatschows zum Generalsekretär der KPdSU in der Mitte der 80er Jahre allmählich abgemildert in Richtung auf eine Vorwärtsverteidigung, wie auch die NATO sie vertrat. Nun mag man nach der Offenlegung der Angriffsstrategie des Warschauer Paktes meinen, daß solche Pläne politisch noch nichts besagten, da sich Militärs für den Fall eines Falles Ziele setzen müssen und da die ihnen vorgeordnete Politikerkaste so unedle Gedanken nie gehabt habe. Aber Angriffspläne sind etwas prinzipiell anderes als bloße Verteidigungspläne, wie sie die NATO kannte und kennt.

So also läßt sich die seinerzeitige Gefährdung des freien Europas nicht ganz herunterspielen. Ja, selbst wenn auch Politiker wie Leonid Breschnjew selber nie den Gedanken gefaßt hätten, sie könnten vielleicht doch einmal den Angriffsbefehl geben, so war doch das nötige Erpressungspotential vorhanden. Damit aber mußte denn wohl auch jene Lage erneut bedacht werden, in der sich Europa Anfang der achtziger Jahre befunden hat.

Damals gingen die anschwellenden Wogen des Sturmlaufs aller Friedensbewegten gegen den NATO-Doppelbeschluß ihrem Höhepunkt entgegen. Die Regierung des sozialdemokratischen Bundeskanzlers Helmut Schmidt sah sich unter zunehmendem Druck auch aus den eigenen Reihen. Die Stationierung atomar bestückter Mittelstreckenraketen vom Typ Pershing-II rückte näher, weil die Sowjetunion nicht daran dachte, ihre SS-20-Raketen zu beseitigen, sondern sie im Gegenteil laufend vermehrte. Von deren Beseitigung aber hatte der Westen es abhängig gemacht, daß er selber auf die Nachrüstung verzichtete.

Die bekanntgewordenen Angriffspläne des Warschauer Paktes ließen nun offensichtlich den Schluß zu, daß die Sowjetunion den interkontinentalen Gegenschlag der USA nicht für zwingend gehalten hat. Die Sorge der Westeuropäer, bei einem Krieg in Europa hätten die USA noch keinen Grund, mit dem Einsatz ihrer Interkontinentalraketen auch die eigenen Städte zu gefährden, wurde mithin im Warschauer Pakt als reelle Chance angesehen. Der auf Europa begrenzte Krieg unter Einsatz von Atomwaffen wäre ohne die Nachrüstung jedenfalls wahrscheinlicher geworden.

Damit aber kam der Nachrüstung, genauso wie es Ende der 70er Jahre nicht zuletzt von Helmut Schmidt erkannt worden war, für einen verantwortungsvollen Staatsmann der Bundesrepublik allererste Priorität zu. Und die Frage bleibt zu stellen, warum Schmidt von einem Großteil seiner Parteifreunde im Stich gelassen worden ist und welche Zuverlässigkeit deren späteren sicherheitspolitischen Glaubungen zukam. Die Rückbesinnung auf die Zeit der Nachrüstungsdebatte läßt keinen Zweifel daran, daß seinerzeit Hunderttausende in der Bundesrepublik den Verkündern des angeblichen Friedenswillens der Sowjetunion näherstanden als den eigenen Politikern und daß auch führende Sozialdemokraten sich davon haben anstecken lassen.

Just vor diesem Hintergrund wird auch diskussionswürdig, was von einschlägig tätigen Politmagazinen der Bundesrepublik zu halten ist, die – vielleicht nur naiv – seinerzeit mit Verve die vom Osten gesteuerte Kampagne gegen die Nachrüstung förderten. Sie hätten inzwischen vielleicht auch einige Aufklärungsarbeit daran setzen sollen, warum sie sich selber seinerzeit so weitgehend geirrt haben, wobei dann redlicherweise auch zur Sprache hätte kommen müssen, daß ein Exklusivinterview mit dem KPdSU-Generalsekretär offenbar auch Rückwirkungen auf die Überzeugungen seiner Interviewer haben konnte.

Bedenkt man aber solches, sollte wohl auf der Hand liegen, warum das vornehme Verschweigen der Irrtümer jener Zeit auch die Zukunft Deutschlands belastet. Man kommt eben nicht daran vorbei, daß es damals gar zu viele namhafte Politiker einschließlich Vertreter der evangelischen Kirche gab, deren Mißtrauen sich nur noch gegen den Westen richtete. Und man sollte auch nicht übersehen, daß viele von ihnen und ihren geistigen Zöglingen weiterhin an maßgeblichen Stellen politisch aktiv sind.

Gewiß, es ist nur zu menschlich, daß man sich irrt. Und deshalb sollte man auch niemandem, der damals von aufrichtigem Friedenswillen beseelt und von der Ablehnung aller Gewalt überzeugt war, irgendwelche Vorhaltungen machen. Aber was sich seinerzeit hinsichtlich der zunehmend feindlichen Haltung gegenüber den verbündeten USA und speziell gegenüber ihrem Präsidenten Ronald Reagan getan hat, hätte nicht ohne politische Konsequenzen bleiben dürfen.

Die Aufarbeitung jener Irrtümer aus der Zeit der Nachrüstung hätte also einem zur Selbstkritik fähigen System gut zu Gesicht gestanden. Aber sie wurde wohlweislich nicht betrieben. Deshalb wurden die Veröffentlichungen um die Pläne des Warschauer Paktes fast nur noch von den angeblich Ewiggestrigen zitiert. Schon gar nicht wurden aber Anmerkungen darüber gemacht, weshalb man sich seinerzeit so sehr geirrt hatte. Das nämlich hätte zwangsläufig zu der Selbstentlarvung jener Überzeugungen als weltfernen Gesinnungen geführt. Aber das sogenannte „Nachkarten“ oder das „Stochern in der Vergangenheit“ gelten speziell dort als taktlos, wo Menschen aufrichtig guten Willens waren oder zu sein schienen – so leicht geht das.

Eine Aufarbeitung des Vergangenen hätte beispielsweise auch mit Bezug auf die Diskussion um den künftigen Auftrag der Bundeswehr Wirkungen entfalten können: Weitgehend dieselben Kräfte, die die Durchführung des Nachrüstungsbeschlusses bekämpft hatten, suchten bis hin zu der vergeblichen Klage vor dem Verfassungsgericht zu erreichen, daß die Deutschen mit dem Hinweis auf ihre geschichtlichen Missetaten nirgendwo aktive Verantwortung übernahmen. Lieber wollte man Trittbrettfahrer der Sicherheitsgarantien anderer bleiben und hätte im Zweifelsfalle weiterhin in schöner Gesinnungsgröße gegen die eigenen Verbündeten demonstriert.

Die Aufarbeitung jener Irrtümer der Zeit der frühen achtziger Jahre ist offensichtlich auch nicht bei jener Institution erwünscht, die damals zwar nicht als Ganze, aber doch in vielen ihrer Gliederungen völlig einseitig engagiert war: der evangelischen Kirche. So gab es ganze Landessynoden, die ihre Irrtümer, ihre Thesen von der „Entfeindungsliebe“ in schriftliche Beschlüsse gefaßt und nie davon Abstand genommen haben. Sie trieben die „Entfeindungsliebe“ damals so weit, daß das Böse jenseits des Ozeans vermutet werden mußte; und sie haben auch Bundeswehrsoldaten teilweise offen zu Nicht-Christen gestempelt.

Heute jedenfalls scheint es kaum mehr widerlegbar, daß sich die Friedensgesinnung, welche in jener „Bewegung“ ihren sozialen Unterbau gefunden hatte, gegen die Wahrheit über die Haltung des

Ostblocks merkwürdig abgeschirmt hatte. Daß der ganze Sozialismus zuschanden gehen und die Widerlegung ans Tageslicht treten lassen würde, war eben nicht vorherzusehen.

Versucht man nun über einen Abstraktionsschritt demjenigen etwas näherzukommen, was es mit jenen Gesinnungen auf sich hat, so scheint darin vor allem davon etwas aufzuleuchten, was Immanuel Kant in seiner „Grundlegung zur Metaphysik der Sitten" mit den Worten festgehalten hat: „Es ist nichts auf der Welt gut zu schätzen als allein ein guter Wille." Wer den Frieden will, wer die Integration aller Ausländer will, der hat zweifelsohne den Anschein für sich, daß er das Gute will. Genausowenig wie jenes Gute einer Definition zugänglich oder bedürftig scheint, genausowenig scheint der sittliche Rang des Friedens und der Ausländerintegration einer näheren Klärung bedürftig.

Man kann – ausgehend von diesen beiden exemplarischen Gesinnungstatbeständen – gerade in der bundesdeutschen Gesellschaftsordnung so manche „Institute" ausfindig machen, die von der sakrosankten Konstitution der guten Gesinnung partizipieren und deshalb im Sinne der oben erwähnten Konsensstiftung kaum mehr diskussionsfähig erscheinen. Dazu gehören die bereits erwähnte Lohnfortzahlung im Krankheitsfall, der Kündigungsschutz möglichst auf Lebenszeit usw. Wer nicht zu den Hardlinern des Arbeitgeberlagers gezählt werden und gesellschaftlich ins Abseits geraten will, darf derlei Dinge nicht angreifen.

Die hier interessierenden Gesinnungen stützen sich mit ihrem Geltungsanspruch offensichtlich auf gesellschaftlich weithin anerkannte Werte, welche teilweise sogar in Rechtsinstituten fixiert sind. Erstaunlicherweise kommen gegen solche Festlegungen noch nicht einmal die Sozialwissenschaften an, die doch sonst soviel zu relativieren vermögen (s. o.). Deren Aufklärungsfunktion scheint zumeist dort an ihre Grenzen zu stoßen, wo „soziale Verantwortung" im Sinne der sozialstaatlichen Errungenschaften einzufordern ist. Wer es dagegen unternimmt darzulegen, daß die Absolutsetzung einzelner Werte zwangsläufig andere Aspekte der Menschlichkeit in Frage stellt, ja verletzt, hat deshalb noch nicht einmal eine faire Chance, in sogenannten Intellektuellenkreisen Gehör zu finden, weil jeder, der hier Farbe bekennt, in die Gefahr gerät, abgestempelt zu werden.

Andererseits könnte man fragen, ob nicht diese Zeit geradezu nach derlei Gesinnungen ruft, die quasi Ordnung in ein undurchschaubar gewordenes Dickicht von Vorgaben unserer alltäglichen Lebenswelt bringen. Was soll eine Synode weltverbesserungswilliger Christen zur Bekämpfung der Arbeitslosigkeit in dieser Zeit äußern? Sie kann doch nicht – geleitet durch eine wirtschaftspolitisch überraschend erkenntnisoffene Vorstandsvorlage – hinter jene zurückfallen, die seit Jahren den Eindruck erwecken, der Staat sei für die Arbeitsplätze zuständig und die Lohnhöhe habe mit dem Entstehen oder der Vernichtung von Arbeitsplätzen nichts zu tun.

In der pluralistischen Gesellschaft dieser Tage ist es zumeist gar kein Thema mehr, zunächst über eine sachgerechte Analyse die Konsequenzen dieser oder jener Forderung bzw. Handlungsweise ungeschönt zu erkennen, um dann den richtigen Weg zu wählen. Im Grunde läuft es viel öfter so: Ungezählte „Gutachten" dienen dazu, längst eingeschlagene Wege mit allen verfügbaren theoretischen Mitteln zu rechtfertigen. Die Gesinnung gibt den Ausschlag, und die Theorie hat sich ihr anzupassen.

Wo aber solches von den Profis in Parteien und Verbänden vorgelebt wird, kann sich für junge Menschen in Schulen und dem Gros aller Elternhäuser kaum anderes abspielen: Wenn es nicht die schnöde Realität selber ist, die auch hier die schönen Gesinnungen widerlegt, sind diese über alle niedere Wahrheitssuche hinaus. Sie haben eben jenen Edelmut für sich, der einst auch den Sozialismus gegenüber der Marktwirtschaft auszeichnete, wie es der Wirtschaftswissenschaftler Günter Schmölders vor über zwei Jahrzehnten in einem Artikel treffend beschrieben hatte:

„Der ‚Sozialismus' … ist von den bisher allein vorherrschenden Fragen der Wirtschaftsordnung längst stillschweigend abgerückt und zu schöneren Ufern aufgebrochen; da Marx den Untergang des Kapitalismus fest vorausgesagt und ‚wissenschaftlich' bewiesen hat, ist es langweilig und prekär, an diesem Vorgang noch viel herumzudeuteln. Im Mittelpunkt steht heute vielmehr das Versprechen einer unbestimmten ‚sozialen Gerechtigkeit', der ‚Chancengleichheit' und vielleicht noch der Mitbestimmung der Arbeiterklasse an allem, was in Staat und Wirtschaft geschieht, lies Festigung der Gewerkschaftsmacht…"[1]

Was immer von solchem Sozialismus noch übrig ist bzw. wiederauflebt, es hat sich jedenfalls von der Wahrheitssuche losgesagt und kann deshalb als Gesinnung überleben. Im Rahmen der schrittweisen Auflösung der Maßstäbe einer Moderne mit einheitlicher Zielsetzung wird solches Überleben naturgemäß erleichtert. Der Pluralismus der „alten“ Bundesrepublik hatte, so Thomas Nipperdey[2], die Gestalt eines „Proporz- und Ausgleichspluralismus“ angenommen, „der die Probleme vertagt und umgeht“. In solchem Umfeld können Gesinnungen weiter gedeihen vor allem dann, wenn sie auf Grund ihrer Verankerung bei den geistigen Trendsettern prädestiniert sind, so etwas wie „politische Korrektheit“ zu definieren.

Daß freilich vieles Liebgewordene auf Grund der gewaltigen Kosten der Wiedervereinigung wie auch auf Grund der schon zuvor eingeleiteten langfristigen sozialstaatlichen Überforderung der Produktivkräfte rein durch wirtschaftliche Sachzwänge ins Wanken gerät, ist das eigentliche Ärgernis gerade für gesinnungsgeleitetes Politikverständnis in der Bundesrepublik. In diesen wirtschaftlichen Sachzwängen liegt jener systemexterne Anstoß, um es mit Luhmann zu sagen, für dessen Bewältigung nun die nötigen systemimmanenten Differenzierungen gesucht und eingesetzt werden müssen. Dabei ist der vielfach eingeschlagene Weg einer Überführung der neuen Bundesländer in eine einzige riesige Arbeitsbeschafffungs-Maßnahme offenbar zum Scheitern verurteilt. Und dennoch kommt ein Großteil der Menschen – stamme er aus jener problemvertagenden alten Bundesrepublik oder aus den ohnehin staatsgläubigen neuen Bundesländern – von solchem Glauben nicht los.

Ohne nun den Terminus „Gesinnung“ gänzlich diskreditieren zu müssen, spricht doch nach den bisherigen Betrachtungen einiges für die folgende These: Jede Gesinnung, die sich ohne Rechenschaftslegung an einem ganzheitlichen Realitätskontinuum diese ohne jene Position herausklaubt und absolut setzt, ist entweder eine Zerfallserscheinung wirklicher Humanität oder im besseren Falle eine bloße Vorform von Humanität (sofern sie für die Bemühung um eine Erweiterung ihrer Sichtweise offenbleibt). Was deshalb jedweder Gesinnung not tut, ist der Schritt zur vollen Würdigung jenes Realitätskontinuums, das sich vor allem auch in einem Menschenbild niederschlägt, welches den Menschen nicht einseitig idealisiert und auch nicht pseudo-naturalistisch deformiert.

Um es aus an einem Beispiel zu verdeutlichen: Wer sich aus ganzem Herzen ökologisch engagiert, kann wirkliche Erfolge nur erzielen, wenn er dabei den Blick für das ökonomisch Erforderliche nicht verliert. Es geht also darum, die menschlichen Pflichten so erkennbar zu machen, daß sowohl der Ökonomie als auch der Ökologie Genüge getan wird. Die vermeintlich wohlmeinende Gesinnung, die in gesicherten Positionen des öffentlichen Dienstes – unkündbar also – anderen die heile Umwelt predigt, welche darüber ihre Arbeitsplätze zu verlieren drohen, ist unerträglich. Nur wenn solche Gesinnung sich zugleich darauf einläßt, um des übrigen gemeinen Nutzens willen auch eigene Ansprüche zurückzuschrauben, wird sie glaubwürdiger. Die Regel freilich ist heutzutage – und dies offenbar auch in anderen hochentwickelten Staaten – eine andere: der schiere Eigennutz, der keine Begrenzung mehr in einem Gemeinsinn erfährt.

In diesem Sinne hat Everhardt Franßen, Präsident des Bundesverwaltungsgerichts in Berlin, nach einem Bericht der Deutschen Presse-Agentur zum 40. Gründungstag dieses Gerichts im Juni 1993 in einer Rede erklärt, dasjenige, was man gemeinhin Sitte und Moral nenne, beginne als ordnende Kraft innerhalb der Gesellschaft auszufallen. Das Gefühl für die Belange der Gemeinschaft schwinde bei den Bürgern. Der Eigennutz werde in einer Weise hervorgekehrt, als ob er der Motor für das Gemeinwohl sei. Letztlich könne dieser Egoismus aber dazu führen, daß sich auch die Lebenssituation des einzelnen unter dem Strich verschlechtere.

Was bei solchen Erwägungen indes fehlt, ist die Selbstkritik des Richters: Gerade die immer extensivere Begrenzung des Eigentums durch Gesetz und Rechtsprechung, gerade die Regelung aller sozialen Probleme über staatliche Instanzen, finanziert durch immer weiter steigende Abgaben, haben den Rückzug auf den Eigennutz zur einzig möglichen Konsequenz gemacht, weil man ja andernfalls zumindest zweimal zur Kasse gebeten würde.

Das Gesellschaftssystem der Bundesrepublik hält, daran kann schon nach den bislang erwähnten Aspekten kein Zweifel bestehen, ein ausgeklügeltes Instrumentarium vor, dasjenige, was man „gemeinhin als Sitte und Moral bezeichnet“, als abwegig, altvorder oder als schlicht dumm dastehen zu lassen. Um so näher liegt es, daß in solchem Umfeld „Gesinnungen“ unter Absolutsetzung einzelner Werte sprießen. Nochmals sei erinnert an Thomas Nipperdey: In der von der Bürokratie „rational durchkonstruierten“ Welt „wächst das Spaltende“. „Die Vielfalt der Herkunftswelten ist wiederaufgestiegen.“

[1] Günter Schmölders, Auf dem Weg zu einem neuen Moralismus, In: FAZ vom 25. Juni 1977.

[2] Vgl. oben Fußnote 4 zu Kapitel 2.

Kapitel 6

Alarmzeichen der Gewalt

Unter jenen Phänomenen, die in den tatsächlich oder vermeintlich hochentwickelten Zivilisationen Hinweise auf schwerwiegende, ungelöste Probleme geben, nimmt die Gewalt eine herausragende Position ein. Gewalt gegen Fremde, Gewalt gegen Schwächere, Gewalt in den Familien, Gewalt unter Kindern und Jugendlichen, Gewalt auch gegen Sachen: Immer wieder entlädt sich etwas, das nicht eigentlich menschengemäß ist, das einen Rückfall in überwunden geglaubte Entwicklungsphasen zu signalisieren scheint.

Die Humanität, so läßt sich mit guten Argumenten vertreten, kommt, gemessen an statistischen Angaben, nicht voran, im Gegenteil: Viele Anzeichen sprechen dafür, daß manche Gewaltphänomene noch perverser geworden sind, daß Menschen an brutaler Gewalt einfach Freude empfinden. Es gibt, so scheint es, relativ neue Formen der Gewalt, die sich als Reflex oder gar Ergebnis zivilisatorischer Prozesse darstellen. Der Rückgang impulsiver Handlungen, die Selbstkontrolle als internalisierte Fremdkontrolle – was Norbert Elias als wesentliche Entwicklungstrends der Zivilisation ausgemacht hat – es wird von einer offenbar wachsenden Zahl der angeblich domestizierten Spezies Mensch in Frage gestellt.

Wollte man nochmals Niklas Luhmann, den Großmeister aller Gesellschaftserkenntnis der Gegenwart, bemühen, könnte man auch sagen: Alle innergesellschaftlichen Ausdifferenzierungen der Gesellschaft zur Lösung ihrer Probleme scheinen nicht mehr auszureichen. Wenn es bei den laut Luhmann verfügbaren gesellschaftseigenen Mitteln bleibt, wenn die Gesellschaft also nicht prinzipiell anderes aufzubieten hat als beispielsweise Divisionen neuer Sozialpädagogen, läßt sich absehen, daß das Projekt der Moderne eben doch auf der ganzen Linie scheitert.

Ein wesentliches Dilemma aller Gewaltanalysen liegt nun einfach darin, daß jede Erklärung von Gewalt und Gewaltbereitschaft mit psychologischen, sozialpsychologischen, soziologischen und anderen erfahrungswissenschaftlichen Mitteln den Anschein erwecken muß, Gewalt sei eben nicht vom je einzelnen im strikten Sinne zu verantworten, sondern Gewalt habe Ursachen und somit sei der Täter stets selber zugleich Opfer ungünstiger Umstände. Auch an solchen

Denkfiguren zeigt sich die Schwäche des Luhmannschen Programms: Bleibt man innerhalb des sozialwissenschaftlichen Argumentationskontextes, läßt sich individuelle Verantwortlichkeit nicht mehr als ausschlaggebend thematisieren.

Die Auflösung dieses Problems war indes schon oben bei dem knappen Hinweis auf die Wissenssoziologie berührt worden: Soziale Bedingungen des Denkens und folgerichtig auch Bedingungszusammenhänge des Gefühlslebens eines Menschen heben noch keineswegs seine Freiheit und deshalb auch nicht seine Verantwortlichkeit auf. Natürlich steht jeder Mensch in einem komplexen Bedingungsgefüge. So mag die Wurst auf dem Tisch auch eine Ursache seines Appetits sein, aber sie ist darum nicht die Ursache dafür, daß er ißt. Vielmehr muß er sich immer noch selber entschließen zu essen.

Infolgedessen reichen aber auch alle Hinweise auf soziale Problemkonstellationen oder auf die Gewaltdarstellungen im Fernsehen usw. nicht, um dem Problem gerecht zu werden. Freilich darf man solche Aspekte auch nicht verschweigen: Das alltägliche Vorhandensein von Gewalt und die sozialwissenschaftlichen Erklärungen der Gewalt haben jedenfalls für viele Menschen die Gewalt quasi enttabuisiert. Psychische Zwänge und psychische Grausamkeiten, die ein Kind erfahren hat, machen eben die Gewalttat des Jugendlichen „verständlich". Und indem jeder erfährt, daß man die Gewalttat von daher erklären muß, wird auch jedem irgendwie eine Andeutung einer Wegweisung vermittelt, wie man das selbst Erlittene vielleicht „aufarbeiten" könnte.

Allgemein bekannt ist jene These, die besagt, daß sich die Zunahme von Gewalttaten durch die zahllosen Gewaltdarstellungen des Fernsehens nicht beweisen lasse. Auf der anderen Seite sind aber auch Argumente kaum auszuräumen, wonach z. B. Kinder, die noch über kein volles Urteilsvermögen verfügen, manche Gewaltsamkeiten aus dem Fernsehen einfach übernehmen. Und daran, daß solche Jugendlichen und jungen Männer, die keine innere Sperre vor der Gewaltanwendung besitzen, hier Anregungen erhalten, läßt sich auch kaum zweifeln.

Was an dem Gewaltphänomen besonders beunruhigen muß, ist die Tatsache, daß es sich so sehr auf junge Menschen konzentriert, daß also – um es in heutiger Expertensprache auszudrücken – die Sozialisation von jungen Menschen gar so oft mißlingt. Läßt man sich auf die entsprechenden Phänomenbeschreibungen und Erklärungsmodelle ein, sehen die Dinge tatsächlich bedenklich aus: Kinder, die sich von klein an als Belästigung ihrer Eltern empfinden müssen (von einer Geborgenheit unter Geschwistern ist schon kaum noch die Rede), Jugendliche, die angesichts zerrütteter familiärer Verhältnisse mehr Geborgenheit in der Gleichaltrigengruppe als bei den Eltern bzw. einem Elternteil finden, Kinder und Jugendliche, die schon im Elternhaus immer wieder Gewalt erleben, Kinder ausländischer Familien, die zwischen den sozialen Normen des Herkunftslandes der Eltern und des Aufenthaltslandes quasi heimatlos geworden sind ...

Speziell in großen Städten und an großen Schulen entstehen regelrechte Subkulturen aus Gruppen solcher jungen Menschen, und wir wissen heute nur zu gut, daß gerade in solchen Gruppen und in solchen Problemfeldern die Internalisierung sozialer und rechtlicher Normen einer Gesellschaft leicht scheitert. Überhaupt wissen wir inzwischen – an theoretisch-sozialwissenschaftlichen Ansprüchen gemessen – mehr denn je darüber, welche Konstellationen psychischer und sozialer Art die Sozialisation fehlschlagen lassen. Die Zahl junger Menschen ohne normale Entwicklungschancen scheint danach heute größer denn je zu sein, zumal speziell in Deutschland mit der Umbruchsituation in den neuen Bundesländern die normzersetzenden Faktoren erheblich zugenommen haben und offenbar nur sehr langsam wieder einzudämmen sind.

Gerade vor dem Hintergrund unseres vermeintlich größeren Wissens muß es aber auch berechtigt sein zu fragen, wo sich eigentlich in der heutigen Gesellschaft die Ergebnisse der modernen Pädagogik positiv bemerkbar machen oder warum nicht die große Zahl von Sozialpädagogen, die zum Heil der Menschheit in den öffentlichen Dienst geschleust worden sind, ihr angeblich segensreiches Wirken erfolgreicher unter Beweis stellt. Boshaft gewendet, könnte man sogar mutmaßen, daß zunächst einmal die vielfältigen Programme der „Selbstverwirklichung“ auch von Gewalttätern in gewisser Weise beherzigt werden. Der Begriff hat ja doch gemäß seiner Bedeutungsanalyse mit einer sittlichen Norm nichts zu schaffen, es geht in ihm nur um das liebe Selbst. Und man vertue sich nicht: Ungezählte Selbstverwirklicher meinen auch nur sich selbst.

Einstweilen hat es jedenfalls den Anschein, als ob mit oder doch parallel zu den Errungenschaften der modernen Pädagogik und Sozialpädagogik der Bedarf an zusätzlichen staatlichen Eingriffen eher noch steigt. All die vielversprechenden sozialwissenschaftlich-pädagogischen Handlungsanweisungen, die sich etwa in der Bundesrepublik in vielen Ministerien und Parlamenten, in Schulen, Rathäusern und Rundfunkanstalten auf machtvolle Organisationen stützen, haben die Gesellschaft offensichtlich nicht erkennbar vorangebracht.

Etwas ganz anderes aber ist über die pädagogische Regelungswut erreicht worden: Der Lehrer, der als Mensch ein Vorbild und so in gewissem Maße auch Leitbild-Alternative zum Elternhaus sein konnte, ist mit vereinten Kräften der politischen und ministerialen Weltverbesserer, den Curricula und den sonstigen schulbezogenen Verordnungen und Gerichtsurteilen relativ weitgehend geopfert worden. Speziell in der Bundesrepublik besteht heute eine Situation, in der der einzelne Lehrer als Untertan der Schulbürokratie und eines Regelungsdickichts fungiert, das kaum mehr zum Handlungsrahmen einer freien Persönlichkeit zu integrieren ist, während dagegen der Schüler – speziell nach Erreichen der Volljährigkeit mit 18 Jahren – wie sein eigener Herr dasteht.

Die Berichte darüber, daß sich Lehrer vor Schülern fürchten, zumal ihnen selber jede Handgreiflichkeit verwehrt ist, wie auch die Hinweise darauf, daß sich Lehrer bei Gewaltanwendung auf dem Schulhof abwenden, weil jedes Eingreifen ihnen selber nur Schwierigkeiten bringt und keine schlüssigen Möglichkeiten zur Beseitigung der jeweiligen Mißstände bestehen, mehren sich. Zugleich bieten sich in der Gesellschaft für Menschen, die als Lehrer etwas darstellen könnten, ganz andere berufliche Chancen. Die Erziehung ist solchermaßen über viele ineinanderwirkende Faktoren – gewollt oder nicht – von der Schule mehr oder weniger verbannt worden.

Und die Elternhäuser? Was ist nicht alles in den vergangenen Jahrzehnten an Erleichterungen für die Menschen geschaffen worden. Der Haushalt stellt angesichts zunehmender Hilfstechniken keine dramatische Belastung mehr für die Frauen dar, so daß sie mehr und mehr in die Berufstätigkeit drängen können. Die Arbeitszeit wurde verkürzt bis zur Erreichung der Schmerzgrenze für das Überleben vieler Unternehmen. Pille, Sexualaufklärung und Gesetze haben die Familien dem Ziel wesentlich nähergebracht, daß nur noch „Wunschkinder" zur Welt kommen brauchen. Die Ehescheidung wurde erleichtert und die staatliche Sozialhilfe für alleinerziehende Mütter ausgebaut.

Wohin man schaut: Der Weg zum edleren Menschen scheint besser gebahnt denn je, doch das Projekt der Moderne scheitert hinsichtlich einer Veredlung der Gesellschaft. Alle Erleichterungen durch die Technik werden anscheinend begleitet von um so größeren psychosozialen Bedrängnissen. Immer mehr Menschen – und nicht nur die Gewaltbereiten – fordern zwar für sich selber Humanität ein, die Grundnormen der Mitmenschlichkeit aber nehmen zu viele Menschen zu wenig ernst. Hier wird sehr schnell nach dem Staat gerufen. Allerorten nimmt angeblich der Streß zu wie die Zahl der Fernsehprogramme, und immer mehr Eltern fühlen sich überfordert mit der Erziehung ihrer Kinder. Nicht mehr zu fassen scheint es vor solchem Hintergrund, was die Menschen einst in Kriegs- und Nachkriegszeiten geleistet haben.

Natürlich kann es gegen solche Entwicklungen keine Patentrezepte geben. Der Mensch der sozialwissenschaftlich aufgeklärten, religionsenthobenen Moderne scheint fragiler als alle Generationen vor ihm. Das menschliche Subjekt als Adressat der sittlichen Norm wirkt schwächer denn je. Entlastet und teilweise auch entmündigt durch ein überaus komplexes gesellschaftliches System mit einem gewaltigen Fächer an Regelungen und sozialen Ansprüchen gibt es eine Identität in Form einer materiellen, sozialen und psychischen Selbständigkeit fast nur noch von Gnaden dieses Systems.

Die Alarmzeichen der Gewalt sprechen somit auf jeden Fall auch dafür, daß es immer weniger wirklich selbständige Menschen gibt, die über einen eigenen Halt verfügen, den sie an ihre Kinder weiterzugeben vermögen und der auch ihren Kindern gestattet, selbständige Persönlichkeiten zu werden. Traditionell waren die Säulen dieses Halts eine explizite religiöse Bindung und eine – zumeist mit der Religion eng verbundene und oft von ihr abgeleitete – sehr schlichte mitmenschliche Moral.

Nachdem nun die Religion dank der vom parlamentarisch-demokratischen Sozialstaat vollendeten Aufklärung ihre haltgebende Wirkungsmacht für allzu viele Menschen eingebüßt hat, läßt sich als einzig legitimierbare, tragende Säule einer besseren Entwicklung nur mehr eine rational begründete Moral denken. Nicht von ungefähr haben die Veröffentlichungen zu diesem Themenbereich in den letzten Jahren gewaltig zugenommen (wie ja auch die vorliegende Betrachtung dazu zählt), ohne deshalb jedoch viel auszurichten.

Dafür, daß solche Betrachtungen viel ausrichten, spricht allerdings schon deshalb wenig, weil sie Anforderungen an die Rationalität der Gesellschaft und ihrer Glieder stellen, wie sie nur sehr spärlich gestreut vorhanden ist, und weil sie insbesondere zumeist den ganz schlichten Kern verfehlen, der für alle Moral entscheidend ist und der es verständlich macht, daß sittliche Normen jedermann einleuchten können, ja müssen: Die Suche nach einer ursprünglichen sittlichen Einsicht, der jeder Mensch teilhaftig werden kann, sofern er eine Vernunft hat, steht nicht mehr im Mittelpunkt ethischer Betrachtungen. Ja, es scheint sogar geradezu so, als ob mit der weithin praktizierten Absage an die Bewußtseinsphilosophie der Zugang zu jener sittlichen Einsicht „kommunikationstheoretisch" verbaut worden sei.

Indem aber ein besserer Lebenssinn als die am lieben Selbst orientierte Suche nach Erfüllung des je eigenen Lebens gerade von den Fackelträgern der Moderne nicht vermittelt wird, produziert diese Moderne die Postmoderne mit allen ihren Verfallserscheinungen einschließlich der zunehmenden Gewalt innerhalb der Gesellschaft. Die Moderne, so scheint es deshalb, hat ihre Feinsinnigkeiten zu weit getrieben. Die Ausdifferenzierung des Systems hat ein Maß erreicht, bei dem schlichte Sittlichkeit genauso wie schlichte Religiosität ohnmächtig geworden sind. Als Sinnlieferant aber fehlt diesem System jede Kompetenz.

So ist es kein Wunder, daß es Theorieansätze der Art gibt, die die Religion zum Lebenselixier des liberalen Staates erheben möchten, wie es etwa Lübbe in seinem Buch „Religion nach der Aufklärung"[1] tut. An den Erfolg solcher Rezepte dürften indes noch nicht einmal diejenigen glauben, die sonntags vor immer dünner besetzten Kirchenbänken predigen. Und selbst diejenigen, die das Predigen langsam aufgeben und lieber – wie in einzelnen Städten – sonntags „zur Demo" gehen, dürften in ihren selbstkritischeren Stunden kaum die Kraft haben zu der Überzeugung, Religion sei tatsächlich das Fundament des liberalen Staates oder könnte es noch einmal werden.

[1] s. o. Fußnote 1 zu Kapitel 3.

Kapitel 7

Abenteuer Wirtschaft

a) Der Unternehmer – bald ein Fossil?

Die mutmaßlich letzten Abenteurer, welche das Gesellschaftssystem hochentwickelter Industriestaaten um seiner wirtschaftlichen Prosperität willen braucht, sind die Unternehmer. Ansonsten findet die Suche nach dem Abenteuer vornehmlich in Bereichen der Freizeitgestaltung statt. Viele suchen eben auf ihre Weise, der tristen Perspektive relativ risikolosen Wohllebens zeitweise zu entkommen. So schreibt Fukuyama über jene Menschen, die vor der Wahl stehen, „letzte Menschen" im Sinne Nietzsches sein zu können:

„... sie werden sich dagegen wehren, sie werden dagegen aufbegehren, undifferenzierte Mitglieder eines universalen, homogenen Staates zu sein, die überall auf dem Globus gleich sind. Sie wollen lieber Staatsbürger sein als bourgois, denn sie finden die herrenlose Knechtschaft, das Leben in rationalem Konsum letzten Endes langweilig. Sie wollen Ideale, für die sie leben und sterben können, und sie wollen ihr Leben riskieren, auch wenn durch die Ordnung des internationalen Staatensystems der Krieg nicht mehr möglich ist."[1]

Geht man einmal davon aus, daß unternehmerisches Handeln zumindest bei der Gründergeneration – wenn nicht aus der Not geboren – ein Stück Abenteuersuche besonderer Art ist, dann dürfte eine Gesellschaft wirtschaftlich um so erfolgreicher sein, als sie es versteht, Abenteurertum als Unternehmertum quasi zu domestizieren. Unternehmer sind ja doch Menschen, die mit Bezug auf Bedürfnisse oder Wünsche in der Gesellschaft ihre Marktlücke für besondere Produkte oder Dienstleistungen erkennen und nutzen. Sie investieren ihr Geld in Maschinen und Geräte und nicht etwa nur in Aktien oder Rentenpapiere, sie riskieren es mithin, nicht jederzeit – evtl. mit kleineren Verlusten – aus einem Investment herauszukommen. Indem sie dabei anderen Menschen Arbeit und Lohn geben, spricht der erste Anschein für ihr moralisch positives Engagement.

In Gesellschaften mit hoher Arbeitslosigkeit oder sehr niedriger Produktivität sind Unternehmer diejenigen, auf die letzten Endes alle warten, damit neue oder bessere Arbeitsplätze entstehen, damit Steuern und Sozialabgaben erwirtschaftet werden können. Herbert

Giersch, langjähriger Präsident des Kieler Weltwirtschaftsinstituts, hat es einmal folgendermaßen gefaßt:

„Um eine Million neuer Arbeitsplätze in der Bundesrepublik zu schaffen, brauchen wir vielleicht zehntausend oder zwanzigtausend neue Unternehmen mittlerer Größe und dazu zigtausend tatkräftiger Menschen, die als Unternehmer, Manager und Ingenieure etwas bewirken wollen, statt nach Urlaub und Arbeitszeitverkürzung zu rufen oder nach Überversorgung im öffentlichen Dienst. Wenn sich diese Tatkraft in der etablierten Wirtschaft nicht entfalten kann, weil zuviel durch Bürokratie verriegelt ist, muß man den spontanen Kräften, die in der Parallelwirtschaft grau oder schwarz am Werke sind, die Chance der Außenseiterkonkurrenz und des Aufstiegs geben.“[2]

Solche Ausführungen gewannen angesichts der Herausforderungen durch den Zusammenbruch der staatskapitalistischen Wirtschaftsform mit ihrer niedrigen Produktivität, ihrer Ressourcenverschleuderung und ihrer Lähmung menschlicher Eigeninitiative vermehrte Überzeugungskraft. Aber hat man dann eigentlich alles getan, was getan werden mußte, um wirtschaftliche Abenteuerbereitschaft für privates Unternehmertum zu gewinnen?

Gewiß, die Privatisierung einer riesigen Zahl ehemaliger staatseigener Unternehmen des Ostens hat viel neues unternehmerisches Engagement angestoßen. Doch angesichts der Weltmarktsituation der neunziger Jahre und des deutschen Lohn- und Sozialhilfeniveaus waren es eben bei weitem nicht genug Unternehmer, die eine Marktchance zu erkennen vermochten. Überdies spricht sogar einiges dafür, daß die hohen Subventionen auch relativ viele problematische Figuren angelockt haben.

Wenn es aber in einer Gesellschaft wie derjenigen des neuen Gesamtdeutschlands an Unternehmern fehlt, dann müssen die rechtlichen und faktischen Strukturen dieses Systems Mängel aufweisen. Immerhin geht es ja doch nur darum, ein freiheitliches System so zu organisieren, daß eine ausreichend große Zahl von Menschen in unternehmerischem Wirken seine Chance findet. In solchem Sinne schrieb Giersch schon 1982:

„Der Ausbruch aus der Stagnation verlangt Unternehmer, die erfolgsabhängige Einkommen beziehen. Je weniger diese Einkommen dem Sozialneid ausgeliefert und der Steuerprogression unterworfen werden, um so besser wird es dann auch jenen tüchtigen Arbeitnehmern gehen, die sich solchen Unternehmern anschließen".[3] Ergänzend hierzu kann noch der Wissenschaftler Karl Steinbuch zitiert werden, der in einem 1977 in der FAZ veröffentlichten Vortrag feststellte: „Freiheit ist eben nicht dort, wo alle gleich sind, sondern dort, wo Ungleichheit möglich ist."[4]

Zwar hat es nun in den fünf neuen Bundesländern dank zahlreicher staatlicher Programme, steuerlicher Vorteile und einer für Pioniere einmaligen Gesamtsituation sehr viel Zusätzliches an Chancen für unternehmerisches Wirken gegeben, aber parallel dazu wurden doch die Ansprüche der Menschen – natürlich auch bedingt durch das westliche Preis- und Lebenshaltungsniveau – schneller gesteigert als die Produktivität seriös arbeitender Unternehmen ohne gewaltiges Eigenkapital.

Auf dem sich abzeichnenden Kostenniveau gibt es nicht genügend unternehmerische Ideen und unternehmerische Menschen. Der sächsische Ministerpräsident Kurt Biedenkopf hat es Anfang Dezember 1993 anläßlich der Verleihung des Hans-Böckler-Preises durch die Gewerkschaftsbewegung in Radebeul auf die Formel gebracht, ihm bereite nicht etwa Sorge, daß uns die Arbeit ausgeht, „uns gehen die Arbeitgeber aus".

Mit Blick auf die Kapitalseite bedeutet dies, daß zu wenig Kapital investiert und zuviel Kapital verkonsumiert wird. Wie in der Natur, wo sich nach den Entropiegesetzen Wärme so verteilt, daß schließlich kein nutzbares Wärmegefälle mehr vorhanden ist, so fließt vor allem in Ostdeutschland nach wie vor zuviel Kapital in den Konsum. Der Unternehmer, der solcher „Kapitalentropie" in der Wirtschaft genauso entgegenwirkt wie die Pflanze in der Natur, findet unter den derzeitigen Rahmenbedingungen mit den absehbaren Zusatzbelastungen und den Verheißungen einiger Gewerkschaften nicht genügend Anreize.

Bewußter Konsumverzicht, Askese also, und Investitionsbereitschaft lassen in Deutschland keinen angemessenen Lohn mehr erwarten. Die Ankündigung der IG Metall vom Herbst 1993 etwa, in der nächsten Tarifrunde auf eine Umverteilungskomponente verzichten zu wollen, mußte man eben so lesen, daß sich grundsätzlich in der deutschen Volkswirtschaft für die Unternehmer nichts ändern würde, daß man ihnen allenfalls Atempausen lassen wollte. Und die für die Beschäftigung wie auch für die Konjunktur überzogene Metall-Tarifrunde des Jahres 1995, die in ihren Auswirkungen durch die parallele D-Mark-Aufwertung dramatisch verstärkt wurde, hat den Unternehmen gerade dies erneut signalisiert.

Aber es sind ja nicht die materiellen Aspekte allein, vielleicht noch nicht einmal immer die materiellen Aspekte an erster Stelle, die es reizvoll machen, Unternehmer zu werden bzw. zu sein. Günter Schmölders hat in dem schon zitierten Aufsatz aus dem Jahre 1977 die These vertreten, „die Kraft des guten Gewissens“ sei den Unternehmern „unter dem Ansturm des Sozialismus weithin verlorengegangen.[5] Die „Kraft des guten Gewissens“ fehlt den Unternehmern in Deutschland merkwürdigerweise auch noch nach dem Untergang des Sozialismus.

Die Bundesrepublik hat es – das ist die triste Diagnose – übers Arbeits- und Steuerrecht, über Wertvorstellungen der öffentlichen Meinung usw. so weit gebracht, daß derjenige, der sein Unternehmen verkauft und unbeschwert die (Zins-)Früchte seines Kapitals genießt, nicht nur weit angenehmer lebt, sondern auch von gesellschaftlicher Kritik unbehelligt bleibt. Die ganze finanzstarke Schickeria, die sich im Glimmer der heutigen TV-Welt bewegt, erfreut sich großen gesellschaftlichen Ansehens, während diejenigen, die unter Inkaufnahme hoher Risiken die Unternehmen führen, im Rechts- und Sozialsystem der Bundesrepublik dastehen wie Frontschweine im Kampfgeschehen.

Nun ist es gewiß nicht nur ein Schuß Abenteurertum, was den Unternehmer zum Unternehmer macht. Hier kommen die verschiedensten Motive und Charaktermerkmale zusammen. So muß es keineswegs stets das Gewinnmotiv sein, das am Anfang steht, aber daran, daß der Gewinn einer der entscheidenden Erfolgsmaßstäbe für unternehmerisches Wirken ist, kann kein Zweifel bestehen. Zu den Motiven aber gehört wohl auch ein gewissermaßen ästhetisches Moment, insofern mancher Unternehmer Freude am Gestalten findet.

Nach den Erkenntnissen Max Webers zum asketischen Protestantismus spielen schließlich auch sittliche und religiöse Überzeugungen für das Unternehmertum eine Rolle. In seinen Aufsätzen zur Religionssoziologie hat Weber auf Menschen verwiesen, die einen „virtuos kapitalistischen Geschäftssinn mit den intensivsten Formen einer das ganze Leben durchdringenden Frömmigkeit“ verbinden.[6]

Es läßt sich bei Betrachtung aller Motive unternehmerischen Wirkens nicht ausschließen, daß religiöse und mitmenschliche Motive sogar bei manchen Menschen alles andere überwiegen. Aber es wäre andererseits doch sehr verwegen, wenn man im Unternehmer den Philantropen schlechthin sehen wollte. Unrecht wäre es indessen genauso, wenn man ihm die Mitmenschlichkeit im typischen Fall abspräche. Vielmehr wird man sagen können, daß Unternehmer Menschen sind, die bereit sind, Risiken zu tragen, Menschen zu führen und unter Einsatz von Kapital neues Kapital zu erwirtschaften.

Die Marktwirtschaft als Wirtschaftsordnung, in der der freie Unternehmer den Dreh- und Angelpunkt bildet, ist als solche gewiß keine moralisch höherwertige Veranstaltung als andere denkbare Wirtschaftsordnungen, aber sie ist im Prinzip darauf angelegt, den größtmöglichen Freiraum für solches menschliche Wirken zu geben, das auch anderen Menschen attraktive Chancen bietet. Sie kommt der Natur des Menschen deshalb am nächsten, weil sie kein altruistisches Handeln fordert, um anderen Menschen von Nutzen sein zu können. Marktwirtschaft, als Gestaltungsordnung menschlicher Freiheit verstanden, schafft so zugleich Raum für mitmenschliche Pflicht und Pflichterfüllung, sie kann bei vernünftigen Rahmenbedingungen einschließlich vernünftiger Gewerkschaften zur „sozialen" Marktwirtschaft werden.

Tatsächlich ist aber die Marktwirtschaft in Deutschland mittlerweile – vor allem über die rechtlich fixierten Ansprüche der Arbeitnehmer und des beständig mitkassierenden Staates – so sehr reglementiert, daß Pflicht und Pflichterfüllung als mit der Freiheit gefordertes mitmenschliches Engagement weitgehend ausscheiden. Die Entwicklungsrichtung der Marktwirtschaft in Deutschland wird in etwa vorgezeichnet von der Entwicklung des Wohnungsmarktes: Die Rechte des Mieters gegenüber dem Vermieter sind so weitgehend festgeschrieben und lassen dem Vermieter nach dem Abschluß des Mietvertrages nur noch so wenig Freiraum, daß es für den Privatmann bei Abwägung aller Kosten und Belastungen im Grunde nicht lohnt, Mietwohnraum zu schaffen.

Wenn es nun so ist, daß es in dieser Gesellschaft nicht genügend Unternehmer gibt, dann sollte es die einzig mögliche Konsequenz sein zu prüfen, ob nicht auf Dauer wesentlich mehr Anreize und größere Freiräume für unternehmerisches Wirken geschaffen werden müssen. Das Bildungssystem dieser Republik beginnt ja schon hier und dort, auch Aspekte des unternehmerischen Denkens zu vermitteln. Doch daran, daß dieses von einem spezifischen Zweig des öffentlichen Dienstes geprägte System eine andere Gesamteinschätzung des Unternehmertums voranbringen könnte, wird man zweifeln dürfen.

Die nüchterne Betrachtung jener Rahmenbedingungen, unter denen heutzutage neue unternehmerische Ideen zum Erfolg gebracht werden sollen, läßt letztlich nur Skepsis übrig. Fast müßig erscheint es zu erwähnen, daß im typischen Fall die Kosten für Investitionen je Arbeitsplatz enorm hoch sind und daß die Arbeitnehmer samt ihrer sozialen Sicherung im weitesten Sinne nur noch schwer zu kalkulierende Risiken darstellen. Hinzu kommen Anforderungen der Finanzbehörden und der Sozialkassen, Auflagen kommunaler Behörden, der Gewerbeaufsicht; der Umweltämter usw. Und wenn schließlich etwas schiefgeht, steht der Unternehmer dennoch am Pranger, hat viel oder gar all sein Kapital verloren und wird nur nach den Sozialplänen für andere gefragt.

Dafür, daß die Risikoprämie für den Unternehmer allzu häufig nicht mehr stimmt, haben in der Bundesrepublik Staat und Gewerkschaften nachhaltig Sorge getragen. Die Steuerlast und mehr noch die erheblichen Belastungen durch die Lohnnebenkosten machen viele Formen unternehmerischen Wirkens völlig unattraktiv. Dabei hat man die Arbeitnehmer auch noch dadurch in die Irre geführt, daß sie von den Gesamtkosten ihres Arbeitsplatzes für den Arbeitgeber zumeist gar nicht erfahren, weil der jeweilige Arbeitgeberanteil nicht im Lohn ausgewiesen wird. Für sie fällt der Arbeitgeberanteil quasi vom Himmel, weshalb kein Bewußtsein dafür vorhanden ist, daß die Arbeitsleistung auch dafür erbracht werden muß.

Wer heute die nötige Bildung und Dynamik besitzt, ein eigenes mittelständisches Unternehmen aufzubauen und zu führen, kann sich zumeist als leitender Angestellter ein weit attraktiveres Leben gestalten. Speziell derjenige aber, den ein Schuß Idealismus für eine gerechte Ordnung in „seinem“ Unternehmen vorantreibt, wird bei einiger Erfahrung mit der Rechtsordnung der Bundesrepublik, wie sie vor allem durch die Arbeitsgerichte ausgebildet worden ist, Abstand von seinem Vorhaben nehmen. Die Möglichkeiten z. B., zuverlässige Mitarbeiter in größerer Zahl zu fördern und so das Leistungsklima eines Unternehmens zu beeinflussen, sind teuer und verlangen einen virtuosen Umgang mit dem Recht, das vor allem von Gerichten geschaffen worden ist, welche den ausbeuterischen Unternehmer als Normalfall voraussetzen.

Wollte ein Unternehmer etwa einem Behinderten oder einem Langzeitarbeitslosen dadurch eine faire Chance geben, daß er sie zunächst bzw. auf Dauer nach ihrem Leistungsniveau mit prozentualen Abschlägen vom Normaltarif bezahlt, würden ihm – zumindest als Mitglied eines Arbeitgeberverbandes – die Gerichte dabei keine Chance lassen. Ihm werden prinzipiell nur schlechte Absichten unterstellt. Will er einem benachteiligten Menschen mit den Mitteln der Marktwirtschaft helfen, machen ihm also die Arbeitsgerichte einen Strich durch die Rechnung. Das Ungleiche wird zum Gleichen erklärt. Der Unternehmer muß den vollen Lohn zahlen und wird deshalb auf den schwächeren Arbeitnehmer soweit irgend möglich verzichten. Soziale Marktwirtschaft so verstanden, kann herzloser nicht mehr sein.

Wenn es aber so ist, daß gerade eine unternehmerische Idee von Leistungsgerechtigkeit kaum eine Chance hat, verändert eine Rechtsordnung auch die Auswahlkriterien für die Unternehmerpersönlichkeit. Die Vorstellung, daß nur annähernd jeder, der über den entsprechenden Gestaltungswillen und die sonstigen richtigen Qualifikationen verfügt, Unternehmer wird, hat jedenfalls nichts für sich. Vor allem, wer ein überwiegend sittliches Anliegen als Unternehmer verfolgen wollte, würde bei dieser Rechtsordnung sehr schnell scheitern.

Das prinzipielle Mißtrauen, das die Arbeitsgerichte dem Unternehmer entgegenbringen, hat deshalb auf seiten der verbliebenen Unternehmer zu einem prinzipiellen Mißtrauen gegenüber den Arbeitsgerichten geführt. Mit Blick auf die Verhältnisse am Arbeitsmarkt spricht dabei einiges dafür, daß diese Richter die Lage der Arbeitslosen und derer, die erst noch einen Arbeitsplatz finden müssen, nicht oder jedenfalls zu wenig beachten: Wer einen Arbeitsplatz besitzt, wird in mancher Hinsicht über die Maßen geschützt, weshalb sich die Chancen der abseits Stehenden verschlechtern. Recht als Hilfe für Privilegierte – das hatte man schon.

Der Eigentümer einiger hunderttausend Mark oder gar von Millionenbeträgen bleibt weit mehr sein eigener Herr, wenn er solches Kapital in dieser Gesellschaftsordnung mit Geschick in Aktien oder sonstigen Wertpapieren anlegt und wenn er es samt Gewinn aus einer

Anlage zurückzieht, sobald sich lohnendere Investitionen abzeichnen. Was ein Franz Steinkühler konnte, das können eben andere auch, und sie müssen sich dabei noch nicht einmal wie jener zurückgetretene Vorsitzende der IG Metall vorwerfen lassen, der Marktwirtschaft Mores gelehrt und selber gehandelt zu haben wie ein Kapitalist vergangener Zeiten.

Gerade die – zweifelsohne gut gemeinten – vielfältigen Hilfen für Existenzgründer bestärken übrigens die Vermutung, daß Unternehmertum dort kaum mehr interessant ist, wo schon Kapital vorhanden ist. Hat ein mit vielen staatlichen Hilfen geförderter Existenzgründer ohne viel eingesetztes Eigenkapital Erfolg, winkt ihm die Chance, eines Tages das Ganze verkaufen zu können und soviel Geld dafür zu erhalten, daß er sich dann auch in die Reihe derer einordnen kann, die die Früchte einer klugen Kapitalanlage genießen.

Das Fehlen einer ausreichenden Zahl nachwachsender Unternehmer hat im Gegenzug eine Entwicklung verstärkt, die dem unternehmerischen Wirken noch mehr den Wind aus den Segeln nimmt: Wenn Betriebe, denen das Aus droht, nur groß genug sind, haben sie gute Chancen, an Subventionen zu kommen, die sich regelmäßig in den elegantesten Gewändern verstecken: Beihilfen zu Sozialplankosten (z. B. in der Stahlindustrie) oder auch Forderungsverzichte von Banken (über Vergleiche oder gar Konkurse, bei denen aus politischen Gründen für die Fortführung der Produktion gesorgt wird). Die von der Verfassungsordnung gewiß nicht gewollte Ungleichbehandlung des gleichen unternehmerischen Engagements (oft unterscheidet sich ja nur die Größe der Betriebe), macht das mittelständische Engagement noch weniger attraktiv.

Daß in solchem Umfeld auch hochkarätige unternehmerische Tugenden jedwede Leitbildfunktion für nachwachsende Generationen verlieren, daß insbesondere das unternehmerspezifische Programm einer immerwährenden Aufklärung zugunsten des Festhaltens am vermeintlich Bewährten ins Abseits gerät, kümmert die Verantwortlichen in Politik und Gewerkschaften größtenteils nicht. Dabei geht es bei der Befürwortung eines leistungsstarken Unternehmertums am wenigsten um das Wohl dieser Unternehmer, unter denen sich nicht nur die edelsten Figuren tummeln, es geht um die Leistungsfähigkeit einer Volkswirtschaft, im eigenen Lande und in der dritten Welt die Menschlichkeit voranzubringen.

Gewiß sind nicht alle Charaktereigenschaften, die sich einem breiten Spektrum an Unternehmerpersönlichkeiten zeigen, auch nur entfernt einer Glorifizierung fähig. Die Hemdsärmeligen oder diejenigen, die ihre Leistung gerne zur Schau stellen usw., sind keineswegs stets auch diejenigen, die im Wettbewerb immer den kürzeren ziehen. Wer die „Poesis" der Unternehmer als prinzipielles Gut in den Himmel heben will, macht sich also etwas vor. Unternehmerisches Wirken ist dennoch zumeist schöpferisch, so schöpferisch, daß keine Planwirtschaft es zu ersetzen vermag.

Oft genug ist es aber auch so, daß ein Unternehmer ganz bewußt die moralische Rolle akzeptiert, für „seine Leute" sorgen zu müssen. Gerade wo etwa der Mittelständler auch in kritischer Zeit um die Erhaltung der Arbeitsplätze kämpfte oder wo er z. B. junge Menschen bestmöglich auszubilden und die Zukunft zu sichern suchte, konnte wirkliches moralisches Engagement vorliegen, ein Engagement, das weit mehr zählen dürfte als Managementseminare zum Thema Unternehmensethik, zu besuchen in Zeiten guter Konjunktur. Doch selbst wenn explizites Engagement zum Wohle der eigenen Arbeitnehmer nicht vorliegen sollte, hat eine unternehmerische Wirtschaftsform für alle Seiten die größten Vorzüge.

Unbestreitbarer Trend ist es aber in der bundesdeutschen Volkswirtschaft – wie mutmaßlich in den meisten anderen Industrieländern auch –, daß alles in größerem Umfange erfolgreiche unternehmerische Wirken früher oder später von einer der großen Kapitalgesellschaften weitergeführt wird, die rein durch ihre Kapitalbeschaffungsmöglichkeiten die Vermarktung entsprechender Ideen weit besser bewerkstelligen kann als der einzelne. Und das Erbschaftssteuerrecht, das aus anderen Gründen – vielleicht bei Kritikbedarf an seinen Bewertungsmaßstäben – berechtigt sein mag, verstärkt diesen Trend.

Die erfolgreiche Innovation des kleinen Unternehmens macht es also regelmäßig zum begehrten Übernahmeobjekt des großen. Für die betroffenen Menschen, die Arbeitnehmer, bedeutet dies aber, nicht mehr dem Unternehmer gegenüberzustehen, sondern dem Manager. Zwangsläufig läßt auf dieser Ebene mit zunehmender Betriebsgröße die Möglichkeit konkreter Mitmenschlichkeit nach. Andererseits laufen hier die Rationalisierungsmaßnahmen zumeist nicht kontinuierlich, sondern schrittweise ab: Wenn nicht von der Ertrags- bzw. der

Absatzseite her erheblicher Druck entsteht, gilt innerhalb der Großunternehmen – vor allem dank der gesetzlich geregelten Mitbestimmung – eine Art Burgfrieden, der im Vergleich mit dem schlanken mittelständischen Management immer wieder den Verdacht aufkommen läßt, hier finde auch gewaltiger Leerlauf statt.

Zwar kennt der Unternehmensvorstand eines Konzerns den Gesamtbetriebsratsvorsitzenden sehr gut und weiß ihm bei Bedarf zu huldigen, aber die Arbeitnehmer insgesamt werden aus der Sicht der Unternehmensspitze zu mehr oder weniger pflege- und förderungsbedürftigen Produktionsfaktoren. Statt permanenter Anpassungsmaßnahmen an die Markterfordernisse, also statt einer Art ununterbrochener „Aufklärung", wird innerbetrieblich jeweils ein paar Jahre der Friede gewahrt, bis es der nächsten Reorganisation bedarf. Wo es dann um der Erhaltung und des Wachstums eines solchen Großunternehmens willen nötig ist, legt man ganze Produktionsstätten still. Die Mitarbeiter wägen sich demgemäß – die Stahlindustrie hat es erwiesen – jeweils ein paar Jahre in Sicherheit, bis wieder die rauhen Wetter von außen durchschlagen. Kein Wunder also, daß die Arbeitnehmer mittelständischer Betriebe mehr von Marktverhältnissen verstehen und sich deshalb nach den derzeit von Gewerkschaften praktizierten Verfahren nicht so leicht steuern lassen wie die Arbeitnehmer von Großunternehmen.

Die Gewerkschaften aber, die - vermeintlich modern – ihr Vorgehen längst mehr von der Interaktion mit den Großunternehmen herleiten als von dem vielleicht patriarchalisch geführten mittelständischen Betrieb, haben es – vermittelt durch Betriebsräte und Aufsichtsratssitze – gelernt, mit der Ersatzmoral einer sozialen Abfederung in den vielen Fällen größerer Rationalisierungs- bzw. Stillegungsschritte zu leben. Wenn es das Wohl des Konzerns erfordert, muß man eben der Produktion der Güter X und Y in Singapur oder Taiwan usw. zustimmen. Es läuft ein gigantischer, zweifellos völlig rationaler Prozeß der beständigen Aussondierung des Schwächeren, des weniger Profitablen. Und die Gewerkschaften sind dabei in vielen Jahren mit ihren Tarifforderungen regelrechte Motoren gewesen.

Freilich vermögen es auch gerade die großen Konzerne, über die Herstellung feinsinnigerer Formen der Unternehmenskultur moralisch erscheinende Stimmungsumfelder zu schaffen, die die Akzeptanz der kühlen Wirtschaftsrationalität zur Pflicht zu machen scheinen: Handle es sich um die sogenannte „Corporate identity" oder um die für Vermarktungszwecke geschickt genutzte Unternehmensethik – jeder Mitentscheidende kann sicher sein, daß solchermaßen die Legitimität seines Handelns gleich mitproduziert wird. Und während dann in den oberen Unternehmensetagen der Nadelstreifenanzug von neueren modischen Accessoires abgelöst und an der besseren Edelholzvertäfelung nirgends gespart wird, schaut man sich unten danach um, welche einfacheren Arbeitsplätze eingespart werden können. In der Tat sind ja auch die Kosten einer angemessenen Unternehmensrepräsentation denkbar gering, vergleicht man sie mit den Kosten einiger tausend Arbeitnehmer, deren Arbeitsplätze man wegrationalisieren kann.

Die Politiker der Bundesrepublik – auch viele Politiker der Sozialdemokratie – haben in ungezählten Lippenbekenntnissen ihre Überzeugung bekundet, daß für das kleine und das mittelständische Unternehmen der nötige Spielraum erhalten bleiben bzw. wieder geschaffen werden müsse. Mißt man die Aussagen an der Zahl der Arbeitslosen, kann es nur ein Ergebnis geben: Um den nötigen Spielraum für solche Unternehmen, die die Rationalisierungswelle der Großunternehmen in oder bald nach einer rezessiven Phase ausgleichen könnten, ist es denkbar schlecht bestellt.

Nach Untersuchungen der Bundesbank verfügt der Mittelstand in Deutschland über immer weniger Eigenkapital. So war nach dem Monatsbericht vom Oktober 1993 bei Unternehmen bis 50 Millionen Mark Umsatz das Verhältnis der Eigenmittel zur Bilanzsumme von 30 Prozent im Jahre 1970 auf 18 Prozent zurückgegangen. Seither hat sich insoweit nichts wirklich zum Positiven gewendet. Die erwähnte (doppelte) Tarifrunde 1995 und neue Kostenschübe durch Sozialversicherungsdefizite haben die Lage eher noch verschlechtert.

Für das Denken allzu vieler Menschen der Wohlstandsdemokratie ist der Unternehmer eben längst ein Fossil. Daß mit ihm auch der Wohlstand verschwindet und daß man sich ohne ihn die Zukunft verbaut, wäre dieser Gesellschaft gar nicht mehr beizubringen, wenn in ihr nicht der Verlust des Arbeitsplatzes einen verheerenden sozialen Abstieg bedeutete. Aber warum hat es so weit kommen müssen, wie konnte man die Belastbarkeit der Wirtschaft – auch in den Regierungszeiten der christlich-liberalen Koalition – so falsch einschätzen?

b) Tarifverträge und ihre Opfer

Als der heutige sächsische Ministerpräsident Kurt Biedenkopf im Jahre 1985 ein Buch unter dem Titel „Die neue Sicht der Dinge – Plädoyer für eine freiheitliche Wirtschafts- und Sozialordnung“ veröffentlichte, vertrat er in diesem Werk wie namhafte Volkswirtschaftler und Ordoliberale vor und nach ihm mit guten Gründen die These, daß es grundfalsch sei, Wirtschaftswachstum zum Ziel des Handelns zu machen, statt es als Ergebnis angemessenen wirtschaftspolitischen Handelns anzusehen. Betrachtet man allerdings, was seine Partei zusammen mit den Liberalen auf diesem Gebiet seit 1982 geschaffen hat und wie er selber heute in Sachsen dasteht, vermag man nichts davon zu erkennen, daß die Weichen nachhaltig in diesem Sinne gestellt worden wären.

Biedenkopf würde sich heute wohl auch energisch dagegen wenden, daß seine damalige These, für die neunziger Jahre bis zur Jahrtausendwende werde ein Wachstum von ein bis zwei Prozent jährlich vorausgesagt, noch beim Wort genommen wird. Selbst für die alte Bundesrepublik ist heute ein größeres Wachstum erforderlich, wenn sie die Fähigkeit zur Problembewältigung behalten soll. Wirtschaftswachstum aber hängt wiederum entscheidend von der Investitionskraft der Unternehmen ab.

Für diese Investitionskraft nun ist es von ausschlaggebender Bedeutung, was nach den Kosten – und damit in vielen Branchen vor allem nach den Lohnkosten – übrigbleibt. Soweit je nach Produktion möglich, sind es die vieldiskutierten Lohnstückkosten, die Aufschluß über die internationale Wettbewerbsfähigkeit des Standorts Deutschland geben und damit auch darüber, ob die Gewerkschaften der Bundesrepublik es der eigenen Wirtschaft durch zu hohe Lohnforderungen zu schwer machen oder nicht.

Was allerdings auch an solchen Vergleichsgrößen nicht ins Auge fällt, ist, daß die Produktion vieler Güter in der Bundesrepublik gar nicht mehr stattfindet, daß also jene Güter, deren Lohnstückkosten nach den Maßstäben des Standortes Bundesrepublik zu hoch sind, importiert werden und deshalb in den erwähnten Vergleich überhaupt nicht mehr einfließen. Überdies bliebe auch die Frage zu klären, welche Anteile der noch produzierten „Stücke“ nur durch Zulieferteile aus Niedriglohnländern wettbewerbsfähig sind. Schon vor solchem Hintergrund erhält die Vermutung angesichts einer hohen Sockelarbeitslosigkeit Gewicht, daß bei der Verteilung der Produktivitätsfortschritte in den Tarifrunden nicht wirklich Vernunft am Werke gewesen ist.

Speziell in einer Zeit, in der nicht zuletzt durch eine maßvolle Tarifpolitik im Westen neue Arbeitsplätze in den neuen Bundesländern hätten entstehen können, haben die bundesdeutschen Gewerkschaften in den Jahren 1991 und 1992 überhöhte Lohnabschlüsse durchgesetzt in der festen Überzeugung, daß es gelte, mit den Gewinnern der Wiedervereinigung zu teilen. So sind etwa im Zeitraum April 1991 bis April 1992 die tariflichen Stundenlöhne laut Mitteilung des Statistischen Bundesamts vom August 1992 in der gewerblichen Wirtschaft und bei den Gebietskörperschaften der alten Bundesländer um 7,2 Prozent gestiegen. Die Metallindustrie berichtete dazu im Februar 1992, 97 Prozent aller Betriebe hätten nach dem Tarifabschluß Kostensenkungsprogramme beschlossen, die vor allem zum Abbau von Mitarbeitern der unteren Lohngruppen führten.[7] Wer ein „Erfolgsrezept" zur Vermeidung eines neuen Wirtschaftswunders in den neuen Bundesländern hätte entwerfen wollen, der hätte genau dies empfohlen.

Die Gewinner aber, mit denen da nach Absicht der Gewerkschaften geteilt werden sollte, waren nun aber die Unternehmen nur zum geringen Teil. Um so mehr erhebt sich deshalb die Frage, warum nicht unter der Arbeitnehmerschaft mehr Solidarität mit denjenigen besteht, die keinen Arbeitsplatz haben und deren Aussichten sich durch größere Gewinnchancen für die potentiellen Investoren wesentlich verbessern würden.

Zum eigenen Unglück der Arbeitnehmer sind in der Bundesrepublik die Gewerkschaften im Streikfall so stark gestellt, daß sie mit überzogenen Forderungen auch das Verschwinden von Arbeitsplätzen betreiben können. Die Wettbewerbssituation, die zwischen den Unternehmen, nicht aber genauso zwischen den Arbeitnehmern besteht, läßt es dem einzelnen Unternehmen jeweils leichter erscheinen, durch beschleunigte Rationalisierung auf weitere leistungsschwache Arbeitnehmer zu verzichten, statt sich den Tort eines Aussperrungsversuchs anzutun, bei dem wichtige Konkurrenten nicht mitziehen.

Überdies haben die Gerichte trotz der Änderung des Paragraphen 116 Arbeitsförderungsgesetz das Recht der Aussperrung auf ein bloßes

Recht zur angemessenen Reaktion auf einen Streik verkürzt; eine Beschneidung, deren Rechtfertigung gewiß nicht aus der Verfassung abzulesen ist. Doch auch der Glaube der Gerichte – speziell der Arbeitsgerichte – damit dem Schwächeren zu dienen, hat sich als gewaltiger Trugschluß herausgestellt, weil nun die wirklich Schwachen gänzlich auf der Strecke bleiben.

Die größten sichtbaren „Fortschritte" hatte in dieser Hinsicht die Stahlindustrie gemacht, bei der sich in den Tarifrunden Arbeitnehmervertreter einerseits und von Arbeitnehmervertretern in Aufsichtsräten mitgetragene Unternehmensvorstände andererseits gegenübersitzen. In dieser Branche, die schon lange unter dem Druck billiger Konkurrenzangebote aus dem Ausland steht, war ja – überdeckt von Konjunkturwellen – mit jeder Tarifrunde indirekt auch ausgehandelt worden, wieviel weitere Arbeitsplätze man streichen mußte, um die Angleichung des Tarifniveaus an das allgemeine Niveau schaffen zu können. Und daß es nicht die Starken waren, die dabei auf der Strecke blieben, stand allemal fest.

Man denke nur daran, daß der damalige IG-Metall-Vorsitzende Steinkühler den hohen Abschluß der ÖTV im Jahre 1991 zum Anlaß nahm, Monate später auch für die Stahlbranche ähnliche Forderungen zu stellen mit dem Ruf, ein schlechterer Abschluß gehe den Stahlkochern „an die Ehre". Dabei waren schon zu diesem Zeitpunkt die negativen Trends für den Stahl unübersehbar geworden. Wenig später begannen dann viele Stahlarbeiter, für solchen Ehrbegriff die Zeche zu zahlen.

Die spezifische Konsensfindung der Bundesrepublik leistet es indes, daß es als anstößig gilt, wenn derlei Vorgänge in einer kurze Zeit später auftretenden Krise nochmals erwähnt werden. Auch Journalisten tun sich da leichter, zusammen mit den Gewerkschaften nach „nationalen Stahlkonferenzen" und nach öffentlichen Mitteln für Sozialprogramme zugunsten der Stahlarbeiter zu rufen.

In großer Einmütigkeit wurden damals schließlich jeweils nach angeblich hartem Ringen Tausende von Stahlarbeitern mit 53 Jahren oder älter in den vorzeitigen Ruhestand geschickt, wobei das System so ablief, daß man einen Großteil der erforderlichen Gelder aus dem Bundeshaushalt, der Kasse der Nürnberger Bundesanstalt sowie der Rentenversicherungen holte. So ging der 53jährige Stahlkocher in den Ruhestand, während auf Arbeitnehmern anderer Branchen, die genauso in die Kassen eingezahlt haben und die ihren Arbeitsplatz verlieren, der bittere Druck der Arbeitslosigkeit, ja mutmaßlich sogar der Langzeitarbeitslosigkeit lastet.

Schiere politische Heuchelei war es zu guter Letzt, daß man endlich zu erkennen vorgab, die Sache könne nicht so weitergehen, weil die Rentenversicherung in Bedrängnis geriet. Natürlich hatte man diese Konsequenz auch schon vorher gewußt, der Besserstellung einzelner Gruppen aber solange das Wort geredet, wie die negativen Konsequenzen nicht offen ins Auge stachen.

Was an solchen Vorgängen eigentlich – auch moralisch – wachrütteln müßte, ist nicht nur das verschiedenartige Los der Arbeitslosen in den verschiedenen Branchen, es ist fast mehr noch die Tatsache, daß die Verantwortung für die überzogene Lohnrunde nicht mehr offen beim Namen genannt werden darf. Die Tarifautonomie – lediglich ein Unterfall der Koalitionsfreiheit in Art. 9 Grundgesetz – ist so sehr zur heiligen Kuh erhoben worden, daß selbst die politische Führung des Landes davor zurückschreckt, hier mehr Druck in Richtung auf Maß und Ziel auszuüben.

Der 1995 viel zu früh verstorbene Wirtschaftswissenschaftler Wolfram Engels, dem mit seinen Kommentaren in der Zeitschrift „Wirtschaftswoche“ sehr viel mehr Aufmerksamkeit gebührte als nur auf der Seite derer, die schon „bekehrt“ waren, hat einmal in dem Magazin geschrieben: „Es darf doch wohl nicht sein – und ist vom Grundgesetzgeber nicht so gewollt –, daß private Verbände das Recht haben sollten, ein ganzes Land zu ruinieren. Es wäre an der Zeit, die Grenzen der Tarifautonomie auszuloten, auf die Gefahr hin, daß es zum Machtkampf mit den Gewerkschaften kommt.“[8]

In der Tat ist es verfassungsrechtlich völlig unerträglich, daß Arbeitgeber und Gewerkschaften gar nicht nur für die am Arbeitsprozeß Beteiligten, sondern auch für Arbeitslose und nachwachsende Generationen festlegen, zu welchen Bedingungen sie einen Arbeitsplatz erhalten können. Als wirksames erstes Mittel zum Abbau der Arbeitslosigkeit wäre deshalb die Versagung der Erklärung der Allgemeinverbindlichkeit von Tarifverträgen durch das Bundesarbeitsministerium ins Auge zu fassen. Speziell unter dem Gesichtswinkel der Berufsfreiheit, den Art. 12 Grundgesetz festlegt, erscheint es untragbar, daß sich der Bund auch noch daran beteiligt, über die Erklärung der Allgemeinverbindlichkeit exklusiver Verträge Menschen vom

Arbeitsmarkt auszuschließen, ihr Freiheitsrecht aus Art. 12 also unzulässig einzuschränken.

Mit Bezug auf das, was Regierung und Opposition zur Bekämpfung der Arbeitslosigkeit anbieten, kam Wolfram Engels in dem erwähnten Artikel zu dem Schluß: „Da weder Helmut Kohl noch Oskar Lafontaine gegen die weitere Zunahme der Arbeitslosigkeit, die Diskrepanz von Lohn und Produktivität, anzusprechen wagten, hatten sie zur Behebung der Arbeitslosigkeit nicht mehr als Kinkerlitzchen anzubieten. War es Unkenntnis oder Feigheit vor den Thronen der Gewerkschaften?“[9]

Erst wenn man solches bedenkt, wird vielleicht wieder verständlich, daß die öffentliche Meinung der Bundesrepublik dazu neigt, vorrangig die Politik für die Arbeitslosigkeit verantwortlich zu machen. Davor, daß die Einlösung dieser Verantwortlichkeit nur über eine Eingrenzung der Tarifautonomie stattfinden könnte, verschließt diese öffentliche Meinung bereitwillig die Augen.

Eine kritische Wirtschaftslage des Ganzen macht allerdings die Menschen in Deutschland immer wieder etwas wahrheitsfähiger. Inzwischen scheint nun aber auch insoweit ein Kulminationspunkt überschritten, als den Gewerkschaften nach ihrer bisherigen Tarifpolitik nur noch Phyrrussiege gelingen können. Für Unternehmen, die mit Leichtigkeit in nahegelegenen Niedriglohnländern investieren können, wird der Absprung aus ihren Tarifverbänden und damit der Zerfall der Tarifordnungen zu einer Frage nüchterner Kalkulation. Hätten die Gewerkschaften dies bereits seit 1991 durchdacht und daraus die richtigen Konsequenzen gezogen, wären Hunderttausende von Arbeitsplätzen erhalten geblieben.

Bemerkenswert scheint auch, daß der gewerkschaftliche Lockruf nach kürzerer Arbeitszeit nicht mehr genauso verfängt wie früher. So bieten Flexibilisierungsklauseln die Chance, von einigen Auswüchsen der Arbeitszeitverkürzung herunterzukommen. Da gab es nämlich beachtliche Mißstände. Hatte etwa ein Unternehmen im Frühsommer nicht mehr genug Arbeit, sah aber aufgrund der Auftragslage ab, daß es im Spätsommer erheblich anders aussehen würde, konnte folgendes geschehen: Das Angebot der Unternehmensleitung, die Betriebsferien vorzuverlegen, um die Schwächeperiode zu überbrücken, wurde vom Betriebsrat abgelehnt. Man zog es vor, zunächst Kurzarbeit mit entsprechenden Hilfen aus der Nürnberger Kasse zu fahren und dann im Herbst Überstunden zu machen.

Eine der bedenklichsten Konsequenzen der Arbeitszeitverkürzung scheint im übrigen noch am wenigsten aufgearbeitet worden zu sein: Nach ganz schlichten wirtschaftlichen Gesetzmäßigkeiten kann man in kürzerer Arbeitszeit nicht soviel erwirtschaften wie in längerer. Wird die Arbeitszeit aber dennoch schrittweise herabgesetzt, geraten zwangsläufig die Schwächsten immer mehr ins Hintertreffen. Es gibt kein anderes probates Mittel, sie vor dem Unterschreiten des Existenzminimums zu schützen, als ihnen zu erlauben, länger zu arbeiten. Gleichzeitig wird aber mit der kürzeren Arbeitszeit auch das Maß der „Zumutbarkeit" verändert, weshalb jede weitere Arbeitszeitverkürzung die Zahl derer dramatisch erhöht, die in solcher Arbeitszeit die Sozialhilfesätze nicht mehr zu erarbeiten vermögen, denen also Arbeit gar nicht mehr zumutbar scheint.

Dieser mißlichen Konsequenz suchten die Gewerkschaften dadurch zu entkommen, daß sie ihre Politik der verstärkten Lohnanhebungen für die unteren Lohngruppen weitertrieben. Das Ergebnis war, daß in diesen Lohnbereichen die Rationalisierungswellen immer härter zuschlugen. Schon die alte Bundesrepublik wußte deshalb nicht mehr von rund 2 Millionen Langzeitarbeitslosen herunterzukommen. Und immer noch geraten die von der Arbeitszeitverkürzung beglückten unteren Lohngruppen mit ihren Einkünften in jene Einkommensgefilde, die den Rand des Existenzminimums bilden.

Um so bezeichnender für den Konsensstaat Bundesrepublik ist es aber, daß nun ausgerechnet die Gewerkschaften beredte Klage über die Zunahme der Zahl der Benachteiligten dieser Gesellschaft führen und daß man ihnen nicht ihre Mit- oder sogar Hauptverantwortung für diese Entwicklung entgegenhält. Eine Gesellschaft freilich, die solchermaßen die Wahrheit verdrängt, hat schon gar nicht mehr die Kraft zur Lösung dieser Probleme.

Genauso befremdlich nimmt es sich aus, wenn man im Vorfeld von Massenentlassungen Politiker, hohe Verwaltungsbeamte und Pfarrer die Demonstrationszüge der betroffenen Arbeitnehmer anführen sieht. Hinsichtlich mahnender Worte, nicht mit zu hohen Tarifabschlüssen die Arbeitsplätze zu gefährden, hält man sich lieber zurück. Zu kurze Maschinenlaufzeiten, kürzeste Jahresarbeitszeiten, perfektionierte soziale Sicherung – kaum jemand erhebt dagegen die Stimme, wohl aber sind die Mahnwachen vor den von Schließung bedrohten Betrieben oder Betriebsteilen wahre Wallfahrtsorte für die Prediger aller Demokratiebereiche.

Gerade wenn man weiß, welch hohe Bedeutung die Gewerkschaftsbewegung hat als diejenige Kraft, die das angemessene Regulativ gegen ausbeuterische Marktmechanismen darstellt, muß ihr weitgehender Irrweg zum Schaden ungezählter Arbeitnehmer wachrütteln. Die Tatsache, daß die Bundesrepublik bis zum Ende der sechziger Jahre im Ausland Menschen für deutsche Arbeitsplätze angeworben hat, lag vor allem daran, daß bis dahin nicht zuviel verteilt worden war. Dabei brachten gerade die maßvolleren Tarifanhebungen den Arbeitnehmern unterm Strich mehr als die höheren Abschlüsse späterer Jahre: Hier wurden sie durch wachsende Inflationsraten und höhere Abgaben – z. B. für mehr Arbeitslose – wieder aufgezehrt. Und die Arbeitszeitverkürzung der achtziger Jahre hat die Probleme letztlich nur verschärft.

Wären seit Beginn der achtziger Jahre, als die Fehlentwicklungen für die sozialliberale Koalition unter dem Kanzler Helmut Schmidt unbeherrschbar geworden waren, die Tarifanhebungen grundsätzlich im Rahmen der verteilungsfähigen Masse – also wohl bei nominal 2,5 bis 3 Prozent geblieben und wäre die „Spreizung" des Lohnniveaus marktgerecht ausgebaut statt verringert worden, hätte die Arbeit wieder zugenommen. Die Arbeitszeitverkürzungen wären unterblieben, so daß alle Arbeitnehmer deutlich mehr übrig behalten hätten als mit den Arbeitszeitverkürzungen.

Solche schlichte, pragmatische Gewerkschaftspolitik, wie sie unter und nach Hans Böckler in den fünziger und sechziger Jahren zum Vorteil der Volkswirtschaft praktiziert worden war, findet indes nicht mehr statt. Es hat den Anschein, als hätte die Generation der 68er auch die Gewerkschaftsbewegung durchsetzt; zumindest sind ja ihre Programme zur umfassenderen Einbettung und Beratung ihrer Arbeitnehmer offensichtlich die Konsequenz einer Neubesinnung über die Aufgaben der Gewerkschaftsbewegung. Doch im Vergleich mit jenen früheren Jahren der Bundesrepublik ist irgendein Vorzug des umfassenderen gewerkschaftlichen Anspruchs nicht zu entdecken. Im Gegenteil: Unter gewerkschaftlicher Federführung ist eine Ordnung entstanden, die einen beträchtlichen Anteil von Menschen ausgrenzt, sie zu Verlierern auf Lebenszeit macht.

Der Staat hätte allen Grund, hier einzugreifen. Menschen, die mehr als sechs Monate arbeitslos sind, geraten in die Gefahr der Deformierung. Sie müssen deshalb von den Anforderungen der Tarifverträge befreit werden und können sich dann bei jedem Unternehmen nach frei ausgehandelten Bedingungen Arbeit suchen. Evtl. müßte der Gesetzgeber Mindestlöhne für sie festsetzten, die marktverträglich erscheinen. Die Arbeitslosenversicherung hätte dann nur noch einen Einheitssatz für Renten- und Krankversicherung zu zahlen, und die Sozialhilfe müßte Mittel je Familienangehörigem zuschießen. Nach Marktgesetzen würden viele Menschen sogar bei ein paar Arbeitsstunden mehr bald wieder ganz auf eigenen Beinen stehen. Für die Gewerkschaften aber wäre damit der automatische Zwang in alle künftigen Tarifrunden eingebaut, solche Tarife auszuhandeln, daß möglichst alle Arbeitnehmer wieder darin ihren Platz finden. Der Zwang zu verallgemeinerungsfähigen und d. h. zu moralisch vertretbaren Tarifverträgen wäre die Folge. In diesem Sinne war es ein mutiger Schritt, daß die Monopolkommission unter dem Vorsitz des Kölner Wirtschaftswissenschaftlers Carl Christian von Weizsäcker im Juli 1994 in ihrem zehnten Hauptgutachten die Forderung aufgestellt hat, die Macht des „Tarifkartells" zu begrenzen. Nichts dergleichen ist geschehen, statt dessen hilft man sich mit der kategorischen Behauptung, gegen die Arbeitslosigkeit gebe es keine Patentrezepte.

Zweierlei scheint es damit zu sein, was in den erwähnten Bereichen den Blick auf eine eigentlich selbstverständliche menschliche Pflicht, die Solidarität mit den Schwachen der Gesellschaft, vereitelt: Einerseits gelingt es entprechend engagierten Gruppierungen offenbar, sich gegen einen universell gültigen Wahrheitsbegriff abzuschotten, und andererseits entwickeln sie unter Ausnutzung jener Abschottung vor einem solchen Wahrheitsbegriff Formen von (Gruppen-) Solidarität, die vermeintlich den Anschein der Moralität für sich haben, ohne im strengen Sinne verallgemeinerungsfähig zu sein.

Der Mitverantwortung für das Ganze aber will man dann in völlig anderer Weise gerecht werden: Man fordert – auch über eine entsprechende Repräsentanz im Bundestag –, daß der Staat die Verantwortung für die Sozialreparaturen übernimmt, und ist dabei bemüht, die Beiträge der eigenen Klientel zum Steueraufkommen bzw. zu den entsprechenden sonstigen Kassen so niedrig wie möglich zu halten.

c) Industriepolitik – Ersatz für Unternehmer?

Diejenigen, die den beschriebenen Irrweg der bundesdeutschen Marktwirtschaft bis dahin nicht wahrhaben wollten bzw. immer schon der Überzeugung waren, ihnen stünden wirkungsvollere Alternativen zur Verfügung, halten seit längerem einen an sich selber faszinierend erscheinenden Begriff parat, denjenigen der „Industriepolitik". Mit dem „blinden Glauben an den Markt" sollte nach ihrer Auffassung Schluß sein, politische Vorgaben sollen den Rahmen dafür liefern, in welchen wichtigen Bereichen investiert werden soll, an welchen Standorten entsprechende industrielle Strukturen erhalten oder gebildet werden sollen usw.

Befragt man diejenigen, welche solche Forderungen stellen, in Einzelgesprächen nach ihren konkreten Alternativen, erfährt man naturgemäß wenig oder gar nichts. Darin liegt zwar noch kein Vorwurf, erstaunlich genug ist aber dann, daß das vermeintliche Wissen ganz rapide zunimmt, wenn man mit dem entsprechenden Problem „Gebietskonferenzen" oder ähnliches beschäftigt hat.

Immer ist es – demokratietypisch – eine Gruppe, deren Konsens wirkliches Wissen bringen soll. Politiker, Gewerkschafter, Kirchenvertreter und andere beraten also. Das gruppendynamische Erlebnis läßt auch das Bewußtsein scheinbar ganz realistisch werden, daß es so und so laufen müsse. Am Ende solcher Konferenzen steht damit ein Stück erfolgreiche Gruppen-Autosuggestion, die mit der Realität noch gar nichts zu tun haben muß und deren Brauchbarkeit sich nur dadurch überprüfen läßt, daß Geldgeber kommen und vielleicht wirklich noch etwas Vernünftiges an den Beschlüssen erkennen oder sich evtl. selber von den vermeintlich großen Perspektiven irreführen lassen.

Der Einfallsreichtum der Industriepolitiker bezieht sich nun entweder auf Produkte, die schon irgendwo hergestellt werden und von denen man meint, daß sie in der betreffenden Region ebenfalls hergestellt werden sollten. Solche Ideen können mitunter zutreffen, kosten dann aber mutmaßlich andernorts Arbeitsplätze, so daß für die Volkswirtschaft als ganze unterm Strich nur die Verschwendung öffentlicher Gelder für Investitionszuschüsse übrig bleibt. Diese Industriepolitik hat man in den neuen Bundesländern schon mit viel Nachdruck durchexerziert.

Oder aber die Industriepolitiker streben, wie ebenfalls teilweise in den neuen Bundesländern, die bloße Erhaltung bestehender Betriebe an, deren Produkte man auf irgendeine, zumeist sehr teure Weise in den Markt schleusen muß, um den in den betreffenden Betrieben tätigen Menschen vorzugaukeln, ihre Arbeit sei volkswirtschaftlich von allergrößter Bedeutung. Diese Menschen nehmen solche Legitimationsschöpfung begeistert auf – wie kämen sie auch zu einer nüchtern-kritischen Haltung, wenn wichtige Gruppierungen der Demokratie ihnen einreden, diese ihre Arbeit würde gebraucht?

Zum Teil stehen die Landwirtschaft und als ganzer der Steinkohlen-Bergbau der Bundesrepublik auf solchem Fundament. Die sogenannten Industriepolitiker aber wollen aus solchen Fehlern nicht wirklich lernen. Als seien sie selber die Träger unternehmerischer Innovation, machen sie den Menschen – und zumeist wohl auch sich selbst – etwas vor in der Hoffnung, vielleicht könnte ja doch eine als Sanierung getarnte Erhaltungsmaßnahme eines Tages zum Erfolg und damit zur vollen Marktreife eines kränkelnden Unternehmens führen.

Genau das, was der SED-Staat glaubte leisten zu können und an dem er völlig gescheitert ist, soll – immer in angeblich sehr viel gescheiterer Form versteht sich – eben doch gelingen. Die küstennahe Erdölraffinerie z. B., die einst mit hohen staatlichen Zuschüssen errichtet wurde und ohnehin mit immer weniger Personal auskam, erwies sich insgesamt als Faß ohne Boden. Der angeblich zur Sicherung der „nationalen“ Energieversorgung unerläßliche Kohlenbergbau erforderte schließlich Zuwendungen von 120 000 DM je Bergmann und Jahr (ohne Zulieferbereiche), bis der Mehrheit aufgrund der hohen Staatsverschuldung langsam einleuchtete, daß es so nicht weiterging. Unter Verschleuderung von Milliardenbeträgen wurde und wird Menschen suggeriert, ihre Leistung sei bitter nötig. Dieses Geld aber fehlt für sinnvollere Investitionen. Wie viele solcher Subventionstatbestände kann sich eine Volkswirtschaft erlauben, bis sie sich in eine Art Sklerose hineinmanövriert?

Industriepolitik, die solche Projekte sogar systematisieren zu können vorgibt, geht über diese Ansätze noch hinaus. Sie traut sich zu, zumindest nach Branchen Standortvorstellungen entwickeln zu können und dementsprechend die Genehmigungspraxis, eventuelle Investitionszulagen usw. auszurichten. Man stelle sich also vor, vor etwa zehn Jahren hätten kluge Köpfe in Politik und Verwaltung, assistiert von smarten jungen Hochschulabgängern mit überdurchschnittlichen Examensnoten, festgelegt, in dieser und dieser Region sollten neue Dependenzen von Computerherstellern angesiedelt werden.

Es ist unschwer zu erkennen, daß sich an diesem Standort entweder gar kein Unternehmen angesiedelt hätte, oder daß die hohen Investitionszulagen restlos verloren wären, weil die Computerindustrie längst nach Überkapazitäten und ruinösem Preisdruck umfangreiche Stillegungen erlebt hat. Jene Planer also hätten mit ihrer Industriepolitik nur Schaden angerichtet, weil sie auch noch wegen der Festlegung auf bestimmte Branchen andere ansiedlungswillige Unternehmen abgewiesen hätten. Der Gedanke ist ebenso schlicht wie auch beliebig oft an realen Vorgängen zu exemplifizieren, aber die Planer mit fremdem Geld werden dennoch ihr Unwesen immer weiter treiben, solange es Menschen gibt, die auf sie hören.

Der vor einigen Jahren verstorbene Volkswirtschaftslehrer Friedrich August von Hayek hat einst die „Anmaßung des Wissens" verurteilt, die in den volkswirtschaftlichen Steuerungsvorhaben lag, welche die Planwirtschaft sich vorgenommen hatte. Die Industriepolitiker aber sind einerseits die Abkömmlinge der Planwirtschaftler, und sie verhindern andererseits ein selbsttäuschungsfreies Leben der von solchen Planungen betroffenen Menschen. Unter den Rahmenbedingungen der Marktwirtschaft ist nun zwar ein Schuß Optimismus unerläßlich, aber Selbsttäuschung ist Gift. Deshalb muß die Irreführung von Menschen verantwortet werden von dem, der sie betreibt.

Die Erkenntnis über die Richtigkeit einer unternehmenspolitischen Entscheidung kann mit unternehmerischem Gespür für die wichtigsten Faktoren antizipiert, aber letztlich nur in der Durchführung bestätigt, verifiziert werden. Industriepolitiker und die mit ihnen regelmäßig (wenigstens zu Beginn) verbündeten Gewerkschafter sind bei solchen Entscheidungen aber die schlechtesten Beteiligten. Diejenigen, die nach Sanierung rufen, wollen bezeichnenderweise nicht ihr eigenes Geld für ihre Ideen einsetzen. Die Forderungen beziehen sich immer auf andere: auf Unternehmer, die endlich „etwas unternehmen" sollen, auf „das Kapital" oder schließlich auf den Staat.

Das Merkwürdige an solchem Vorgehen ist, daß sich derjenige, der solche Forderungen ohne eigene wirtschaftliche Risiken vertritt, auch noch hohen moralischen Ansehens in breiten Kreisen der bundesdeutschen Gesellschaft erfreuen kann, während der Unternehmer, der dieses oder jenes zum Vorteil des Ganzen durchzieht, sehr bald als der Ausbeuter, als der zur Kasse zu bittende „Besserverdienende" usw. dasteht. Der niedersächsische Ministerpräsident Gerhard Schröder wußte, was er im Frühjahr 1998 tat, als er das letzte große Stahlwerk seines Bundeslandes mit Steuermitteln erwarb, um es ausländischen Bietern vorzuenthalten: Für seine Wiederwahl und die

Kanzlerkandidatur war dieses Geld gut angelegt. Die Stimmung eines Volkes, das den internationalen Wettbewerb für grob und ungerecht hält, sobald er ihm selber Nachteile bringt, wußte der angeblich so wirtschaftskundige Politiker zu nutzen. Sein Glück war es dann, das Unternehmen auf Grund der günstigen Börsenlage bald weitgehend an neue Kleinaktionäre abstoßen zu können. So wurde das Risiko des Landes wenigstens gemindert.

Die für alle Apostel der Gesinnungshumanität frustrierend kühlen Erkenntnisse marktwirtschaftlicher Gegebenheiten machen also den Industriepolitikern keine großen Hoffnungen und sollten allen denen eine Warnung sein, die wichtige Lebensentscheidungen von solchen Planungen abhängig machen möchten. Verantwortung für die Menschen, so müßte es auch der überzeugteste Moralist einsehen, sollte indes auch die Verantwortung für die Nichtverschwendung des Kapitals einschließen. Die anfangs lebenserleichternd wirkende Abkopplung von solcher Verantwortung wird letztlich ermöglicht durch die Mißachtung des vermeintlich schnöden Mammons, den anzubeten der Würde des Menschen nicht gemäß sei. Daß Kapital allerdings erarbeitet werden muß oder den begrenzten Ressourcen einer ohnehin durch die Menschheit schwer belasteten Natur entstammt, wird bei solcher gesinnungsfesten Moralität gerne übergangen.

So bleibt festzuhalten, daß wohl keine für alle Menschen effiziente Wirtschaftsordnung ohne den freien Unternehmer zu etablieren ist. Wer den Mut hat, sich dazu zu bekennen, sollte – anders als die Regierenden in Bonn – dann auch eine entschlossene Strategie daraus machen. Anregungen dafür gibt es genug, sie müssen nur in die Tat umgesetzt werden. Dazu freilich scheint keine der bundesdeutschen Parteien mehr fest genug entschlossen.

Diese Schwäche der Politik hängt allerdings wohl auch damit zusammen, daß sich das Verhältnis eines Großteils der Menschen zu ihrer Arbeit grundlegend gewandelt hat. Es ist nicht mehr der „Beruf", in dem man seine Pflicht tut. Die „Selbstverwirklichung", so der Zürcher Philosoph Hermann Lübbe[10], findet für die meisten abseits ihrer Arbeit statt. „Die Eignung der Berufsarbeit, kulturell als Element der Lebensführung zu gelten, nimmt mit dem Maß der Berufsarbeitszeit ab, das zur Lebensfristung sowie zur Erhaltung und Steigerung der materiellen Lebensfristungsniveaus nötig ist", schrieb Lübbe seinerzeit. „Nicht die Arbeitsmoral ist gesunken; vielmehr haben sich die

Chancen erweitert, neben der Berufsarbeit selbstverwirklichungsdienlich tätig zu werden."

„Waren früher ... Arbeits- und Leistungstugenden ... nicht weiter zu begründende ethische Imperative, so ist im Gegensatz dazu die moderne Berufs- und Arbeitsauffassung vor allem vertragsorientiert. Man fragt heute nicht mehr: Wie kann ich am besten meine Pflicht tun? sondern: Was erhalte ich als Gegenwert für meine Arbeit", schrieb der Wirtschaftswissenschaftler Eugen Buß 1982 und meinte dazu, die Leistungskraft der Wirtschaft brauche „angesichts dieses Wertewandels" allerdings nicht unbedingt zu leiden.[11]

Die dabei entscheidende Frage bleibt indes, ob sich auch bei solcher Arbeitsgesinnung noch das Verständnis dafür hält, daß genügend Überschuß für Investitionen beim Unternehmen verbleibt. Wer für seine Arbeit hier und jetzt alles Herauszuholende einfordert, macht ja doch einer prosperierenden Wirtschaft genauso den Garaus, wie dies durch den Abzug der Unternehmer der Fall wäre.

Es geht hier nicht um eine weltferne Moral der totalen Uneigennützigkeit. Die Wirtschaftsordnung mit den Kategorien der Moral zu beurteilen, heißt gerade nicht, ein von allem Eigeninteresse freies, sittliches Verhalten einzuforden. Um der Lebenschancen aller derer willen, die existentiell von solcher Wirtschaftsordnung abhängen, muß jedoch für das Unternehmertum der nötige Freiheitsraum einschließlich der entsprechenden Gewinnchancen bleiben. Mit Bezug auf die abhängig Beschäftigten bzw. auf diejenigen, die auf abhängige Beschäftigung angewiesen sind, kann deshalb nur die strenge Verallgemeinerungsfähigkeit der Handlungsmaximen von Tarifparteien und Arbeitsrichtern den moralischen Ansprüchen gerecht werden.

Das bisherige bundesdeutsche Konzept, Tarifordnungen von verantwortungsbefreiten Tarifpartnern vereinbaren zu lassen und anschließend mit Mitteln der angeblich vielversprechenden Industriepolitik, der Arbeitsförderung und schließlich der Sozialpolitik die verlorenen Chancen vieler einzelner ausgleichen zu sollen, ist restlos gescheitert und hat den Staat überfordert. Das ungleich sinnvollere Konzept, Chancengleichheit durch mehr Ausbildung anzustreben, ist als Reparaturmittel völlig unzureichend, weil sich Menschen nicht zu allem qualifizieren lassen, was wünschbar wäre.

[1] Fukuyama, a.a.o. S. 416.
[2] Herbert Giersch, Reallohnn und Realzins, FAZ vom 13. Februar 1982.
[3] Herbert Giersch, a. a. O.
[4] Karl Steinbuch, Selbständigkeit als politisches Ziel, FAZ vom 26. Feb. 1977.
[5] Vgl. Fußnote 1) zu Kapitel 5.
[6] Max Weber, Gesammelte Aufsätze zur Religionssoziologie, 5. Aufl. Tübingen 1963, Band 1, z. B. S. 28 f.
[7] Gesamtmetall (Köln), Presseinformation Nr. 4 vom 5. Februar 1992.
[8] Wolfram Engels, Feigheit vor den Thronen, Kommentar in „Wirtschaftswoche“, Heft Nr. 44 von 1993.
[9] Wolfram Engels, a. a. O.
[10] Hermann Lübbe, Der Wertewandel und die Arbeitsmoral, FAZ vom 10. Dezember 1983.
[11] Eugen Buß, Neue Werte in einer sich ändernden Gesellschaft, FAZ vom 6. November 1982.

Kapitel 8

Lähmende Strukturen

Die jahrzehntelangen schrittweisen Verbesserungen der ökonomischen Situation bundesdeutscher Arbeitnehmer in den alten Bundesländern haben nie erkennbar gemacht, was eigentlich zugleich mit dem Ausbau des Wohlstandes und der Wohlfahrt verlorengegangen ist. Im typischen Fall, dem Ideal der einschlägig bemühten Verbandsfunktionäre und Politiker, wird vor allem frühestmöglich mit der Absicherung aller denkbaren Risiken begonnen. Mit dem Arbeitsverhältnis beginnen die regelmäßigen Einzahlungen in die Arbeitslosen-, die Kranken- und die Rentenversicherungskasse sowie neuerdings auch noch in die Kasse der Pflegeversicherung. Für Weihnachten braucht man nicht mehr vorzusorgen, dafür gibt es das Weihnachtsgeld. Für den Urlaub kommt je nach Branche im Frühsommer noch ein unterschiedlich hohes Urlaubsgeld hinzu.

In der Summe wird der Arbeitnehmer mit allen diesen und weiteren Wohltaten der Verpflichtung enthoben, selber vorzusorgen. Ja, soweit die Unternehmen, mit denen es die Gewerkschaften zu tun haben, einige Bestandssicherheit bieten und neue Konkurrenten – etwa aus dem Ausland – nicht so leicht Fuß fassen können, nimmt man dem Arbeitnehmer auch noch weitere Zukunftssorgen ab, indem etwa Rationalisierungsschutzabkommen den Abbau von Arbeitsplätzen bei neuen Technologieschritten möglichst verhindern. Wichtige Gewerkschaften haben für ihre Klientel den Kündigungsschutz enorm weit vorangetrieben: Stets bildet im Hintergrund der öffentliche Dienst und an seiner Spitze der Beamte das Elysium aller Vorstellungen.

Auch wenn dasjenige, was ein Arbeitnehmer an seinem Arbeitsplatz für sich erwirtschaftet, auf Dauer nicht soviel sein kann, wie diese Arbeit dem Unternehmen wert ist, ist seiner Gewerkschaft doch sehr viel daran gelegen, den Eindruck zu erwecken, viel von seinem Lohn und den Lohnzusatzleistungen verdanke er ihr. Daß dies bei zu hohen Lohnabschlüssen oft genug durch den Arbeitsplatzverlust anderer erreicht wird, pflegt man tunlichst zu verschweigen.

Der bereits im Zusammenhang mit der Monopolkommission erwähnte Wirtschaftswissenschaftler C. Christian von Weizsäcker hat dazu in einem Vortrag mit dem Thema „Verkürztes Denken in der Wirtschafts- und Sozialpolitik“ im Jahr 1993 ausgeführt: „Der gewerkschaftlichen Organisationsmaschine kann es nicht gleichgültig sein, ob der Arbeitnehmer denkt, die Gewerkschaften hätten ohnehin kaum einen Einfluß auf seinen Lohn, oder ob er denkt, dieser Einfluß sei sehr groß. Die Gewerkschaft wird also in ihrem eigenen Interesse die Dinge so darstellen, daß ihr Einfluß auf das materielle Wohl ihrer Mitglieder groß erscheint."[1]

Um keine unliebsame Konkurrenz zur Idee einer möglichst lebenslänglichen Absicherung auf einem Arbeitsplatz aufkommen zu lassen, haben die Arbeitsgerichte lange Zeit mit Erfolg in merkwürdiger Kongruenz zu gewerkschaftlichen Forderungen über eine immer ausgefeiltere Rechtsprechung zur Abgrenzung von Werkverträgen und Dienstverträgen einer denkbaren Entfaltung des Werkvertragswesens einen teilweise unüberwindlichen Riegel vorgeschoben. Aus vielen Werkverträgen wie auch aus vielen befristeten Arbeitsverträgen konnten und können sich die Beschäftigten ohne große Probleme in die Betriebe „einklagen", so daß ihnen damit unbefristete Dienstverträge zustehen. Mit der Vertragsfreiheit war es also in der angeblich freiheitlichen Bundesrepublik nicht sehr weit her, was – wie bereits erwähnt – zum Schaden der Wohnungssuchenden auch für den Mietwohnungsmarkt gilt. Mittlerweile freilich hat sich die Arbeitsmarktlage so verschärft, daß eine neue Welle des Werksvertragswesens alle Grauzonen auszufüllen beginnt, dem bald keine Rechtsprechung mehr Einhalt zu bieten vermag: Auch Richter schaffen keine Arbeitsplätze. Wo die Tarifverträge versagen, helfen auch keine künstlichen Dämme.

Zu den hochentwickelten Vorsorge-Perspektiven des Berufslebens passen beispielsweise auch jene, die sich bereits in manchen bundesdeutschen Großstädten bietet: Da erhalten Bürger, die 50 Jahre und älter sind, die ersten Einladungen zu sozialpädagogisch begleiteten Vorbereitungskursen für das Verleben eines erfüllten Alters. Weil man in der alten Bundesrepublik schließlich kaum mehr wußte, was es noch alles an Wünschenswertem innerhalb der gewerkschaftlich und arbeitsgerichtlich behüteten Welt des Arbeitsplatzes geben könnte, entwickelten die Sozialstrategen Konzepte für eine Art Umbettung in sozialpädagogische Kompetenzbereiche.[2]

Indem solchermaßen immer mehr Menschen immer mehr von ihrer eigenen Verantwortung für ihre Lebensführung abzutreten veranlaßt wurden bzw. indem ihnen jede Härte und damit jede Chance zur vollen Eigenverantwortlichkeit versagt blieb, schritt die Ausgestaltung der Unmündigkeit ungezählter Bürger noch zu Zeiten munter voran, als schon erkennbar wurde, daß das Gemeinwesen sich übernommen hatte. Unzufriedenheit der Büger und Kampf um Besitzstände waren die unausweichliche Folge.

Lähmende Strukturen umgeben die Menschen und haben sie verändert. Ja, diese Strukturen sind so weit getrieben worden, daß sich die Menschen schicksalhaft darin verstrickt haben: Vor allem läßt die bundesdeutsche Sozialversicherung im Spannungsfeld zwischen hohen Beiträgen, noch höher gezüchteten Erwartungen, Arbeitsplatzabbau und demographischer Entwicklung erkennen, daß es Anliegen eines jeden sein müßte, der eigenen Zahlung von Beiträgen vor allem für die gesetzliche Rentenversicherung zu entkommen, weil er schon heute absehen kann, daß er das Eingezahlte niemals zurückerhält und seine Rente möglicherweise auch noch versteuern soll. Andererseits wächst angesichts der Misere die Zahl der Politiker, die dies durch eine Ausweitung der Sozialversicherungspflicht auf weitere Lebensbereiche unterlaufen möchten.

Die verschiedentlich schon beklagte Entsolidarisierung der Gesellschaft findet infolgedessen auch dadurch statt, daß gerade für hochqualifizierte junge Leute die Verlockung übermächtig werden muß, in anderen Ländern ihre Chance zu suchen. Verlassen sie aber das Land, bedeutet dies auch noch einen gewaltigen Kapital- und Ressourcentransfer in die ohnehin leistungsfreundlicheren Länder.

Wie fest sich die bestehenden Strukturen im Denken der Menschen, in Verbänden und Parteien etabliert hatten, ließ sich vor einigen Jahren erkennen, als trotz der eindeutig hochzurechnenden Trends noch eine neue „Säule“ des Systems geschaffen wurde, die Pflegeversicherung. Deren Kosten werden zwangsläufig um so höher, je mehr ältere Menschen es gibt und je teurer die Arbeit wird. Wie bei der Rentenversicherung setzt ein Wettbewerb dahingehend ein, möglichst früh Geld aus der Kasse der Gemeinschaft zu bekommen. „Der Sozialstaat erzieht den Menschen zur kindlichen, unreifen Haltung des Forderns von Leistungen ohne Gegenleistung“, erklärte C. Chr. von Weizsäcker in dem erwähnten Vortrag.

Obendrein, so der Wissenschaftler, führt dieses ganze System in eine wachsende Staatsverdrossenheit: „Wir gerieren uns als eine Gesellschaft der Unterprivilegierten. Die Frauen sind benachteiligt gegenüber den Männern. Die Kranken sind benachteiligt gegenüber den Gesunden. Die Mieter sind benachteiligt gegenüber den Vermietern. Die Arbeitnehmer sind benachteilgt gegenüber den Arbeitgebern. Die Alten sind benachteiligt gegenüber den Berufstätigen... Wohl 99 Prozent der Bevölkerung können sich wenigstens einer Gruppe von Benachteiligten zuordnen, und so haben 99 Prozent der Bevölkerung die Tendenz, ihren Anspruch auf Nachteilsausgleich beim Staat einzufordern. In diesem reichen Lande sind 99 Prozent unzufrieden."

Daß die Politiker in einem solchen reichen Land das aus der Not geborene Umlagesystem der Sozialversicherung immer noch breiter anlegen, um dadurch bestehende Mißstände auszugleichen, macht auch ein erstaunlich naives Verhältnis zu volkswirtschaftlichen Gesamtzusammenhängen offenbar: Während in großen anderen Staaten, die auf dem Weltmarkt als Wettbewerber mit den Deutschen auftreten, die Pensionskassen gigantische Milliardenbeträge verwalten und so in ihrer Volkswirtschaft riesige Anteile des notwendigen Realkapitals vorhalten, lebt man in Deutschland ohne Not immer mehr von der Hand in den Mund. Jede Konjunkturdelle wird zum Anlaß für die Erhöhung der Beitragssätze, jede Krise wird auch zur Krise für das Sozialversicherungssystem, und das generative Verhalten der Menschen macht die Sache noch unsicherer.

Der Wirtschaftswissenschaftler von Weizsäcker bemerkte in diesem Zusammenhang: „Die Verfügungsgewalt des Bürgers über die von ihm geschaffenen wirtschaftlichen Werte wird ihm heute schon zu über 50 Prozent durch den Staat entzogen. Das ist die Bedeutung einer Staatsquote am Bruttosozialprodukt in Höhe von über 50 Prozent... Der Staat hat den produzierenden Bürger zu über 50 Prozent entmündigt. Die Staatsquote können wir als den Entmündigungskoeffizienten ansehen. Im zeitlichen Ablauf wird der Bürger zunehmend entmündigt."

Tatsächlich geht aber die Bevormundung noch weiter. Denn auch in den dem Produzenten verbleibenden Teilen des Sozialprodukts mischt der Staat vielfach entscheidend mit. Man denke nur an viele Genehmigungsverfahren, die eine industrielle Investition in Deutschland gegenüber anderen Ländern dramatisch verzögern kann. Ja, es gibt Bereiche, in denen der Investor in Deutschland praktisch nichts mehr ausrichten kann, selbst wenn er wie bei der Kernenergie die höchsten Sicherheitsstandards der Welt einhält.

Staatliche Bevormundung, die dem Bürger jedes Risiko ersparen wollte, hat es über die extrem erschwerten Genehmigungsverfahren dazu gebracht, daß die Gentechnik in Deutschland viele Jahre fast gar nicht Fuß fassen konnte und nun mit Mühen in kleinen Schritten zurückgeholt werden muß. Die Gesetzesänderungen des Jahres 1994 kamen jedenfalls viel zu spät, um der Tatsache Rechnung zu tragen, daß in Zukunft immer größere Anteile des Pharmamarktes von der Gentechnik geprägt sein werden. Wie schon bei der Mikroelektronik hat ein behäbig gewordenes, letztlich innovationsfeindliches System dafür Sorge getragen, daß einmal mehr der Anschluß verpaßt wurde.

„Von Pioniergeist keine Spur", schrieb die Journalistin Nina Grunenberg in „Die Zeit" vom 5. November 1993, und sie lastete diesen fehlenden Geist dankenswerterweise nicht etwa nur den Unternehmen an. Es gilt zu erkennen, daß er maßgeblich auf den Staat, die Parteien und die überall mitherrschenden Gewerkschaften zurückfällt, dies sind die gesellschaftlichen Bereiche, in denen ein Umdenken und Umlenken not täte. Aber selbst Versuche, Korrekturen zu erreichen, werden in der Regel mit zunehmendem bürokratischen Aufwand beantwortet. Statt Deregulierung mit Stärkung des Verantwortungsbewußtseins der Bürger, ist nur zu oft die nochmals vermeintlich verbesserte Regulierung das Ziel.

„Das Veranwortungsbewußtsein der Bürger wird weiter sinken", stellte C. Chr. von Weizsäcker in dem erwähnten Vortrag fest. Und Hermann Lübbe bemerkte zum Thema „Ursprung und Folgen der Wohlfahrt": „Wohlfahrt schwächt die Einsicht in ihre Voraussetzungen." Die staatliche Daseinsvorsorge nimmt also mutmaßlich einer zunehmenden Zahl von Menschen die Fähigkeit, auch nur entfernt zulängliche Überlegungen dafür anzustellen, wie sie ihr Schicksal in die eigenen Hände nehmen könnten. Aber selbst wenn diese Menschen die Dinge richtig erkennen würden, bliebe ihnen bei solchem System doch kaum die Chance, den Weg zur Mündigkeit zu wählen: Sie müssen ja in die Sozialkassen einzahlen, müssen die Genehmigungen beantragen, sind überall auf parteipolitisch durchsetzte Behörden angewiesen...[3]

Auch die wenigen hier zitierten Wissenschaftler wissen nur zu gut, daß alle ihre Einsichten kaum eine Chance haben, von Politikern beherzigt zu werden. Eine ungleich größere, von den Hochschulen der Bundesrepublik herkommende geisteswissenschaftliche oder alternativ-volkswirtschaftliche Akademikergarnitur ist nämlich mit ganz anderen Zielen angetreten. Sie stellen die Mehrheiten in den Behörden und den Schulen, stellen die Funktionäre in Verbänden und haben von solchen Positionen aus die Mehrzahl der Sitze in den Parlamenten erorbert. Wie könnten sie ernsthaft die Mündigkeit der Menschen wollen, wenn dadurch den Bataillonen der staatlich berufenen Vormünder Verlust an Einfluß und möglicherweise gar Arbeitslosigkeit droht?

Überdies sind es gerade diese Mittler des bestehenden, die Mündigkeit überall aushebelnden Systems, die ihrerseits nur sehr selten genauer wissen, was wirkliche Mündigkeit ist. Sie haben sich überall mit Pensionen, Zusatzversicherungen zur gesetzlichen Rentenversicherung oder gar mit Abgeordnetenpensionen eingedeckt, so daß sie den Gedanken an die Erfordernisse der Selbständigkeit und damit der vollen Mündigkeit kaum mehr zu denken vermögen.

Wenn indes die lähmenden Strukturen, wie sie sich in Deutschland durchgesetzt haben und wie die Staaten der Europäischen Union sie mit schwerwiegenden Konsequenzen für die Arbeitsmärkte auf den Weg gebracht haben, abgebaut werden sollten, müßten die Verantwortlichen der Politik sich wieder auf Ordnungspolitik besinnen. Die sogenannte „Eurosklerose“ wird statt dessen über die vieldiskutierte Sozialcharta auch noch blindwütig mit Zähnen und Klauen verteidigt.

Dabei wären es denkbar unproblematische erste, ganz schlichte Schritte, wenn man – wie inzwischen auch von liberaler Seite empfohlen – nur jedem Arbeitnehmer über sein wirkliches Gehalt, d. h. über das, was der Arbeitgeber für ihn aufbringen muß, reinen Wein einschütten würde. Dann sähe dieser Arbeitnehmer, was ihn der Sozialstaat wirklich kostet. Wenn ihm dann noch ein Wahltarif eingeräumt würde in der Art: Du brauchst nur soundsoviel für die Rentenversicherung zu zahlen, wenn du dich mit einer Grundrente begnügst, und du brauchst nur soundsoviel für die Krankenversicherung zu zahlen, wenn du ambulante Behandlungskosten zu 30 Prozent selber zahlst und zwei Karenztage in Kauf nimmst, dann liefe schon eine Art Heilungsprozeß an. Statt der Pflegeversicherung hätte vielleicht als Wahlalternative eine Kapital-Lebensversicherung vorgesehen werden sollen usw.

Die Konsequenzen allein solcher Wahlmöglichkeiten wären beträchtlich: Viele, sehr viele Menschen würden den Vorteil größerer Eigenverantwortlichkeit nutzen, würden mutmaßlich bewußt gesünder leben usw. All die Politiker und sonstigen Sachwalter der gegenwärtigen, lähmenden Sozialstaatlichkeit würden jedoch Alarm schlagen, weil ja nun „die schlechten Risiken“ noch schlechter dastünden. In der Tat, die Konsequenz stimmt. Aber diese Konsequenz würde den Druck auf alle die erhöhen, die es sich erlauben können, ebenfalls die günstigen Wahltarife zu nutzen. Am Schluß der Entwicklung stünde schließlich die Erkenntnis, daß der Sozialstaat um der Schwierigkeiten von vielleicht 10 Prozent der Bevölkerung willen 90 Prozent dieser Bevölkerung in ein entmündigendes System gezwängt hat. Daß man jene 10 Prozent deshalb nicht im Stich lassen darf, versteht sich von selber.

C. Chr. von Weizsäcker betonte in dem zitierten Vortrag, „daß der Übergang zu diesem anderen Sozialstaat jeden in der Gesellschaft besser stellt. Indem die Anreize, die Lebensarbeitszeit zu verkürzen, wesentlich vermindert werden, würde soviel mehr Sozialprodukt erzeugt werden, daß zusammen mit den vernünftigen Umverteilungseffekten des Alternativsystems (d. h. einem von Milton Friedman und später dem Kronberger Kreis entwickelten Konzept einer alle Sozialleistungen integrierenden progressiven Einkommensteuer mit negativer Steuer bei niedrigem Einkommen) gerade auch sozial Schwache besser gestellt werden als gegenwärtig.“ Nach Schätzung von Weizsäckers könnte eine solche Änderung des Sozialsystems das Sozialprodukt um 50 bis 100 Prozent steigen lassen.

Zu einer solchen Neuorientierung gehört die möglichst weitgehende Wiederherstellung der Vertragsfreiheit. Herbert Giersch, der damals wohl noch nicht erwartet hatte, wie weit diese Freiheit trotz eines freiheitlichen Staates nicht zuletzt durch sozialpolitisch motiviertes Richterrecht eingeschränkt werden könnte, hat 1985 in dem Artikel „Das neue Zeitalter der Unternehmer“ noch die Perspektive skizziert, in vielen Bereichen einer schöpferischen Wirtschaft würden im Rahmen des „Informationszeitalters“ die Werkverträge die Dienstverträge verdrängen.[4] Doch es hat den Anschein, daß sich die Konservierung der Strukturen dieser Republik dem Informationszeitalter überlegen erweist. Die Vorzüge dieses Zeitalters ernten wohl größerenteils andere. In Deutschland weist dagegen vor allem die Schattenwirtschaft die kräftigsten Wachstumsraten auf.

Die Wiedergewinnung der Vertragsfreiheit aber würde auch wieder neue Kreativität freisetzen. Es könnte durchaus dahin kommen, daß die leistungsfähigeren Arbeitnehmer in einem solchen Umfeld eher als Selbständige agieren, weil sie so bessere Erlöse für sich aushandeln und freier arbeiten könnten. So würde das Sicherheitsdenken in der Gesellschaft auf ein Normalmaß zurückgestuft werden. Angesichts eines weit höheren Sozialproduktes wäre es viel leichter, in wirklichen Notfällen großzügig zu helfen.

Die Rückkehr zur bewußten Förderung und Forderung der Mündigkeit möglichst aller Glieder der Gesellschaft ist aber nur zu erreichen über die Rückkehr zur vollen Wahrheitsfähigkeit. Am Anfang dieser Rückkehr muß dann die ungeschönte Einsicht stehen, daß man sich in makrosoziologischen Zusammenhängen keine Brüderlichkeitsmoral erlauben kann, nach der jeder gemäß seinen Bedürfnissen (Karl Marx) versorgt wird. Solche Brüderlichkeitsmoral gehört in die Familie, sie mag noch teilweise in einzelnen mittelständischen Betrieben im engen Rahmen praktiziert werden können, grundsätzlich aber verführt sie in größeren Zusammenhängen zum Mißbrauch. Dieser Mißbrauch seinerseits zerstört Schritt um Schritt den Leistungswillen der anderen.

Jeder weiß, daß die brüderliche Verteilung der gemeinsam erarbeiteten Werte relativ oft bei zwei Menschen ein dauerhaft friedlich-freundschaftliches Miteinander ermöglicht. Daß dies bei drei Menschen gelingt, ist bereits eine extreme Ausnahme. Nach dem Sozialstaatsansatz der Bundesrepublik aber soll das System bei Millionen funktionieren, doch es funktioniert zum Schaden aller nicht zufriedenstellend. Und die derzeitigen Trends sprechen sogar dafür, daß die Leistungsträger in der näheren Zukunft noch mehr zur Kasse gebeten werden, wer nämlich sollte sonst für die Befriedigung der langfristig entstandenen Ansprüche geradestehen?

Was aber für den makrosoziologischen Bereich als einzig tragfähige Alternative bleibt, ist eine Leistungsmoral, in der sich Leistung lohnt. Nur sie ist verallgemeinerungsfähig, weil sie die Spielräume schafft, den wirklich Schwachen zu helfen. Über die Parteien nachzudenken, welche solches vor Jahren gefordert und es trotz vieljähriger Regierungsverantwortung in ihrem verkürzten Denken noch nicht einmal in Ansätzen zu verwirklichen begonnen haben, muß den Verfechtern der Leistungsmoral in Deutschland freilich jedwede Hoffnung nehmen.

Die moralische Seite der gesamten Fehlentwicklungen wird nur selten wirklich ernst genommen, und wir werden in der Folge (Kapitel 16) noch zu prüfen haben, welche Vorgänge dabei besonders „hilfreich" sind. Vor allem anderen wird der einzelne dazu verführt, sich nicht zu voller Selbständigkeit zu entfalten. Aus dem Vergleich mit früheren Zeiten legt sich insoweit sogar die Hypothese nahe, daß das heute so oft erwähnte Ideal der Selbstverwirklichung dem unbewußt empfundenen Defizit an wirklicher Eigenständigkeit entspringt. Dem Gemeinwesen werden Aufgaben aufgebürdet, die es in ihrer Dynamik überfordern. Insgesamt aber werden auch damit natürliche Ressourcen – nämlich menschliche Leistungsfähigkeit – vertan, die für Notleidende in aller Welt fruchtbar gemacht werden könnten und zugleich dem einzelnen mehr Erträge seiner Arbeit belassen. Weit mehr Menschen würden zu Investoren, schüfen Realkapital.

Wenn man den Gedanken zu Ende denkt, daß der Mensch im Mitmenschen und in der Erhaltung von Umwelt und Kreatur seine wichtigsten Aufgabengebiete erkennen sollte, dann muß seine Leistungsmoral gerade auch durch bessere Anreize stimuliert werden.

1 C. Christian von Weizsäcker, Verkürztes Denken in Wirtschafts- und Sozialpolitik, Vortrag vom 10. November 1993 in Siegen.

2 Siehe z. B. Meinhard Miegel, Er hat die Menschen deformiert – Tabus und Illusionen verschleiern das historische Versagen des Sozialstaats, FAZ vom 2. April 1996.

3 Hermann Lübbe, Ursprung und Folgen der Wohlfahrt, FAZ vom 20. Dezember 1986.

4 Giersch, Das neue Zeitalter der Unternehmer, FAZ vom 30. März 1985.

Kapitel 9

Spenden allein reichen nicht

a) Die Irrungen der Entwicklungshilfepolitik

Die nüchtern-skeptische Beurteilung der Fähigkeit westlicher Wohlfahrtsdemokratien, auch nur ihre eigenen Probleme einmal grundsätzlich zu lösen und so Spielraum zur Lösung globaler Probleme zu gewinnen, läßt nirgendwo Euphorie aufkommen. Besonders dort, wo die Demokratien letztlich als eine Art „Volksheim" konzipiert worden sind, ist das Anspruchsniveau allenfalls dann und nur so weit zurückzuschrauben, wie es die blanke Not erzwingt.

Auch diese Einsicht läßt also die Zweifel daran wachsen, ob es die Demokratie wirklich sein kann, die ihre eigenen Grundlagen einschließlich einer marktwirtschaftlichen Ordnung zu schaffen in der Lage ist. Beispiele aus der Geschichte, daß sich Völker unter demokratisch-freiheitlichen Umständen ohne vorhergehendes Drei-Klassen-Wahlrecht oder ähnliches und ohne „starke Hand" zu modernen Wohlfahrtsstaaten emporgearbeitet hätten, erscheinen deshalb eher als Ausnahmefälle. Demokratien sind offensichtlich ihrem Wesen nach mehr aufs Verteilen ausgerichtet.

Für ein Land wie Deutschland könnten aus solchen Einsichten klare Aussagen entspringen, die quasi die Lehrer schon ihren Schülern vermitteln. Wer aber anläßlich der Neuordnung der früheren DDR einmal mehr dem Schauspiel zugesehen hat, wie dieselben Gruppen zugleich Kapital für höhere Löhne und genauso Kapital für die Schaffung zusätzlicher Arbeitsplätze forderten, dem konnte nur Skepsis bleiben. Verteilungskampf, so verstanden, sichert nicht etwa die Grundlagen der Demokratie, sondern zehrt tendenziell von ihren Fundamenten.

Gesucht wären mithin Politiker, die nicht in ihrer Wiederwahl, sondern in der Beherrschung des Vorhersehbaren ihr oberstes Ziel sehen. Die Lage in den ärmsten Ländern Osteuropas wie schon lange vorher diejenige in den Ländern der dritten Welt müßte zu der Erkenntnis führen, daß das gegenwärtige Verhältnis von Konsum und Investitionen – ausgehend von den hochentwickelten Industriestaaten – nicht beibehalten werden kann, wenn die Probleme einer Lösung zugeführt werden sollen.

Nur wer auf dem Standpunkt steht, daß es nicht die Sache der reichen Staaten sei, wenn andernorts Menschen quasi das Saatgetreide verzehren, um noch eine Weile ihr Dasein fristen zu können, kann an der Logik der bisherigen Verteilungskämpfe in den Industriestaaten festhalten. Wer indes das moralische Desaster erfaßt und auch um der Erhaltung der gemeinsamen Erde willen den weiteren Raubbau an der Natur nicht mehr hinnehmen will, muß das Steuer herumwerfen. Daß insoweit freilich Skepsis hinsichtlich der hochentwickelten Demokratien gerechtfertigt ist, hat schon Hans Jonas in dem Buch „Prinzip Verantwortung" zum Ausdruck gebracht.

Wie auch immer die Politiker es anpacken: Ihr Ziel müßte es sein, erheblich größere Anteile des Sozialproduktzuwachses ihrer eigenen Länder für Investitionen statt für zusätzlichen Konsum zu mobilisieren. Und diese Investitionen müßten folgerichtig auch und gerade nach Osteuropa und in die dritte Welt fließen. Dabei sollte die Polemik gegen eine Überfremdung der Wirtschaft jener Staaten, denen so geholfen wird, beiseite geschoben werden.

Es kann nicht angehen, zur Schonung aller Empfindsamkeiten billige Kredite zu gewähren, die – wie seit Jahrzehnten – mehr oder weniger verfrühstückt und zum Schluß gestrichen oder als Hemmschuh für alle weiteren Entwicklungen immer wieder verlängert werden. Die Schwüre des Umweltgipfels von Rio de Janeiro im Juni 1992, wonach die Industrieländer baldmöglichst jene angepeilten 0,7 Prozent ihrer Bruttosozialprodukte für Entwicklungshilfe verfügbar machen wollten, hätten selbst dann an dieser Einsicht nicht viel geändert, wenn sie denn gehalten worden wären.

Es bedürfte einer weit umfang- und materialreicheren Untersuchung, um eine Bestätigung für die Vermutung zu finden, daß die Jahrzehnte des Sozialismus oder Staatskapitalismus auch die Entwicklungshilfe der freiheitlich-marktwirtschaftlichen Staaten großenteils in falsche Kanäle haben fließen lassen. Die Phase der Nord-Süd-Kommission unter dem Vorsitz des verstorbenen Vorsitzenden der Sozialistischen Internationale, Willy Brandt, hatte es in dieser Hinsicht zu abenteuerlichen Blüten gebracht, und man konnte daran auf Grund der erwähnten Formen der Konsensfindung, deren sich auch die UNO intensiv bediente, kaum massive Kritik äußern, wenn man nicht Gefahr laufen wollte, völlig ins Abseits zu geraten.

Da waren gewiß hochangesehene Politiker und namhafte Ökonomen zusammengetreten, um den Klagen von Führern der dritten Welt etwas zu bieten, was die Probleme lösen sollte. Die Entwicklungsländer hatten ihre Lektion gelernt: Schuld an ihrem Unglück waren einzig die Industriestaaten. Letztere wiederum – geplagt vom schlechten Gewissen auf Grund ihrer Vergangenheit als Kolonialmächte – machten jedenfalls semantische Zugeständnisse, wenn sie auch nie im geforderten Sinne darangegangen sind, Vorschläge wie Rohstoffonds usw. zu verwirklichen.

Durchweg blieb es aber dabei, daß eine mit vielfältigen Sozialismen durchsetzte Denkweise politische Systeme der dritten Welt zeitweilig stabilisierte, statt wirkliche Entwicklung in Gang zu setzen. So waren vor allem diejenigen, die noch am ehesten – vermutlich in den meisten Ländern der Erde – die Dinge wenden könnten, nirgendwo mit ihrer Denkweise maßgeblich vertreten: innovationsbereite Unternehmer einschließlich Bauern und Handwerker. Weiterhin blieb es bei „Entwicklungshilfeprojekten", von denen nach Schätzungen der Weltbank wohl nur 50 Prozent nach Einstellung der Zuwendungen überlebt haben. Daß von diesen verbliebenen Projekten weitergehende dynamische Entwicklungen größeren Ausmaßes ausgegangen wären, hat man kaum je gehört.

Waren nun in den sogenannten „verlorenen 80er Jahren" nach dem Entstehen gigantischer Schuldenberge in verschiedenen Ländern der dritten Welt endlich die Zweifel an der bis dahin gültigen Entwicklungshilfe soweit gediehen, daß ein grundsätzlicher Wandel, eine Art Paradigmenwechsel möglich wurde, so hat der Untergang des Staatskapitalismus die Handhabe dafür geliefert, auch den korrekturwilligen und -fähigen Staaten der dritten Welt das unternehmerische Prinzip näherzubringen.

Pragmatisches unternehmerisches Denken scheint somit erst seit dem Niedergang des Sozialismus auch für die Entwicklungshilfe durchgehend gesellschaftsfähig geworden zu sein, weshalb seit dem Beginn der 90er Jahre auch die Chancen in manchen Ländern der dritten Welt besser geworden sind. So hat der Transfer von privatem Kapital aus den Industriestaaten so beträchtlich zugenommen, daß die entsprechenden Kapitalströme seit 1993 größer wurden als diejenigen aus öffentlichen Hilfen. Privates Kapital, vor allem aus den USA und aus Japan, hat nach einem OECD-Bericht vom Februar 1997[1] besonders für Entwicklungsländer in Asien und Lateinamerika kräftige Anstöße gebracht, während den hochverschuldeten Staaten

Schwarzafrikas der Zugang zu den internationalen Finanzmärkten weitgehend versperrt bleibt.

Was an dieser Entwicklung so hoffnungsvoll stimmt, ist die Tatsache, daß gerade privates Kapital Gewinne erwirtschaftet, während öffentliche Mittel nur zu leicht verschleudert werden und überdies falsche Anspruchshaltungen begründen. Demzufolge sieht es heute für viele Staaten Lateinamerikas und Asiens ungleich besser aus als in den 80er Jahren. Ja, man begrüßt heutzutage sogar wieder die multinationalen Konzerne, die lange Zeit der Nachfolge des Kolonialismus verdächtigt worden waren. Sie bringen nun auf einmal – Ausnahmen nie ausgeschlossen – Wachstum und Entwicklung, nicht zuletzt weil sie auch andere Investitionen nach sich ziehen.

Was Kenner immer schon betont haben, bestätigt sich inzwischen allerdings noch klarer: Die Länder der dritten Welt sind ja alles andere als homogen, weshalb die Ansätze zu ihrer Entwicklung weit differenzierter ausfallen müßten, als es die jeweiligen Bürokratien der Geberländer beherrschen. Unsägliche bürokratische Hemmnisse und die Verteidigung von Privilegien hier, Korruption und Rechtsunsicherheit dort: Im Grunde sind Forderungen angemessen, daß in manchen Ländern zunächst einmal Ethnologen und Soziologen ermitteln müßten, wo überhaupt „Entwicklung" möglich ist. Ethnologen und Soziologen sind allerdings wiederum in den seltensten Fällen unternehmerisch begabt.

Grundsätzlich sollten aber die hochentwickelten Staaten keinen Zweifel daran lassen, daß sie zwar in Fällen der Not zu Hilfsprogrammen und Armutsbekämpfung bereit sind, daß aber eine dynamische Entwicklung nur in einer unternehmerisch verfaßten Wirtschaftsordnung möglich ist. Über Kredite allein läßt sich eine solche Marktwirtschaft nicht „vermitteln". Entweder die Staaten, denen geholfen werden soll, garantieren deshalb das Eigentum in- und ausländischer Investoren mit allen Konsequenzen, oder sie müssen sich mit Spenden für Hungernde bzw. relativ knapp bemessenen Krediten für den Ausbau einer kärglichen Infrastruktur zufriedengeben.

Allerdings gilt es bei entsprechenden Konzepten auch zu bedenken, daß die private Investition in der dritten Welt auf Grund ihrer hohen Risiken angesichts der Instabilität der politischen Systeme zwangsläufig auf den kurzfristigen Rückfluß des eingesetzten Kapitals, den schnellen „return of investment", aus sein muß. Und wer die Marktwirtschaft mit ihren Grenzen durchdenkt, weiß auch, daß die längerfristigen Risiken für private Investoren schon in den ehemaligen staatskapitalistischen Ländern zu hoch sind. Zugleich gibt es in diesen Staaten – insbesondere bei einigen Nachlaßverwaltern der zerfallenen Sowjetunion – nicht nur nicht genügend Kapital für eine Umkehrung des Niedergangstrends, sondern vor allem auch keine unternehmerisch geschulten Menschen.

Weit hilfreicher als die erwähnte, utopische Entwicklungshilfequote von 0,7 Prozent ihres Sozialproduktes wären deshalb Programme der entwickelten Staaten, die privates unternehmerisches Engagement in Entwicklungsländern absichern. Der Internationale Währungsfonds, die Weltbank, die viel zu viel in Kreditkategorien befangen sind, könnten insoweit einen Umdenkungsprozeß gebrauchen. Mancher wendige Landwirt, der in der Europäischen Union nur die Agrarüberschüsse unnötig vergrößert, könnte unter Beschäftigung Einheimischer in der dritten Welt bessere Entwicklungen voranbringen, wenn der nötige Rahmen dafür geschaffen würde.

Wer das Ausmaß der Not in aller Welt bedenkt, der kann der Erkenntnis nicht ausweichen, daß auch die größte Bereitschaft zum Spenden dem Problem nicht beizukommen vermag. Gewiß sind weiterhin selbstlose Gaben gegen den Hunger nötig, aber die vielbeschworene „Hilfe zur Selbsthilfe" hat doch ganz anders auszusehen. Das nötige Kapital für diese Aufgabe kann man nicht mit Spenden erwirtschaften. Für Kredite aber sind – seriös kalkuliert – weder beleihungsfähige Werte noch hinreichend viele arbeitsfähige und zugleich ausgebildete Menschen da, die auch nur eine minimale Verzinsung und eine langsame Rückzahlung garantieren könnten.

Es geht also nicht darum, den Gewinn zu vergöttern, es geht darum, daß nur über eine auf Gewinne ausgerichtete Wirtschaftsform neues Kapital für weitere Investitionen zu erwirtschaften ist. Deshalb könnte manche Hilfe dauerhafter und erzieherischer sein, die immer auch den Ertrag im Auge behält und in der dritten Welt Maßstäbe dafür setzt, daß das Leben von der Hand in den Mund ein Leben an der Hungerschwelle sein muß.

Die Aufrechnung kolonialer Missetaten kann nichts daran ändern, daß der Blick nach vorne etwas anderes ist als derjenige zurück. Daß alle Hilfen, die seit den 60er Jahren in viele Länder der dritten Welt geflossen sind, gar so wenig gebracht haben, muß doch auch wieder mit den Menschen und den politischen Systemen in diesen Ländern zu tun haben. Wer etwa hätte der Schweiz, die auf Grund ihrer geographischen Lage ein ausgesprochenes Armutsland gewesen ist, beim Aufbau zum reichen Industrieland geholfen? Demgegenüber sind bzw. waren ja zahlreiche Länder der dritten Welt ursprünglich viel reicher.

Einer der früheren Warner vor der staatlichen Entwicklungshilfe, der in Budapest geborene spätere britische Lord Professor Bauer, hat schon in der ersten Hälfte der 80er Jahre den Verdacht mit vielen erwähnenswerten Gründen ausgesprochen, daß solche Hilfe tendenziell mehr schadet, als sie nützt. Es seien wirtschaftliche Anstrengungen, die Vermögen und Geld hervorbrächten, nicht aber brächte Geld wirtschaftliche Anstrengungen hervor, erklärte Bauer.[2] Auch wenn man ihm nicht mit allen seinen Argumenten zustimmen konnte und mußte, steht doch jedenfalls soviel fest, daß erfolgreiches unternehmerisches Wirtschaften zumeist mit minimalem Startkapital begonnen hat. Keiner wird auch das eingesetzte Kapital sparsamer bewirtschaften als der Eigentümer. Was ist dagegen nicht in der offiziellen Entwicklungshilfe mit staatlichen Geldern für eine Spesenreiterei gelaufen – eingeschlossen jene Spesen, die die Parlamentarier der Geberländer für ihre Besuche „vor Ort“ verbrauchten.

Es gilt, um der Befriedigung der menschheitlichen Bedürfnisse willen die Idee der Marktwirtschaft auf globale Maßstäbe anzuwenden und in solchem Rahmen auch bei denen unternehmerisch zu investieren, die dies aus eigener Kraft noch nicht können. Daß die Marktwirtschaft wirklich die einzige dem Menschen gemäße Wirtschaftsform ist, muß deshalb noch gar nicht behauptet werden. Aber sofern es um dynamische Konzepte geht und nicht beispielsweise um eine stagnierende agrarische Ordnung, die vielleicht ein viel beschaulicheres Leben ermöglicht, läßt sich an der Marktwirtschaft eben nicht vorbeikommen.

Gerade die Frage nach den möglichen Hilfen für die Menschen der dritten Welt macht aber zugleich verständlich, warum Fragen nach der Wirtschaftsordnung auch moralische Fragen sind. Allzu lange haben offensichtlich die ernst zu nehmenden Marktwirtschaftler (nicht der Großteil der Politiker, deren marktwirtschaftliche Lippenbekenntnisse jederzeit wohlfeil sind) den Ideologen auch moralisch das Feld überlassen. Sie haben sich trotz ihres menschheitsgemäßeren

Konzeptes überall in die Defensive drängen lassen. Daß die Politiker der dritten Welt – hervorgegangen aus dem Gegeneinander-Ausspielen von West und Ost – dabei für sich und ihre Karrieren den leichtesten Weg ausgesucht haben, versteht sich genauso von selber, wie dies auch der Weg der Politiker in den Industriestaaten war und ist.

Alle Loblieder auf die Marktwirtschaft dürfen allerdings nicht den Blick auf ihre Schattenseiten verstellen. Zu oft entstanden und entstehen ihre Erträge nur aus dem Raubbau an der Natur. Um solchen Fehlentwicklungen zu steuern, wäre zwischenstaatliche Hilfe jedenfalls zweckmäßig. Überdies haben auch die Feudalherren immer dann, wenn es ihnen zum Vorteil gereichte und dabei stets nur in bedingter Form, marktwirtschaftliche Überzeugungen übernommen. So beherrschen beispielsweise viele von ihnen in armen Ländern größtenteils Grund und Boden, den sie indes nur extensiv nutzen, während die Besitzlosen darben. Allzu oft fehlt den politischen Systemen der dritten Welt aber die Kraft zu marktwirtschaftlich optimierten Bodenreformen.

Rundum überzeugte Marktwirtschaftler erkennen den Vorteil für diese Wirtschaftsordnung und letztlich somit auch für sie selber darin, daß auch die Arbeitnehmer mehr kaufen, wenn sie selber mehr verdient haben: Nur eine allmählich steigende Kaufkraft der Arbeitnehmer läßt sich – ergänzt um den nötigen Spielraum für Investitionen – als eine fruchtbare Entwicklung verteidigen. Das Kunststück, das die Tarifpartner nur unter sehr günstigen Umständen vollbringen werden, liegt jedoch darin, die Lohnsteigerungen so maßvoll zu gestalten, daß die Integration von Arbeitslosen in den Arbeitsmarkt gelingen kann.

b) „Die Erde kann uns nicht mehr ernähren“

Doch selbst wenn es gelänge, über eine dramatische Verbesserung der Rahmenbedingungen die Marktwirtschaft in einer Vielzahl von Ländern besser zu etablieren, als es heutzutage beispielsweise in Deutschland der Fall ist, und so zugleich über die Dezentralisierung der wirtschaftlichen Verantwortung die Lebenschancen der Menschen ungleich zu verbessern, bestünden noch immer größte Zweifel, ob die Erde die dramatisch wachsende Erdbevölkerung zu ernähren vermag. Wenn die Menschheit Jahr für Jahr immer noch um über 80

Millionen Erdenbürger zunimmt und sich davon 95 Prozent auf die Länder der dritten Welt verteilen, ist die Prognose denkbar schlecht.

„Die Erde kann uns nicht mehr ernähren", lautete der Tenor des 11. Berichts des „World Watch Institute" in Washington, der im Januar 1994 veröffentlicht worden ist. In vielen Ländern läßt sich die landwirtschaftliche Produktion nicht mehr steigern, die nutzbare Fläche nimmt nicht mehr zu, die Weltmeere wurden teilweise schon überfischt. Obendrein aber nimmt der Anteil des Kohlendioxids in der Atmosphäre bedrohlich zu. Dessenungeachtet dürfte die Weltbevölkerung von derzeit rund 5,6 Milliarden Menschen bis zum Jahr 2050 noch auf rund 10 Milliarden Menschen anwachsen, wenn nur die bereits Geborenen ihre reproduktiven Ambitionen verwirklichen.

Alle jene feinsinnigen Verfechter des selbständigen Rechts der Lebensordnungen in den Ländern der dritten Welt, die noch immer für menschenfreundlichere Wirtschaftsformen plädieren und im übrigen in der absehbaren Massenwanderung von Menschen der dritten Welt in die Industrieländer ein selbstverständliches Menschenrecht sehen, stehen angesichts solcher Entwicklungen als weltferne Gesinnungsapostel da: Selbst wenn man einen gewaltigen Bedarf zur Umstrukturierung der Industrieländer anerkennt, so ist doch mit der Zerstörung des Wohlstandes derselben niemandem gedient.

Der Verzicht auf Auto oder auf Urlaubsreisen usw. beseitigt Arbeitschancen in den Industrieländern und in den Reiseländern. Was aber hat der ökologische Umbau dafür zu bieten? Die Erfinder des Schlagworts, in Deutschland auch noch fast deckungsgleich mit jenen Gruppen, die bei Arbeitnehmern und bei sozial Schwächeren keinerlei Einbußen hinzunehmen bereit sind, müßten folgerichtig auf Unternehmer hoffen, die in andere Technologien investieren. Zugleich aber sind diese politischen Gruppierungen aber eher technikfeindlich zur weitergehenden Schröpfung jener „Besserverdienenden" fest entschlossen, die in erster Linie für Investitionen in Betracht kommen.

Mit einer Art multikulturellem Liberalismus, der den Ländern der dritten Welt ihren „Way of Life" und deshalb auch ihren „Way of Reproduction" belassen und in einer grün-alternativen Einkehr der Industriestaaten die Lösung aller Probleme suchen will, ist es indes gerade nicht getan. Wie soll man für die dritte Welt mehr übrig halten, wenn man selber weniger verdient?

„Jeder zusätzliche Erdenbürger geht ein in die große Gesamtrechnung, die alle bezahlen müssen und nicht nur jene, in deren Siedlungsgebieten sich die Menschen am dichtesten ballen", hat der FAZ-Redakteur Klaus Natorp in einem seiner einschlägigen Leitartikel geschrieben. Vor solchem Hintergrund kann nur eine universell gültige Moral erkannt und beherzigt werden, oder die einen schotten sich gegen die anderen ab und überlassen diese ihrem Schicksal.

Öffnet man sich aber solcher Idee einer universell gültigen Moral, geraten ganz andere Aspekte als die erwähnten Schuldkomplexe in einigen Industrieländern bzw. bei einigen früheren Kolonialmächten ins Rampenlicht. Die Übervölkerung des Planeten Erde hat ja doch zunächst einmal ganz einfach damit zu tun, daß Hunderte Millionen Menschen dabei sind, Kinder in die Welt zu setzen, für deren Ernährung sie selber nicht geradestehen können und über deren Ernährung sie – vornehmlich die Männer - kaum nachdenken.

Wenn es jedoch nirgendwo hingenommen werden kann, die Augen vor den absehbaren Folgen seines Tuns zu verschließen, dann auch hier nicht. All die klugen Analysen, die da besagen, daß man das generative Verhalten der Menschen in vielen Ländern der dritten Welt verstehen müsse, Kinder bedeuteten eben die einzig mögliche Alterssicherung der Menschen, nimmt – moralisch gesehen – die Unmoral als Selbstverständlichkeit hin. Kann es denn wirklich so sein, daß der Hauptzweck von Kindern ein ökonomischer Vorteil ist, den Eltern dadurch gewinnen? Überdies dürfte diese vermeintlich kluge These sehr oft noch nicht einmal zutreffen.

Fundierter scheinen allerdings solche sozialwissenschaftlichen Aussagen, die im Kinderreichtum vieler Afrikaner eine Art Bekenntnis sehen. In den Kindern leben die Eltern weiter. „Solange unser Blut noch unter den Lebenden ist, sind wir nicht tot", erklärte der kenianische Historiker Ali Mazrui nach einem Bericht der Nachrichtenagentur dpa vom 11. August 1994. Wenn es aber so ist, dann ist eben ein Stück Aufklärung gefordert, den Menschen klarzumachen, daß nur eine begrenzte Zahl von Kindern die erwünschten Überlebenschancen besitzt.

Es gibt in der dritten Welt soziale Konstellationen, in denen Mütter praktisch entscheiden müssen, welches von den geborenen Kindern sie aufziehen wollen, aufziehen können. Deshalb geht nichts daran vorbei, darüber aufzuklären, was es bedeutet, wenn Eltern Kinder zeugen, für deren Überleben sie nicht im entferntesten einzustehen vermögen, deren Hungertod oft genug schon bei der Zeugung absehbar ist.

Die Zeit der Kolonien und der Kolonialherren ist vorbei, gewiß. Und man kann auch eine Weile danach noch Verständnis dafür haben, daß die entwicklungspolitisch engagierten Menschen in den Industrieländern es für moralisch verwerflich halten, den Völkern der dritten Welt etwas in ihr Recht auf Selbstbestimmung hineinreden zu wollen. Aber mittlerweile sollten solche Ergebnisse der selbstkritischen Einkehr in den Industrieländern abgewogeneren Urteilen Platz machen.

Hier hätten auch die Kirchen große Aufgaben auf die Gefahr hin, sich unbeliebt zu machen. Und ein Papst sollte bedenken, was wohl ein biblischer Prophet lehren müßte, wenn er heute in solchen Ländern aufträte. Das „Seid fruchtbar und mehret euch" bedeutet heutzutage nichts anderes mehr, als zu fordern: Seid weiterhin fruchtbar und entzieht euch damit endgültig die Basis der Fortexistenz auf Erden.

Jede – auch jede medizinische – Hilfe ist unsinnig, wenn nicht zugleich die volle Eigenverantwortlichkeit der Menschen angemahnt, wenn ihnen das Unrecht ihres Tuns in der Zeugung von Kindern nicht vor Augen gehalten wird, über deren Ernährung sie sich keine Gedanken machen. Zu dieser Eigenverantwortlichkeit der Menschen gehört aber vor allem die Beseitigung der Unterdrückung und der Ausnutzung der Frauen in allzu vielen Ländern. Bezeichnenderweise sind es ja doch die Frauen, die sich zumeist weniger Kinder wünschen. Und einer der Gründe für diesen Wunsch mag auch sein, daß sie fühlen, dem einzelnen Kind nicht die nötige Liebe angedeihen lassen zu können, wenn sich das nächste schon binnen kurzem ankündigt.

Der Unterschied der Geschlechter rechtfertigt keine Rollenverteilung von Herr und Sklavin, von Ausbeuter und Ausgebeuteter. Keine Toleranz gegenüber anderen Völkern und anderen Sitten darf so weit gehen, elementarste Einsichten über das mitmenschlich Gebotene beiseite zu schieben. Wie sich alle Kritiker Südafrikas darüber einig waren, daß die Apartheid eine Verletzung elementarer Menschenrechte war, so ist genauso festzuhalten, daß die Unterdrückung und Ausnutzung der Frau nicht weniger verwerflich ist (und es ist noch gar nicht sicher, ob diejenigen, um derentwillen die Apartheid endlich abgebaut wurde, die von ihnen eingeforderte Gleichheit auch gegenüber den Frauen ihrer Stämme verwirklichen).

Man mag es als typische Überheblichkeit eines Menschen aus den satten Industrieländern betrachten, wenn er so daherschreibt. Diesen Vorwurf muß indes in Kauf nehmen, wer die Probleme durchdenkt und sie lösen möchte. Viele solcher Kritiker haben im übrigen wohl kaum den Grundlagen der Entwicklung in den westlichen Industriestaaten jemals richtig nachgespürt. Jene agrarische Gesellschaft, von der die industrielle Entwicklung ihren Ausgang nahm, hatte ja das generative Verhalten der Menschen dadurch in den Griff genommen, daß Eheschließungen und Nachwuchs nur dort akzeptiert wurden, wo auch entsprechende Nährstellen vorhanden waren. Die schändliche Ächtung des unehelichen Kindes hatte nicht zuletzt damit zu tun.

Auch wenn man heute solche sozialen Mechanismen ablehnt und zur Hilfe für die dritte Welt gerne bereit ist, sollte es doch eine unumstößliche Forderung an die sogenannten Staatsmänner und allgemein die Politiker der dritten Welt sein, die Rolle der Frauen in ihren Gesellschaften zu verändern, die Zwei- bis Dreikinderfamilie zur Regelfamilie zu erklären und mit allen Fördermaßnahmen usw. diese Ziele anzustreben. Auf dem Umweltgipfel in Rio fand zwar die Forderung nach einer Besserung der Lage der Frauen in vielen Ländern Erwähnung, aber es darf bezweifelt werden, daß die Umsetzung entsprechender vorsichtiger Postulate in der jeweiligen innerstaatlichen Politik zu wesentlich mehr führt als zu dem Junktim: Wenn wir nicht diese oder jene Zusagen von außen erhalten, wird es eben nicht gelingen.

Vor demselben Hintergrund läßt sich aber auch erkennen, daß die derzeit so unglaublich schwerwiegenden Probleme Osteuropas letztlich viel leichter lösbar sein werden. Die Verantwortung der Eltern für die Ernährung ihrer Kinder wird hier ja doch mit den in jeder hochentwickelten Gesellschaft üblichen Ausnahmen akzeptiert. In den neuen Bundesländern der Bundesrepublik gingen deshalb nicht von ungefähr angesichts der unsicheren Lage die Geburtenzahlen rapide zurück, obwohl für das soziale System der Bundesrepublik mit ihrem Geburtendefizit ein leicht positiver Trend auf mittlere Sicht viel besser wäre. Aber daß dennoch nichts über die Anerkennung der Verantwortung von Eltern gehen darf, läßt sich aus den Problemen der dritten Welt wohl am besten erkennen.

Zur „verantworteten Elternschaft“, wie sie auch der Heilige Stuhl befürwortet – allerdings unter Einschluß unrealistischer Vorstellungen über die sexuelle Enthaltsamkeit der Menschen – gehören zweifelsohne auch Bildung – besonders für Frauen – und Verhütungsmittel. „Verantwortete Elternschaft" ist natürlich oft genug nur bei der nötigen Aufklärung über die Unhaltbarkeit von Traditionen möglich.

Wie bei der Dezentralisierung der wirtschaftlichen Verantwortung durch die Marktwirtschaft bedeutet auch verantwortete Elternschaft die Verlagerung der Verantwortung dorthin, wohin sie gehört. Deshalb tun diejenigen, die immer noch und immer wieder alle Schuld bei den hochentwickelten Ländern sehen, auch hinsichtlich der Überbevölkerung nur wieder neues Unrecht. Hart gesagt: Wenn die Hilfe der Industriestaaten für die Ärmsten nur dazu führt, daß noch mehr Kinder zur Dokumentation der Fruchtbarkeit der Väter in die Welt gesetzt werden, dann subventionieren diese Industriestaaten ihren eigenen Untergang.

Nur zwei wirkliche Alternativen scheinen angesichts der Konstellationen um die wachsende Erdbevölkerung aus der Sicht der hochentwickelten Staaten denkbar: derjenige der – vielleicht mit einigen human wirkenden Accessoires verzierten – Unmenschlichkeit und derjenige einer universalistischen Moral.

Den erstgenannten Weg hat der Schriftsteller Theo Löbsack denkbar offen empfohlen, als er in dem Buch „Die letzten Jahre der Menschheit" im Kapitel „Ethik als Gehirnprodukt" ausführte, daß die Ethik den Untergang der Menschheit begünstige. „Liebe deinen Nächsten wie dich selbst" sowie „Mehret euch und macht euch die Erde untertan" seien zusammengenommen eine Art Untergangskonzept der Menschheit.[3] Die tatsächliche Haltung der reichen Staaten – oft vielleicht kaschiert durch einzelne PR-wirksame Aktionen, oft auch vielleicht ernsthaft aber vergeblich anders gewollt – dürfte sich in manchem eher auf der Linie Löbsacks halten, d. h. mit gewissen Einschränkungen (und oft auch mit anderem, guten Willen) an der eigenen Wohlfahrt orientiert bleiben.

Eine universelle Moral kommt demgegenüber nicht umhin, sich zur mitmenschlichen Pflicht für jedes lebende und jedes gezeugte Menschenkind zu bekennen. Sie stellt dann aber darauf ab, die Verantwortung des einzelnen Menschen und die Verantwortung der Staaten für ihre Bürger permanent einzufordern. Nur dort, wo durch Katastrophen oder Kriege die einzelnen Staaten scheitern, ist dann karitative Hilfe geboten, wie es schon heute teilweise geschieht. Dort aber, wo die Staaten der dritten Welt Rahmenbedingungen im Sinne der Verwirklichung des unternehmerischen Prinzips treffen und wo sie auch ausländisches Eigentum respektieren, kann massive Hilfe der hochentwickelten Staaten einsetzen und zwar so, daß das Kapital dazu bis auf denkbare Ausnahmefälle nur von Privaten kommt, während sich die Staaten an der Sicherung der Rahmenbedingungen beteiligen.

Kein Zweifel, für wohlmeinende Gemüter mag diese Alternative sehr spärlich wirken. Sie können ja auch gerne noch weit mehr spenden, so daß private Hilfsorganisationen auch weiterhin andere Wege beschreiten. Grundsätzlich sollte sich jedoch niemand darüber täuschen, daß Spenden auch die Gefahr implizieren, andere Menschen untüchtig zu machen, in (Agrar-) Märkte zum Schaden von Unternehmern einzugreifen und so auf Dauer die Bedürftigkeit zu konservieren.

[1] Vgl. z. B. FAZ vom 6. Februar 1997: „Hoher Kapitalzufluß in die Entwicklungsländer".

[2] Lord Bauer, Staatliche Entwicklungshilfe – eine Irreführung, FAZ vom 9. März 1985.

[3] Theo Löbsack, Die letzten Jahre der Menschheit, München 1983.

Kapitel 10

„Multikulturelle" Ausflüchte

Wie erwähnt, haben in der jüngeren Vergangenheit der bundesdeutschen Gesellschaft so manche engagierten politischen Diskussionen die Emotionen bewegt, Dikussionen, die mit dem Ziel geführt wurden, einen inhaltlichen Konsens zu fixieren. Regelmäßig wurde dabei auch moralisch oder religiös-moralisch argumentiert, um so die jeweils andere Seite zum Nachgeben zu bewegen. Eine der aufwühlendsten Debatten dieser Art war diejenige um die anschwellende Zahl der Asylbewerber.

Inzwischen scheint gesichert, daß das Thema seit der Änderung des Artikels 16 Grundgesetz und weiterer Bestimmungen im Jahre 1993 auf längere Sicht befriedet ist. Die Zehntausende von Asylbewerbern, die trotz der verschärften Bestimmungen ins Bundesgebiet kommen und von denen immer noch nur ein kleiner Prozentsatz die Anerkennung als „politisch Verfolgte" findet, scheinen wieder relativ problemlos auf die Städte und Gemeinden verteilt werden zu können.

Rückblickend betrachtet, besteht nun allerdings um so mehr Anlaß zur Verwunderung über die ganze Diskussion, über „die sogenannte Ausländer-Debatte", wie sie der Fernsehjournalist Klaus Bednarz meinte bezeichnen zu sollen (s. o. Kapitel 5). Was daran verwundert, ist die Tatsache, daß eine andere Entwicklungshilfe, die für weit größere Zahlen von Menschen der dritten Welt Lebenschancen eröffnen könnte, keine entsprechend engagierte Diskussion auslöst. Daß die Armutsflüchtlinge, die durch die vergeblichen – teilweise mehrjährigen – Migrationsversuche auch noch ihr letztes Hab und Gut aufs Spiel gesetzt haben, durch falsche Erwartungen regelrecht irregeführt worden und danach oft genug gänzlich entwurzelt sind, stört offenbar bei den Gesinnungsfesten weiterhin niemanden.

Von ungezählten abgelehnten Asylverfahren und der inzwischen wieder wachsenden Zahl der Abschiebungen spielen nur noch relativ wenige eine größere Rolle in der öffentlichen Diskussion. Das aber gibt Anlaß zu der Vermutung, daß so mancher Befürworter eines offenen Zugangs für Asylbewerber vielleicht doch etwas ganz anderes gemeint hat als die Menschen der dritten Welt. Zumindest scheint neben dem mitmenschlichen Engagement noch etwas anderes motivierend gewirkt zu haben: die in manchen Gesinnungen fest verankerte Überzeugung, in Deutschland solle eine „multikulturelle Gesellschaft" etabliert werden.

Das Konzept zu einer solchen Gesellschaft, das wohl maßgeblich auf den früheren CDU-Generalsekretär Heiner Geißler zurückgeht und seither von Sozialdemokraten und Grünen nicht mehr unterboten werden konnte, wirkt zunächst einmal wie ein idealistisches Unterfangen von außergewöhnlichem, humanem Rang. Deutschland, das Land mit der schlimmen nationalistischen Vergangenheit, sollte sich hervortun als Stätte zukunftsweisender, alle Schranken überwindender Toleranz, wobei übrigens Geißler an dieser Idee ganz pragmatisch auch noch die vermeintlichen langfristigen Vorteile für die deutsche Sozialversicherung im Auge hatte.

Über die Kosten eines solchen gesellschaftlichen Experimentes mit Millionen von Menschen hat man sich allenfalls an versteckten Orten unterhalten dürfen. Die Frage nach den Kosten wirkt ja auch schnöde angesichts des für die Menschheitsentwicklung einmaligen Wurfes: Für die Kosten konnten natürlich nur die Begüterten aufkommen. Solche Voraussetzungen waren für die meisten Befürworter der multikulturellen Gesellschaft genauso selbstverständlich wie die, daß allen nach Deutschland hineinströmenden Asylbewerbern volle Sozialhilfesätze und dann Arbeitsplätze auf dem Niveau der geltenden Tarifordnungen zustanden.

In letzterer Hinsicht haben übrigens besonders die Gewerkschaften die Realitätsferne ihres Denkens demonstriert: Als ob das Hineinströmen Hunderttausender Beschäftigung suchender Menschen nicht gerade auf dem Markt der ungelernten Arbeit unlösbare Konflikte heraufbeschwörte, und sei es nicht zuletzt auch dadurch, daß bestimmte, wenig angesehene Berufe zu typischen Ausländerberufen wurden, denen gegenüber deutsche Arbeitnehmer bis heute die Arbeitslosigkeit vorziehen.

In ruhiger Abwägung einer durch den offenen Zuzug aus aller Welt absehbaren Entwicklung war jedenfalls leicht zu erkennen, daß nach Regeln, die hier analog zu denen des Marktes zur Geltung kommen, das Ende des bundesdeutschen Wohlstandes besiegelt gewesen wäre und damit zugleich das Ende der deutschen Fähigkeit, anderen Ländern zu helfen. Dann allerdings käme auch die Migration in Richtung Deutschland zum Stillstand und alle multikulturellen Philantropen müßten sich eigentlich nur darüber wundern, warum man in Deutschland so arm geworden sei und warum das deutsche Experiment die

Probleme der Überbevölkerung vieler Länder dennoch nicht um eine meßbare Spur verringert habe.

Natürlich kann man eine solche Entwicklung nur unter Abstraktion von anderen Faktoren vorhersagen, denn es stünde auch fest, daß schon lange vorher die dramatischsten Appelle nicht mehr vor schlimmsten Wellen von Ausländerfeindlichkeit schützen würden. Und solche Ausländerfeindlichkeit käme übrigens auch dann zum Zuge, wenn man der Presse verbieten würde, das Problem überhaupt beim Namen zu nennen. Das hat nicht mit spezifisch deutschen Unarten zu tun, es liegt einfach an der Natur der Menschen, die sich – vielleicht mit unterschiedlichen Toleranzgrenzen – in allen Völkern zeigt.

Eine der Fragen, die sich bei den entsprechenden Vorstellungen von Politikern oder auch von so großen intellektuellen Geistern wie Jürgen Habermas aufdrängen, ist die, wieviel man in führender Position eigentlich von anderen Menschen an Leistungen bzw. Opfern für den intellektuell konzipierten Staat einfordern darf. Politiker tragen jedenfalls auch die Verantwortung dafür, daß ihre Mitmenschen nicht überfordert werden. Niemand, der an sich selber hohe sittliche Maßstäbe anlegt, die von der je eigenen Interessenlage absehen, ist befugt, dieses Maß an Anforderungen auch auf andere zu übertragen, sofern es nicht um die Unterlassung von Schädigungen Dritter geht.

Noch nachdrücklicher gilt es, dies zu bedenken, wenn sich diejenigen, die entsprechende hehre Anforderungen stellen wollen, nur noch dem Zungenschlag nach mit dem einfacheren Mann solidarisieren. Als Mitglieder der vorteilsgewohnten Politikerkaste pflegen sie selber und ihre Frauen und Töchter das Leben in unmittelbarer Nachbarschaft von Wohnheimen mit Asylbewerbern nicht zu kennen. Sie wohnen nicht in relativ beengten Verhältnissen, in denen die ganz andere Lebensart des Mieters in der Wohnung darüber eben doch einen Verlust an Lebensqualität bedeuten kann. Sie schicken ihre Kinder auch kaum auf Schulen, in denen viele Klassen Ausländeranteile von mehr als 50 Prozent aufweisen.

Die ganze edle Hilfsbereitschaft der Gesinnungsfesten hat eben oft gar nicht wirklich mit eigener Hilfsbereitschaft zu tun. Gemeint sind in der Regel andere, zu deren Lasten man so großzügig Hilfe leisten will, „die Wirtschaft“ oder „der Staat“ usw. Der Opferwillen zu Lasten Dritter entlarvt sogar mitunter die zur Schau gestellte Menschlichkeit als geschickt getarnten Versuch der Systemüberwindung. Denn wenn auch der „real existierende Sozialismus" nicht mehr existiert: Die Träume von einer grundsätzlich besseren Welt hat es schon vor seiner Entstehung gegeben, und sie werden weiter geträumt werden, solange der Mensch über die Besserung seiner Verhältnisse nachdenkt.

Und auch nach der Einführung der restriktiven Bestimmungen zum Asylrecht hat sich im Rahmen der Verfassungsdebatte aus Anlaß der deutschen Wiedervereinigung bis in den Sommer 1994 gezeigt, daß die Ideen von einer multikulturellen Gesellschaft keineswegs vergessen waren. Da lautete nämlich einer der vorgeschlagenen Verfassungszusätze: „Der Staat achtet die Identität der ethnischen, kulturellen und sprachlichen Minderheiten." Die Konsequenz dieser Bestimmung, die zunächst einmal zur Enttäuschung ihrer Autoren im Bundestag nicht die nötige Zwei-Drittel-Mehrheit gefunden hat, wäre auf lange Sicht jedenfalls weittragend gewesen: Nicht nur den Dänen und Sorben, die als Minderheiten ohnehin den Schutz des Grundgesetzes genießen, sondern auch Zuwanderer hätten nach dieser Regelung Schritt um Schritt als Gruppen Sonderrechte einfordern können.

Ohne eine solche Bestimmung aber, und das haben die Befürworter einer multikulturellen Gesellschaft sehr wohl bemerkt, findet aller Multikulturalismus in der Einheitlichkeit der Rechtsordnung, in der Gleichheit aller Bürger vor dem Gesetz eine klare Schranke. Speziell die Grundrechte des Grundgesetzes bedingen ja – und darauf haben natürlich auch schon andere hingewiesen – eine Gesellschaftsordnung, die sich gar nicht mehr ohne weiteres „multikulturell" nennen kann.

Was nämlich sollte denn wohl in der empfohlenen multikulturellen Gesellschaft geschehen, wenn z. B. Religionsgruppen mit Wurzeln in anderen Kulturräumen die dort typischen Freiheitsbegrenzungen von Mädchen in den Schulen oder von Frauen im Berufsleben glauben durchsetzen zu dürfen? Jedermann weiß nur zu genau, daß sich der Staat darauf nicht einlassen darf und daß deshalb die multikulturelle Gesellschaft nur eine mehr folkloristische Verschiedenheit im Rahmen der geltenden Verfassungs- und Gesetzesordnung bedeuten kann.

Ausgerechnet „Die Zeit" war es nun, die am 3. September 1993 ein Urteil des Bundesverwaltungsgerichts kritisierte, das es einer jungen

Türkin gestattet hatte, mit Rücksicht auf den Koran vom Sportunterricht befreit zu werden. Das harmlos erscheinende Urteil, so das Blatt, könne weitreichende Folgen haben, denn hier werde ein schwieriger Konflikt zwischen völlig verschiedenen Wertvorstellungen ausgetragen. Was solle geschehen, wenn junge Türkinnen „zwangsverheiratet werden, wenn ihnen der Schulbesuch oder die Berufsausbildung von den Eltern verweigert wird, wenn Ehefrauen zu Hause wie Gefangene gehalten werden".

In der Tat, die Beobachtung trifft zu, und der erwähnte, abgelehnte Verfassungszusatz hätte solche Entwicklungen noch weit mehr begünstigt. Jene Politiker wie Heiner Geißler, die trotz solcher Konsequenzen immer noch nicht zur Einkehr gefunden haben und dann auch noch meinen, die Aufklärung zur Rechtfertigung ihrer Idee anführen zu können, werden selber zur Gefahr für diese Aufklärung. Eine große Errungenschaft des liberalen Rechtsstaates wird preisgegeben, wenn in einer Gesellschaft nicht mehr prinzipiell der Bürger, das Individuum, sondern vermehrt die Gruppe dem Staat gegenüberträte.

Welche Möglichkeiten sich bei solchen Entwicklungen eröffnen, haben übrigens auch schon andere begriffen: Bei der Diskussion um die doppelte Staatsbürgerschaft geht es ja letztlich ebenfalls darum, daß ein Teil der Bevölkerung die Möglichkeit erhält, sich je nach Gusto (und Wohnort) für die Rechte aus der einen oder der anderen Staatsbürgerschaft zu entscheiden. Bezeichnenderweise war es der türkische Staatspräsident Demirel, der für die in Deutschland lebenden Türken die doppelte Staatsbürgerschaft befürwortete. Demirel ließ sogar durchblicken, daß die Türkei damit einen Fuß in der Tür der Europäischen Union haben würde; er weiß jedenfalls, wo im Zweifel die Loyalität seiner Bürger in Deutschland steht. Und dazu, welche Rechte Deutsche im Gegenzug in der Türkei genießen, wird der Präsident ohnehin noch nicht einmal befragt.

In einzelnen Lebensbereichen sind im übrigen die Probleme einer multikulturellen Gesellschaft schon hautnah zu erkennen. Das deutsche Kind beispielsweise, das in eine Schulklasse mit hohem Ausländeranteil geht, wird mutmaßlich in seiner Entwicklung dadurch beeinträchtigt, daß es in der Schule unterfordert bleibt; und das Ausländerkind, das vielleicht die besten Voraussetzungen mitbringt, aber in einer mehrheitlich von deutschen Kindern besuchten Klasse im Deutschunterricht nicht mithalten kann, ist ungerecht benachteiligt.

Gewiß wird man es als Vorteil anerkennen müssen, wenn gerade junge Menschen schon Toleranz gegenüber Angehörigen möglichst vieler anderer Völker lernen. Aber mit dem Lernzweck Toleranz ist es beileibe nicht getan, auch wenn in einigen deutschen Bundesländern lange genug das Leistungsprinzip mit immer neuen Experimenten hinsichtlich der Schulformen nach Kräften verwässert wurde, um die menschlich gebotene Chancengleichkeit zur materiellen Bildungsgleichheit fortzuentwickeln. (Erst seit sich abzeichnet, daß man so eher die Gleichheit der Bildungsschwäche erreicht hat, wird hier – wie etwa im Land Nordrhein-Westfalen – wenigstens die Einführung vergleichender Maßstäbe diskutiert.)

Alle Anstrengungen für die Integration von Ausländern auch über das Wahlrecht und sonstige Rechte können jedoch kaum darüber hinwegtäuschen, daß es in der Regel mehrere Generationen lang dauert, bis die Abkömmlinge der Einwanderer alle Chancen der bundesdeutschen Wirtschafts- und Gesellschaftsordnung nutzen können. In einer im März 1992 der Öffentlichkeit vorgestellten Untersuchung von Umfrageergebnissen des Wissenschaftszentrums Berlin für Sozialforschung (WZB) hieß es, erst in der dritten Einwanderergeneration bestünden in der Regel Chancen für einen sozialen und ökonomischen Aufstieg. Solche Angaben liegen durchaus in vergleichbaren Trends anderer Länder, darunter auch formeller Einwanderungsländer.

Wer sich über solche Daten entrüstet und bessere Chancen für zugezogene Ausländer in der deutschen Gesellschaft fordert, setzt dabei offensichtlich ein Menschenbild voraus, das es so nicht gibt, das aber in der alten Bundesrepublik für die Diskussionen der sich selbst so bezeichnenden Intelligenz eine erhebliche Rolle spielte. Man sah sich als Vorkämpfer eines „postnationalen" Zeitalters. So etwas wie Nationen gab es zwar ringsum in Europa und überall auf der Welt, aber in der Bundesrepublik sah man sich über alles Nationale emporgehoben, sah sich insofern endgültig geläutert, nachdem während des Dritten Reiches im Namen des deutschen Volkes die unsäglichsten Verbrechen begangen worden waren.

Trotz aller aufgetretenen und auftretenden Probleme seit dem Beitritt der DDR zur Bundesrepublik hat indes diese Wiedervereinigung eine Vitalität des nationalen Zusammengehörigkeitsgefühls dokumentiert, mit der allenfalls die deutschen Nachbarn, nicht aber die

Deutschen selber gerechnet hatten. Wenn auch seither ein etwas unwürdiges, demokratie- und pluralismustypisches Gezerre darum abläuft, wer die Lasten der Einheit zu tragen hat und wer dafür schon gar nicht in Betracht kommt, bleibt doch immer noch der zugrunde liegende Konsens unbeschädigt, der sich in der Einsicht manifestierte, daß etwas anderes als der schnelle Beitritt nicht in Frage kam.

Die Menschen in den neuen Bundesländern haben sich, bestärkt durch den gewaltigen Mißerfolg des Sozialismus, von dem seit dem 30. Jahrestag des Bestehens der DDR im Jahre 1979 geltenden Ziel der SED nicht beeindrucken lassen, daß man ein „sozialistisches deutsches Nationalbewußtsein" und den „sozialistischen Patriotismus" entwickeln und festigen wolle. Nationen als Schicksalsgemeinschaften, die sich über Jahrhunderte herausgebildet und etwa seit dem 19. Jahrhundert offen also solche zu artikulieren begonnen haben, beeinflussen offenbar die Entwicklung der Menschen mehr, als von manchen Theoretikern vermutet.

Den Weltbürger von Nirgendwo gibt es allenfalls in Ausnahmefällen. Das rundum rational konzipierte Menschenleben scheint undenkbar. Menschen leben in Gemeinschaften, spielen Rollen, entwickeln Gewohnheiten, die keiner prägnanten rationalen Steuerung mehr bedürfen. Sie üben in diesem Sinne zahllose Dinge ein, die nur in einer ansonsten vertrauten Umgebung Bestand haben, um so die Basis zu gewinnen für höhere Leistungen, für Aktivitäten, die ohne volle Vernunftpräsenz nicht möglich wären.

Die notwendige Vertrautheit mit der Umgebung, wie das soziale Umfeld im Normalfall Garant psychischer Stabilität, läßt die Menschen ebenso „geschichtlich" werden wie ihr jeweiliger Organismus es ist, der sich in den Rhythmus des Werdens und Vergehens einfügt. Ein untrüglicher Indikator für ihre Geschichtlichkeit ist sogar, daß mehr und mehr Menschen angesichts der psychischen Belastungen durch das moderne Berufsleben, durch den technischen und sozialen Wandel ihren Blick zur Vergewisserung zurücklenken in die Vergangenheit. Die Museen haben Konjunktur, wie etwa der Zürcher Philosoph Hermann Lübbe in diesem Zusammenhang ausgeführt hat, und die Heimatvereine haben beachtlichen Zulauf.[1]

Auch das Leben in einer Nation und in einem Staat, der dieser Nation und ihren Wertsetzungen Kontinuität garantiert, gehört in diesen Kontext. Ob sich eine solche nationale Zuordnung durch größere Gebilde ablösen läßt, mochte man in den Zeiten der Europa-Begeisterung der alten Bundesrepublik noch mit viel Engagement diskutieren. Es dürfte heute keine so wesentliche Rolle mehr spielen, weil die Einsicht allgemein geworden ist, daß dieses Europa nur eine Sache der Vernunft, der wirtschaftlichen Rationalität usw. ist, aber mit gefühlsmäßiger Bindung kaum zu tun hat. Das (geplante) vereinte Europa gehört insofern gerade in jene Rationalitätsdimension, der gegenüber das Vertraute zunehmend verteidigt wird.

Die moderne Marktwirtschaft mit ihren grenzüberschreitenden Verbindungen, die rein wirtschaftsrational gesteuerten international tätigen Konzerne, der ganze Zwang zur Rationalität des Berufslebens einer wachsenden Zahl von Menschen lassen das Spannungsverhältnis ja nur um so deutlicher werden: Menschen leben in der Geschichte und sind doch als Vernunftwesen stets über sie hinaus.

Es ist aber nicht problemlos, das rational Konstruierte gegenüber dem naturhaft Gewachsenen überzubetonen. In diesem Sinne entspringen auch die Vorschläge für eine multikulturelle Gesellschaft den Wunschträumen von Zukunftsarchitekten, die sich nicht klarmachen, daß man nicht immer in Zeiten verteilungsfähiger Schönwetterdemokratien lebt. Wie hätte wohl eine multikulturelle Gesellschaft auf dem Boden der alten Bundesrepublik reagiert, wenn ihr Hunderte von Milliarden Mark für eine beitrittswillige DDR abverlangt worden wären?

Auch die sozialen Eruptionen, die im Frühjahr 1992 nach einem einzigen haarsträubenden Gerichtsurteil in Los Angeles und weiteren Städten der USA aufgetreten sind, haben mit schrecklichen Konsequenzen verdeutlicht, daß eine multikulturelle Gesellschaft der propagierten Art mit Problemen lebt, die nur schwer zu beherrschen sind. Gewiß, die amerikanische Gesellschaft und die von ihr bislang bevorzugte Politik haben eine bemerkenswerte Hartleibigkeit hinsichtlich sozialer Problemgruppen gezeigt. Die ihrer selbst überaus gewisse Überzeugung von der Richtigkeit des „American Way of Life“ war allerdings dadurch bedingt gewesen, daß man anders geartetes Verhalten in vielerlei Hinsicht tolerieren mußte, um als ein Staat, eine Gesellschaft, ein Volk - geeint unter dem Sternenbanner - dazustehen. Der Freiheit, zu leben wie man mag, entsprach die Härte, auch dem Schwachen die Verantwortung für seine Belange weitgehend allein zu belassen.

Los Angeles hat aber deutlich gemacht, daß es unter solchen Umständen mit der Integration gar nicht so sehr weit her ist, daß eben doch die meisten dem Frieden mißtrauen und ihre Waffen zu Hause bereithalten. Wie es jedoch in den USA aussehen wird und welche Hürden sie um sich herum errichten müssen, wenn sie die soziale Zuwendung staatlicherseits wieder verstärken, läßt sich noch gar nicht absehen. Wer dennoch ohne Not ähnliche Gesellschaftskonzepte entwickelt, muß sich sogar als Idealist in Frage stellen lassen, weil es fundierter Idealismus nicht nötig hat, vor Teilen der Realität die Augen zu verschließen.

Die Belastbarkeit eines Volkes, einer Nation hat mit der Fähigkeit zu tun, den Weg in die Zukunft zu bahnen. Gerade der Zerfall von Vielvölkerrepubliken wie die Sowjetunion und Jugoslawien macht ja deutlich, daß unter freiheitlichen Bedingungen der Konsens multinationaler Gebilde schnell dahin ist, wenn der Gürtel enger geschnallt werden muß. Deshalb scheint es auch für die Europäische Union nicht unbedingt empfehlenswert, die Schranken soweit niederzureißen, daß die Nationen in kritischeren Phasen den Eindruck gewinnen könnten, sie seien nicht mehr in der Lage, sich selbst zu bestimmen.

Wie hat es der polnische Philosoph Leszek Kolakowski zum Ausdruck gebracht? „Geschichte wirkt ... immer als Bindemittel, durch welches ein Volk sich exklusiv identifiziert und sich der ganzen Welt exklusiv gegenüberstellt“.[2] Nichts an solchem Gedanken einer Nation muß in irgendeiner Weise überhöht werden. Es handelt sich einfach um eine spezifische Art von geschichtlich gewachsenem, sozialem Konsens, der mehr aus gemeinsamer Not als aus gemeinsamem Überfluß entsteht.

Die Tatsache, daß die Deutschen seit der Wiederherstellung ihrer staatlichen Einheit den Drang zum vereinten Europa weit weniger spüren als zuvor, dürfte dafür sprechen, daß die Wiederherstellung des lange Zeit abgrundtief gestörten Konsenses Vorrang vor neuen Optionen hat, Optionen, die man sich vielleicht auch in Zukunft gar nicht mehr so wünscht, weil das Europa, was da von Politikern konzipiert wurde, im Grunde nur bürokratischer Rationalismus und eben nicht wirklich eigene Geschichte ist.

So wünschenswert es sein mag, daß Verständnis für möglichst alle Menschen auf der Welt angestrebt und gepflegt wird: Nichts geht daran vorbei, daß eine Sozialisation im Sinne des deutschen Rechts- und Sozialsystems stattzufinden hat und daß die Kosten entsprechender Sozialisationseinrichtungen (wie z. B. weitgehende Förderkurse für Ausländerkinder) vor dem Horizont all dessen verantwortet werden müssen, was außerdem noch mit staatlichen Mitteln zu tun ist. Daß in diesem Sinne besonders die Bundesrepublik, die auch noch den Löwenanteil der Hilfsmaßnahmen für Osteuropa getragen hat und der EU gewaltige Nettobeträge zuschießt, derzeit überfordert wird, sollte jeder einsehen können.

Geht man den Motiven für solche Überforderung nach, scheint es unausweichlich, die Gruppenmoral bestimmter Segmente der pluralistischen bundesdeutschen Gesellschaft aufzugreifen. Der Blick für das Ganze des Staates geht offensichtlich allzu vielen Menschen völlig verloren, so daß sie bei anderen stets unermeßlich große Ressourcen vermuten, Ressourcen, die sie in die Verfügungsgewalt des Staates gestellt sehen möchten. Die ganze Forderung nach einer multikulturellen Gesellschaft wird mutmaßlich nur deshalb so leichthin aufgestellt, weil das Denken eines Großteils der Menschen inzwischen mehr durch die Sichtweise der jeweiligen Gruppen als durch die Einheit des Staates und seiner Rechtsordnung geprägt ist.

Der Pluralismus begünstigt solchermaßen eine fortschreitende Erosion der jeweils eigenen Verantwortung gegenüber dem staatlichen Ganzen, wobei obendrein durch die europäische Integration das vermeintliche Ganze zu einem unübersichtlichen Basar allseitigen Feilschens wird. Für einen solchen europäischen Moloch aber ist schon niemand mehr bereit und in der Lage, wirkliche Verantwortung zu tragen. In Anbetracht einer derartigen Diffusion der Staatsfunktionen können sich auch so etwas wie Verantwortungsbewußtsein und Pflichtgefühl gar nicht mehr ausbilden. In der Unausgegorenheit der europäischen Idee, die als gemeinsame Substruktur aller Staaten Europas etwas sehr Vernünftiges sein könnte, hat sich freilich das pluralistische Denken der Gegenwart eine Hochburg zur Sicherung seiner partikularistischen Anliegen errichtet.

Über alledem darf aber kein Zweifel daran bestehen, daß die internationale Verständigung, die Mitmenschlichkeit gegenüber jedem Ausländer identisch ist mit Mitmenschlichkeit überhaupt. Wo es darum geht, Hilfsbedürftigen zu helfen, kann die Nationalität des Menschen keine Frage sein. Hier mag der einzelne unendlich viel tun, sich sogar selber im Dienst an den Notleidenden anderer Völker aufopfern. Solches Verhalten von einem Staat zu fordern, ist dagegen nicht zu rechtfertigen. Ein Staat trägt in allererster Linie Verantwortung gegenüber seinen Bürgern, machen die Organe des Staates hiervon Abstriche, stellen sie den Staat in Frage. Und mitunter entsteht der Eindruck, genau das sei von vielen Befürwortern einer multikulturellen Gesellschaft gewollt.

Bei aller Hilfsbereitschaft sollte – nochmals sei es betont – nicht übersehen werden, daß es Ziel sein muß, die Länder der dritten Welt und ihre Menschen dazu zu bringen, für sich selbst die volle Verantwortung zu tragen. Unverkennbar besteht nach dem Dargelegten aber ein Spannungsverhältnis zwischen dem, was ich rein als Mensch dem Mitmenschen überall auf der Welt schulde, und meiner Zugehörigkeit zu einem Staat. Nun mag ich mich für mich selber bemühen, mit Spenden oder – weit besser und doch leider fast unmöglich – mit eigenem unternehmerischen Engagement in einem Land der dritten Welt das Los der Menschen dort zu wenden. Ich muß dann aber gleichwohl respektieren, wenn andere dies nicht tun und ihren Lebenskreis in ihrer Heimat erhalten wissen wollen.

Wenn das Leben in staatlichen Ordnungen rein aus faktischen Gründen praktisch überall auf der Welt unverzichtbar ist, dann kommt es niemandem zu, den Menschen des einen Staates gegen ihren Willen über den Mißbrauch eines Grundrechtsartikels Millionen von Angehörigen anderer Völker quasi ins Haus setzen zu wollen und so die bestehende Ordnung schrittweise umzustülpen. Die im Sinne einer universellen Moral notwendige Ausrichtung der Staaten zu sittlichen Zwecken kann deshalb nur so erfolgen, daß man die Leistungsfähigkeit ihrer Volkswirtschaft und die unternehmerische Verantwortungsbereitschaft der Bürger nach Kräften fördert und den Konsum bewußt eindämmt. Nur auf diesem Wege sind sie in der Lage, anderen Völkern Aufbauhilfe in großem Umfange zu leisten.

Es gilt also sehr wohl den Egoismus in den Industriestaaten zu bekämpfen, aber nicht so, daß man ihre Ordnungen durch den unbegrenzten Zuzug von Wirtschaftsflüchtlingen aus aller Herren Länder schwächt, sondern so, daß man den hauseigenen Konsum ihrer Bürger in Maßen hält bzw. einschränkt und Spielräume schafft für Investitionen in den bedürftigen Ländern im Sinne der dortigen Menschen wie auch im Sinne der Erhaltung des Planeten Erde.

[1] Hermann Lübbe, Zwei Seiten des Fortschritts, in: Die politische Meinung, Ausgabe 242, s. 21 ff. St. Augustin 1989, vgl. auch ders. Unsere Zivilisation distanziert sich von sich selbst, FAZ vom 18. September 1979.

[2] Leszek Kolakowski, Nach dem Tod des historischen Menschen, FAZ vom 14. April 1990.

Kapitel 11

Brücken zum Islam?

Wie sich in Fragen der angewandten Ethik zeigt, zwingt deren universeller Anspruch angesichts der Folgen heutigen menschlichen Wirkens und angesichts des Austauschs zwischen fast allen Regionen der Welt dazu, den Blick auch auf andere Länder und Kulturen zu richten. Dabei aber sind es vor allem zwei Aspekte, die nähere Beachtung verdienen:

Zum einen werfen die Lebensweisen und Probleme der Menschen und auch der sonstigen Kreatur überall auf der Erde in den Industrieländern die Frage auf, inwieweit die Menschen hier ihr Leben ändern müssen, um die Lebenschancen von Menschen in allen anderen Regionen nicht nur nicht zu schädigen, sondern möglichst zu fördern. Zum anderen aber – und dies gegen den fragwürdigen Grundsatz der Nichteinmischung in die Angelegenheiten anderer Staaten – stellt sich die Frage, ob die Lebensweisen in jenen anderen Ländern dem Anspruch genügen, mit den elementaren Rechten eines jeden Menschen und dem Anliegen der weiteren Existenz des Lebens auf der ganzen Erde vereinbar zu sein.

In einer Zeit, in der die Aufarbeitung der Konsequenzen aus dem Niedergang des Sozialismus noch im Gange ist, läßt sich nicht mit Sicherheit vorhersagen, ob und wo in Zukunft ein vergleichbarer Dualismus wie derjenige von freiheitlicher Marktwirtschaft und real existierendem Sozialismus auftreten wird. Einstweilen hat es aber den Anschein, daß auf der Seite der islamischen Welt eine begründete Option dafür besteht, sich als eine Art Gegenordnung zu den „westlichen" Lebensformen zu etablieren, auch wenn allen früheren Versuchen mit einer arabischen Variante des Sozialismus kein Erfolg beschieden war.

Als Idealtyp einer solchen Gegenordnung kommt in erster Linie dasjenige in Betracht, was sich im Einflußbereich der schiitischen Glaubensrichtung des Islam, also insbesondere im Iran tut. Wenn auch das politische Teheran seit dem Tod des Ayatollah Chomeini hier und da eine vorsichtige Distanz zu den Mullahs gewonnen zu haben scheint, so hat sich doch im Iran nicht etwa eine schiitisch gefärbte Variante der Marktwirtschaft ausgebildet. Auch die fundamentalistischen Strömungen, die sich allerorten innerhalb der sunnitischen Glaubensrichtung des Islam zeigen, bestärken die Annahme, daß vielen Menschen der islamischen Welt die Lebensweise der Industriestaaten nicht erstrebenswert scheint und daß sie nach Alternativen streben, die sie mit ihrem Glauben eher meinen vereinbaren zu können.

Als der Reclam-Verlag in Leipzig im Jahre 1901 eine Übersetzung des Korans veröffentlichte, schrieb der Übersetzer Max Henning gleich zu Beginn des Vorworts Bemerkenswertes nieder: „Ungefähr der siebente Teil der Menschheit bekennt sich zum Islam, der auch heute noch genügend Lebenskraft in sich verspürt, um in China, Indien und Afrika Jahr für Jahr neue Anhänger zu gewinnen, wennschon anscheinend seine politische Rolle ausgespielt ist.“ Allein solche Fehleinschätzung, die gewiß nicht zuletzt von der falschen Selbsteinschätzung vieler Europäer jener Zeit beeinflußt war, macht die Frage nach einer zuverlässigeren Deutung der tatsächlichen Kräfte des Islam zu einem Erkenntnisziel heutiger Sozialwissenschaft.

Während in den einstmals „christlichen“ Ländern Aufklärung und massendemokratische Wohlfahrtsorientierung ursprünglichere Elemente des Christentums zum permanenten Rückzug aus Rechtsinstituten und Institutionen gezwungen haben und weiter zwingen, versteht es der Islam, seinen Einfluß auf die Staaten seines Einzugsbereiches auszudehnen. Dabei dringen obendrein die Fundamentalisten vielfältigster Schattierungen – möglicherweise begünstigt durch die wirtschaftlichen Schwierigkeiten vieler dieser Länder – vor.

Selbst die kemalistische Türkei hat weitgehende Abstriche von der strikten Trennung zwischen Staat und Religion machen müssen, wie sie ihr Gründer Kemal Atatürk durchgesetzt hatte. Auf welche Staaten man in der islamischen Welt schaut, sie sagen auch etwas aus über die Menschen, die darin leben. Sie sagen etwas aus über deren Wahrnehmungsweise und über das, was sie nicht wahrnehmen oder von dem sie zu abstrahieren wissen. Die soziale Einbindung des Menschen beeinflußt ja auch seine Wahrnehmung. Dafür hatten sich schon mit Blick auf die Bundesrepublik Hinweise ergeben. Für die islamische Welt bzw. für größere Teile derselben aber fragt sich, ob sie überhaupt durchgängig den Realitätsbegriff der Menschen in den Industrieländern teilt und teilen will.

So hat etwa der Golfkrieg im Januar/Februar 1991 mit seiner verheerenden Niederlage für den irakischen Herrscher Saddam Hussein alle jene zur Ernüchterung gebracht, die dem Diktator von Bagdad bei dem von ihm propagierten „Dschihad islami“ zugejubelt hatten. Die Ausrufung des Heiligen Krieges gegen Israel nach der Annexion Kuwaits war eine scheinheilige Nutzung dieses Solidarisierungsmittels für ungezählte Moslems gewesen, womit die irakischen Großmachtträume gestärkt werden sollten. Dabei mußte allerdings von vornherein das Maß an Verblendung verwundern, das solchen Waffengang überhaupt möglich machte.

Die Vermutung lag auf der Hand, es könnte ein typisches Problem der islamischen Massen und ihrer Wortführer sein, ihre Realitätssicht durch entsprechende Selektion bei der Wahrnehmung zu verkürzen. Dann aber, so sollte man annehmen, hätte es eine Konsequenz der irakischen Niederlage sein müssen, daß das Ergebnis des Krieges für Millionen von betroffenen Menschen die Notwendigkeit einer Korrektur ihrer Realitätssicht deutlich gemacht hätte. Dafür sprechen die Anzeichen jedoch kaum.

Eher schon führte der Golfkrieg bei vielen Palästinensern, die während des Krieges einmal mehr auf den Falschen gesetzt hatten, zu mehr Realismus. Die ersten weitreichenden Schritte in Richtung auf einen Ausgleich zwischen Israel und den Palästinensern wie auch Jordanien im Sommer 1994 mögen insofern auch mit einer Art Erkenntnisgewinn aus dem Golfkrieg zu tun gehabt haben. Mit der Zulassung von Elementen eigener, palästinensischer Staatlichkeit durch Israel wurde die Entwicklung sogar hoffnungsvoller. Selbst blutigste neue Anschläge und die Ermordung des israelischen Ministerpräsidenten Izchak Rabin durch einen fanatischen Anhänger des orthodoxen Judentums konnten die neue Entwicklung nicht aufhalten, bis nach Neuwahlen in Israel die Arbeiterpartei durch den Likud-Block abgelöst wurde. Bei der von diesem gestellten Regierung aber konnte nun mit Bezug auf die israelische Seite die Frage gestellt werden, ob ihre Sichtweise der Realität gerecht wurde. Dort jedenfalls, wo erst einmal die volle Realitätssicht geteilt wird und die Menschen sich selber und einander richtig einzuschätzen lernen, besteht die Chance, daß der Fundamentalismus an Boden verliert.

Max Weber hat in seinen umfangreichen Vorarbeiten zu „Wirtschaft und Gesellschaft“ den „weltunterwerfenden Krieger“ als den Idealtyp dargestellt, den der Islam hervorbringe, während für das Christentum der „wandernde Handwerksbursche“ und für das Judentum der

„wandernde Händler" charakteristisch seien.[1] Diese Idealtypen kommen mit der heutigen Realität nicht mehr uneingeschränkt überein, auch nicht mit Bezug auf den Islam. Aber unter Berücksichtigung der geschichtlich unzweideutigen Gegebenheit, daß dieser – ausgehend von seinen arabischen Wurzeln – nach dem Tod des Propheten Mohammed binnen eines einzigen Jahrhunderts einen gewaltigen territorialen Eroberungszug angetreten hat, muß doch auch wieder etwas an der Beobachtung Webers zutreffen.

In Sure 9, 29 des Korans findet sich in diesem Sinne das Gebot zum Dschihad, zum heiligen Krieg gegen die Ungläubigen („Kämpfet wider jene, die nicht glauben an Allah..."). Aber es dürfte nicht schwerfallen, solche Gebote durch andere Aussagen zu relativieren, so daß wohl ein bestimmtes soziales Umfeld hinzugekommen sein muß, welches den Koran an dieser Stelle in bestimmten geschichtlichen Phasen wörtlich nahm und die Ungläubigen gemäß dem Befehl dieser Sure tributpflichtig zu machen suchte.

Die religionssoziologischen Phänomene, die sich an eine Religion anschließen bzw. mit ihr verbinden, werden jedenfalls auch durch vielfältige andere Momente bedingt als nur durch eine heilige Schrift. Die Akzeptanz einer Religion hängt vor allem auch von den Menschen ab, denen sie verkündet wird. Und hinsichtlich des Islam scheint dabei ein Solidarisierungseffekt eine Rolle zu spielen, der durchaus auch zu kriegerischen Abenteuern bereit war.

So hat Mohammed, von Medina kommend, seine Heimatstadt Mekka 630 bekanntlich mehr oder weniger erobern müssen, nachdem die gehobenen Kreise der Stadt seinen Lehren zunächst nicht zugänglich gewesen waren. Diese Stoßkraft der jungen Religion aber, die im Jahr 622 mit Mohammeds Zug nach Medina ihre Zeitrechnung begonnen hat, muß etwas zu tun haben mit der Weise, wie hier das Individuum in der religiösen und zugleich weltlichen Gemeinschaft, der Umma, aufging. Wo zum Dschihad gerufen wird, kann das einzelne Subjekt als Selbstzweck zumindest im Diesseits keine gehobene Position einnehmen, es wird anderem untergeordnet, wie es auch schon das „christliche" Mittelalter mit seinen Kreuzzügen kannte.

Obwohl der Islam – anders als das Christentum – keine wirkliche Missionierung betreibt, breitet er sich doch weiter aus und beweist damit seine Anziehungskraft. Die Vermutung, daß dafür vor allem die Geborgenheit des zum Leitbild erhobenen Kollektivs ausschlaggebend ist, hat viel für sich. Gegen Armut und Not, auf der Welt mehr denn je zu Hause und mehr denn je herausgefordert durch den Reichtum weniger, hat der Koran zwar kein politisches Konzept. Aber er bietet doch immerhin Ansätze für Programme: „Und die Menschen waren nur eine Gemeinde (Umma). Und sie wurden uneins …", heißt es in der 10. Sure. Die Rückkehr zu solcher Gemeinde könnte ja vielleicht doch alle Probleme lösen.

Für individualistische Positionen scheint vor solchem Hintergrund kein Raum zu sein, ja sogar die Frage nach Nationen und Staaten wirft hier Schwierigkeiten auf: Müßte das Ziel nicht eine einzige, riesige Gemeinde sein, soweit eben der (nur auf Arabisch verbindliche) Koran Menschen im Namen Allahs versammelt? Freilich läßt schon das Schisma zwischen Sunniten und Schiiten solche Gemeinschaftsideen auch für den gläubigen Moslem fragwürdig werden. Die mögliche Intensität des Zusammenhalts über das Trennende hinweg gibt zumindest beträchtlichen Stoff zum Nachdenken in den westlichen Industriestaaten.

Liberalere Sunniten jedenfalls, die mit den Europäern zusammenzuleben gewohnt sind, legen großen Wert auf ihre Abgrenzung gegen die schiitische Glaubensrichtung, wie sie vom Teheraner System repräsentiert wird. Aber wenn es auch etwa einem Sunniten versagt ist, unter einem schiitischen Imam zu beten, sollte man doch die möglichen Querverbindungen nicht unterschätzen, die sich allein durch die gemeinsame heilige Schrift und die gemeinsamen heiligen Stätten ergeben.

Viele unter den fachkundigen, nicht islamischen Beobachtern dieser Weltreligion sehen bis zum heutigen Tage keinen Ansatz dafür, daß sie über eine historisch-kritische Prüfung des Korans den Weg zu einer innerlich überzeugten Toleranz gegenüber den „Ungläubigen" finden könnte. Geistige Strömungen, die das selbständige Individuum der Gleichschaltung durch die berufenen Koranschulen entgegensetzten, sind nur bis etwa zur ersten Jahrtausendwende möglich gewesen. Ein Denker wie der Grieche Aristoteles, der bekanntlich dem Abendland über die arabische Welt vermittelt worden ist, hat im Islam nicht wirklich Fuß gefaßt. Der Koran gilt heute eben durchweg als unmittelbare Offenbarung Allahs und wird daher nicht als geschichtlich bedingte Schrift angesehen.

Auch die sogenannten „Hadithe", angebliche Aussprüche Mohammeds, die neben dem Koran als Glaubensquellen gelten, ändern an dieser Sichtweise nichts. Sie waren wohl bald nach Mohammeds Tod aufgekommen, um die Religion nach ihrem schnellen Siegeszug den neuen Erfordernissen anzupassen. Die Aussprüche spielen bis zum heutigen Tage eine beträchtliche Rolle für die Gläubigen, erschließen sich dem Außenstehenden aber nicht leicht. Wo indessen die im westlichen Kulturraum entstandenen geisteswissenschaftlichen Methoden nicht zur Verständigung genutzt werden können, bleibt eine unüberbrückbare Distanz, ein Hiat im Verhältnis zum Islam.

Für Außenstehende seinerzeit kaum der Rede wert und doch an sich unerhört aussagekräftig war die Tatsache, daß noch 1985 in Khartum, der Hauptstadt des Sudan, ein hochgestellter Moslem hingerichtet worden ist, der aus seiner Glaubensüberzeugung heraus über Reformen des Islam nachgedacht hatte und wegen solcher vermeintlichen Ketzerei zum Tode durch den Strang verurteilt wurde. Scheich Mahmud Mohammed Taha, der als außerordentlich fromm gegolten hatte, war den fundamentalistischen Eiferern zum Opfer gefallen, denen eine Art Aufklärung und, davon abhängend, ein weltlicher Staat als Verbrechen wider den rechten Glauben gilt.

Viel spricht dafür, daß die Ablehnung jeder Aufklärung, der explizite Anti-Modernismus, mit der Abstoßung großer Teile der islamischen Welt vom Westen zu tun hat. Die erdrückende Vorherrschaft der westlichen Zivilisation mit ihrer Beherrschung der Technik und ihren unübersehbaren negativen Begleiterscheinungen – um nicht zu sagen: ihren vielfältigen Anzeichen von Dekadenz – schafft offenbar denen im Islam Auftrieb, die jeden Dualismus von Staat und Gesellschaft und somit auch von Staat und Religion ablehnen. So wird fast zwangsläufig Gottesherrschaft zur islamischen Spielart des Totalitarismus, wie der Göttinger Politologe Bassam Tibi ausgeführt hat. Demokratie und Gottesherrschaft, so Tibi in einem Artikel, sind für islamische Fundamentalisten „einander ausschließende Systeme".[2]

Wenn die Selbstbestimmung des Menschen als Unglauben abgewiesen wird (so Tibi), müssen islamische Eiferer zwangsläufig in den freiheitlich-demokratischen Staaten als Verfassungsfeinde dastehen. Und da hilft dann auch kein Schönreden und keine Entfeindungsliebe mehr, zumal eben für viele Moslems als solche aus dem Vergleich mit dem Westen zahllose Verletzungen ihres Selbstwertgefühls resultieren und sie deshalb am Hergebrachten um so mehr festhalten.

Für viele der Gläubigen käme heute wohl die Übernahme der historisch-kritischen Methode für die Koran-Interpretation einer Preisgabe des Korans an ungläubige Machenschaften gleich. Solche Interpretation setzt zudem auf der Seite des interpretierenden Subjekts schon eine durch Aufklärung erfolgte Befreiung von den Dogmen der Umma, von der Absolutsetzung der Schriftworte voraus.

So wirken denn auch manche erwähnenswerten Bemühungen von seiten christlicher Theologen, die für mehr Verständnis zwischen den Weltreligionen werben, gelinde gesagt einseitig. Auch der seines kirchlichen Lehramts enthobene Theologe Hans Küng, der mit der Vision von demjenigen argumentiert, welcher jenseits aller Religionen steht, kommt mit seinem weitgehend rationalistischen Ansatz – beispielsweise in dem Werk „Theologie im Aufbruch“ – nicht über solche Hürden hinweg.[3] Es ist eben nicht zu leugnen, daß die grundlegenden Glaubenssätze des Islam gar nicht erst einer rational prüfbaren, systematischen Erhellung und evtl. sogar Weiterentwicklung zugänglich gemacht werden.

Wie sich Rationalität und mit ihr Ethik im islamischen Denken nicht haben uneingeschränkt verselbständigen können, so findet auch das Recht keine Abgrenzung gegenüber dem Glauben, wobei sich im Schiismus die Irrationalität des heiligen Rechts noch weiter steigert. Zwar gibt es hier, wie schon Max Weber erwähnt, eine umfassende Rezeption hellenischen und römischen Rechts, aber sie werde als Fortbildung des Korans in Anspruch genommen, erklärt er.[4]

Der weltliche Staat, wie ihn Kemal Atatürk – gestützt auf seine Armee – in der Türkei etabliert hatte, ist heute vor allem unter den arabischen Staaten mit überwiegend islamischer Bevölkerung kaum in Ansätzen zu finden, und er befindet sich – wie erwähnt – auch in der Türkei in der Defensive. Längst scheint es nicht mehr ausgeschlossen, daß eines Tages auch in der Türkei die Fundamentalisten die Übermacht gewinnen. Der von ihr begehrte Beitritt zur Europäischen Union stellt insofern für die Europäer ein heikles Problem dar: Nimmt man die Türkei antragsgemäß schließlich doch in die EU auf und fällt das Land am Bosporus dann dennoch in die Hände der Fundamentalisten, hat Europa - vielfach verstärkt gegenüber den bisherigen Ansätzen – die Malaise sozusagen in den eigenen Grenzen. Verschleppt man von seiten der EU aber, wie es sich durch Äußerungen der EVP-Regierungschefs im Frühjahr 1997 abzeichnet, alle ernsthaften Beitrittsverhandlungen und fällt die Türkei in solcher Phase endgültig in die Hände von Fundamentalisten, werden die

Unterlegenen in der Türkei der EU die Hauptschuld an solcher Entwicklung zu geben wissen.

Sieht man einmal von der besonderen türkischen Staatsform ab und räumt auch hinsichtlich Ägyptens schon einen Sonderfall ein, läßt sich jedenfalls zumindest als Tendenz durchgehend feststellen, daß der Islam in den von ihm beeinflußten Staaten das selbständig-kritische Subjekt nicht zur Geltung kommen läßt. Er zieht die Menschen als Selektionsschema in einer vom Westen beeinflußten, komplexer werdenden Welt an, und dann ist er auch wieder Bedingungsgefüge für den Haß vieler seiner Gläubigen auf den Westen und vor allem auf die USA.

Wenn aber selbst die für das Kriegerideal vieler Moslems unfaßliche technologische Übermacht der Militärmacht USA im Golfkrieg die Menschen nicht zur selbstkritischen Prüfung ihrer Lebensdogmen zu veranlassen in der Lage war, kann auch hinsichtlich der Ausbildung eines offeneren Realitätsbegriffs die Prognose nicht sehr gut aussehen. Zu viele Moslems werden sich weiterhin wegen ihrer Unterlegenheit kränken, deren Wurzeln sie nicht in Frage zu stellen bereit sind.

Sogar die Tatsache, daß insbesondere mit den Saudis im Golfkrieg auch Moslems auf der Seite der Sieger gestanden haben, hat an dem geschilderten Bild nichts geändert, weil selbst die nationale Begeisterung in Saudi-Arabien die Menschen in ihrer großen Mehrheit nicht dazu gebracht hat, die Grundlagen ihres Erfolges zu erkennen und darauf quasi aufzubauen. Auch das saudische Königshaus scheint insoweit jeder Modernisierung abhold geblieben zu sein und sieht sich deshalb inzwischen wohl noch verstärkt in der Zange von Aufklärung und Fundamentalismus.

Die Kenntnis von Waffentechnik und moderner Kriegsführung, überhaupt die Kenntnis moderner Technik reichen offensichtlich nicht aus, das seiner selbst gewisse Subjekt zur unverzichtbaren Voraussetzung zu deklarieren, ein Subjekt, welches mit logischen Mitteln auch über seinen Glauben zu reflektieren im Stande ist. Dadurch, daß in naturwissenschaftlich-technischer Erkenntnis als solcher das geschichtliche Subjekt keine Rolle spielt, ist die Entdeckung der je eigenen Subjektivität in ihrer individuellen Verantwortung kein zwingender Vorgang der skizzierten Entwicklung.

Wer in früheren Jahren hin und wieder die Stellenangebote arabischer Universitäten in Zeitungen der Industriestaaten studiert hat, wird jedenfalls bestätigen, daß es dabei kaum Angebote für geisteswissenschaftliche Fakultäten zu geben pflegte. In den Geisteswissenschaften liegt ja auch für den Islam hinsichtlich einer Entwicklung des Subjektbegriffs zweifelsohne die größere Gefahr.

Ob allerdings auf längere Sicht eine technisch-naturwissenschaftlich ausgebildete Akademikerschaft ihre Rationalität vor den Dogmen des Islam haltmachen läßt und die angeblich von seiner Geschichtlichkeit nicht berührte Geltung des Korans hinnimmt, steht auch noch nicht fest. Jedenfalls wird sich die Idee der Umma immer weitergehende Ausdifferenzierungen gefallen lassen müssen, die schon ihrer Aufhebung gleichkommen dürften. Solche Entwicklung heißt freilich noch nicht zwingend eine Aufklärung im Sinne des Abendlandes.

Man gerät wohl in die der Möglichkeit nach endlosen Verstrickungen der Interpretation komplexer Texte, wenn man sich fragt, ob sich in der Bibel ein klarer Unterscheidungsgrund zum Koran findet, was das Verhältnis von Individuum und Gemeinschaft anbelangt. Die Vermutung scheint aber nicht abwegig, daß es das gänzlich andere Bild ist, das das Neue Testament von Jesus Christus zeichnet und das letztlich den Gläubigen in eine andere Mündigkeit führt als der Koran.

„Der Einzelne und sein Gott" sind jedenfalls – wenn man die vorerwähnten Gedanken zusammenfaßt – keine Perspektive, die als textergänzende, vertiefende Interpretation des Korans eine Rolle spielen. Die tröstliche Aussicht, daß den Gläubigen ein Jenseits bei Allah gewiß ist, läßt auch Verführern ungeahnten Spielraum, wie sie ja ähnlich im Christentum in früheren Jahrhunderten manches hervorgebracht hat, was heute unfaßlich erscheint.

Wendet man sich nach dem Dargelegten der Frage zu, wodurch sich denn Chancen für ein friedliches und gedeihliches Miteinander von Industrieländern und Islam, vielleicht auch von Christentum und Islam ergeben, sieht man sich auch bezüglich dessen, was hier der einzelne in seinem Wirkungskreis beitragen kann, zurückverwiesen auf die Moral. Ihr Anspruch ist universell, weil sich ihr Begriff an den Begriff des Menschen als solchen knüpft, nicht etwa nur an den Menschen, sofern er Christ oder sofern er Atheist ist. Der Universalität der Moral entspricht dabei naturgemäß ihre weitgehende Formalität.

Die Crux bei der Fragestellung nach der Möglichkeit eines Miteinanders auf der Basis einer alle Menschen verbindenden Moral scheint es nun zu sein, inwieweit sich das Individuum der Gemeinschaft einzufügen, sich ihr unterzuordenen hat. Bei allen „traditionsgeleiteten" Gesellschaften – um es mit dem amerikanischen Sozialwissenschaftler David Riesman[5] auszudrücken – bleiben dem Individuum keine sehr großen Spielräume. Und man könnte insofern die islamische Welt zumindest als weitgehend traditionsgeleitet bezeichnen.

Natürlich gibt es aber auch in ihr mittlerweile zahllose Menschen, die auf die eine oder andere Weise vermeintliche oder tatsächliche Errungenschaften der „außengeleiteten" Industriegesellschaften übernommen haben und laufend übernehmen. So gibt es infolgedessen auch eine wachsende Zahl von Menschen, die sich nicht mehr vom Hergebrachten bestimmen lassen, sondern neue Ausbildungen, neue Berufe usw. suchen, die ihre Heimatländer verlassen und andernorts ihren Berufen nachgehen.

Eine Kernfrage ist in solchem Zusammenhang auch, ob es dem Islam auf Dauer gelingen kann, seine Rollenfestlegungen für die Frau aufrechtzuerhalten. Was insoweit über die ungezählten Berührungsflächen und -punkte der moslemischen mit der westlichen Welt ausgelöst worden ist, läßt sich derzeit noch gar nicht abschätzen. Eine Art Frauenproblem hatte ja schon das Schisma von Sunniten und Schiiten maßgeblich bedingt: Mohammed hinterließ nur eine Tochter, wodurch die Frage seiner Nachfolge unlösbar wurde.

Nutzt man die Erkenntnisinstrumente David Riesmans, dann läßt sich die Möglichkeit ins Auge fassen, daß sich für ungezählte Moslems genauso wie in den Industrieländern die Zwischenstufe zwischen traditionsgeleiteter und außengeleiteter Verhaltensweise anbietet: der „innengeleitete" Mensch. Gründliche sozialwissenschaftliche Untersuchungen könnten vielleicht den Nachweis dafür bringen, daß solche Entwicklungen bereits im Gange sind. Immerhin leben ja heutzutage schon viele Moslems in den Industrieländern, ohne ihren Glauben preisgeben zu müssen. Wie lange aber lebt man in einer westlich geprägten Diaspora, ohne daß etwas von Aufklärung unter den eigenen Familienangehörigen Platz greift?

Unverkennbar gibt es fundamentalistische Bestrebungen auch beispielsweise in Deutschland, welche die einzelnen Moslems in den traditionsgeleiteten Verbund zurückzuholen am Werke sind. Und es ist aus Sicht freiheitlicher Staaten ein Verrat an der eigenen Sache, ein Verrat an ihrem Paradigma des selbstbestimmten Menschen, wenn sie in ihrer liberalistischen, pluralistischen Minderheitenseligkeit die Aufhebung der Befreiung islamischer Menschen innerhalb ihrer Grenzen dulden. Insofern hat der Tschador sehr viel mehr als nur symbolische Bedeutung.

Soweit aber die westliche Welt nicht zu dekadent wird, an ihren Idealen festzuhalten, bleibt den Moslems in diesen Ländern mit einer innengeleiteten Verhaltensweise eine lebbare Zwischenstufe, die sowohl für die westliche als auch für die islamische Welt zum Hoffnungsträger der Versöhnung von Demokratie und Islam werden dürfte. Ja, angesichts der sonstigen Herausforderungen dieser Welt dürften sich mit innengeleiteten Menschen stabilere Gesellschaftsformen ergeben, die beispielsweise wegen ihrer oft asketischeren Lebensweise gar nicht erst zu einem Raubbau an der sie umgebenden Natur tendieren.

Bedenkt man, daß solche Entwicklungsmöglichkeiten im Islam nicht auszuschließen sind, wird man jedenfalls zurückhaltend hinsichtlich der Annahme, die heutige Lebensweise in den Industriegesellschaften sei eine Art notwendige Durchgangsstufe zu Lebensformen, die allen Menschen auf der Erde eine gerechte Chance sichern. Aber selbst wenn man sich die schönsten Hoffnungen für die Zukunft machen wollte, ginge doch nichts daran vorbei, daß auch in der islamischen Welt demjenigen, was eine universelle Moral fordert, kaum durchgehend Genüge getan wird.

Sei es das Maß an Zurücksetzung der Frau in vielen islamischen Ländern, sei es die mittelalterliche Strafjustiz u. a. m.: Auch wenn man den Individualismus, der im Gefolge der abendländischen Aufklärung entstanden ist, nicht als Maß aller Dinge akzeptiert, entscheidet sich doch die Menschlichkeit einer Gesellschaft daran, ob sie jedem Menschen seinen Freiraum beläßt. Dem Zu-sich-Finden des Subjekts, der elementarsten Form der Aufklärung, welche in die Freiheit führt mit all ihrem Licht und all ihren Schatten, wird sich auch die islamische Welt nicht verschließen können, wobei es nicht auszuschließen ist, daß die solchermaßen „aufgeklärten" Menschen den Weg zurückfinden in eine geläuterte Umma.

Eine solche Entwicklung wäre jedenfalls auch aus der Sicht der westlichen Welt begrüßenswert, weil sich auf diese Weise stabile Formen eines Miteinanders abzeichnen, in denen jeder den anderen in seiner Lebensweise tolerieren könnte, ohne sich selber bedroht oder seine

Grundüberzeugungen gekränkt zu sehen. Die Frage, die sich insoweit an die westliche Welt richtet, wäre deshalb, ob sie den Weg in solche Entwicklungsrichtungen nicht klüger befördern könnte um des Gewinnes an Menschlichkeit willen.

Dabei dürfte es überdenkenswert sein, auf Grund welcher Faktoren es überhaupt zur Aufklärung in den „christlichen" Ländern gekommen ist und ob nicht unsere Erwartungen an die Aufklärung nach bestimmten historischen Mustern gefärbt sind. Die Aufklärung in Europa mag sogar einer historisch nicht so leicht wiederholbaren Konstellation zu verdanken sein, also mehr Zufall als entwicklungsgeschichtliche Notwendigkeit sein.

Allerdings gibt es im Vergleich mit den Entwicklungen freiheitlich-säkularer Staaten im Westen in der arabischen Welt wirkliche Staaten im heutigen Sinne – wenn überhaupt – noch nicht sehr lange. Aus der arabischen Weltregion ist der Islam hervorgegangen und in ihr hat er schon wegen der Sprache des Koran seine bleibende Basis. Könnte es nun sein, daß dort über eine gelingende staatliche Praxis zu einer modifizierten Aufklärung zu gelangen wäre? Oder fände solches vielleicht in einem der jüngeren islamischen Staaten weiter im Osten statt? Alles dürfte insoweit daran hängen, ob es Staaten in der islamischen Welt gibt, die in den Augen des größten Teils ihrer Bürger erfolgreich sind und an denen sie deshalb überzeugt festhalten.

Bislang hat es indes nicht den Anschein, als ob derlei Entwicklungen im Gange wären. Diejenigen, die sich eine bessere Bildung erlauben können, nutzen dieselbe ja nicht unbedingt, um dem einfachen Volk eine Art Aufklärung zu bescheren und so vielleicht ihre eigenen Chancen auf überproportionale Vorteile zu verschlechtern. Die Bildung dürfte nur zu leicht mehr im Sinne der Stabilisierung der bestehenden Gesellschaftssysteme instrumentalisiert werden. Und auch die bewußte Abwehr westlicher Einflüsse gereicht so manch einem zum Vorteil, weil sie die Anspruchslosigkeit der Massen zumindest zu stabilisieren geeignet ist.

Überdies lassen die zumeist autoritären und korrupten Regime die andersdenkenden Eliten eher in die fundamentalistischen Gruppierungen abwandern. Deshalb scheint eine Art Durchgang durch eine fundamantalistische Phase für viele islamische Staaten fast als die logische Konsequenz des derzeitigen Problemstandes.

Schon nach diesen knappen Erwägungen muß mithin das Anliegen problematisch erscheinen, in der islamischen Welt einen sozialen

Wandel dahingehend zu unterstützen, daß ein stabiles Miteinander möglich wird. Bei der auch in moralischen Fragen gebotenen Nüchternheit wird man sogar ein angemessenes militärisches Abschrekkungspotential bereithalten, wenn man nicht Gefahr laufen will, daß sich die Zahl möglicher Abenteurer auf den Stühlen verantwortlicher islamischer Politiker bedrohlich vermehrt.

Um hier erneut das Thema „Entfeindungsliebe" aufzunehmen: Dieser Liebe müßte man schon eine dezidiert nicht pazifistische Wendung geben, wenn es denn Liebe sein sollte. Alle Erfahrungen der jüngeren Zeit haben bewiesen, daß die radikalsten Fundamentalistengruppen im Islam nur Stärke auf der Gegenseite respektieren. Inwieweit zusätzlich eine positive Beeinflussung der Verhältnisse in einzelnen islamischen Staaten möglich ist, müßte nach der Methode „Trial and Error", Versuch und Irrtum, geklärt werden.

Daß die Industrieländer bei allen wirtschaftlichen und wohlfahrtsstaatlichen Erfolgen für islamische Staaten kaum Leitbilder sein können, liegt – auch nach den Ausführungen der früheren Kapitel – wohl auf der Hand. Viele Formen direkter Unterstützung von Staaten der islamischen Welt könnten sogar die innere Abwehr noch verstärken, weil Hilfe bekanntlich auch demütigen kann. Denkbar bleiben allerdings wirtschaftliche Kooperationsformen und sogar Direktinvestitionen, soweit dafür die nötigen Garantien zu erhalten sind.

Derlei Dinge spielen naturgemäß bei den islamischen Ölstaaten keine Rolle, wobei hier die Staaten und die Unternehmensmanager des Westens ihre moralischen Grundüberzeugungen ausgeklammert haben, um ins Geschäft zu kommen. Um so fadenscheiniger ist es dann aber um moralische Forderungen bestellt, die gegenüber armen Staaten erhoben werden. Unterläßt man es freilich ganz, zumindest mit seinem eigenen Beispiel für eine universelle Moral zu werben, entsteht auch kein gemeinsamer „Boden" für das notwendige Miteinander.

Der bereits erwähnte Grundsatz der Nichteinmischung wird jedenfalls auch deshalb so gerne hochgehalten, weil er nicht nur die der Kritik bedürftigen Staaten vor unangenehmen Forderungen schützt, sondern weil er die entwickelten Staaten mit funktionsfähigen Demokratien von der Pflicht zu entbinden scheint, für die Mitmenschlichkeit überall auf der Welt einzustehen. Und für das innere Gefüge pluralistischer Staaten erlaubt es dieser Grundsatz obendrein, manche Fragen, die zwischen den verschiedenen Gruppen strittig diskutiert werden, offenzulassen.

Immer wieder aber werden die demokratischen Staaten dennoch auch mit ihrer Außenpolitik vor Situationen geraten, wo sie sich zu der „Substanz“ bekennen müssen, auf der sie selber stehen: daß die Staaten um der Menschen willen da sind, daß der Mensch das Maß aller Dinge ist. Die Konfliktlinien mit dem Islam sind deshalb noch keineswegs überbrückt, soweit das Subjekt hier nicht wenigstens gleichrangig neben der Gemeinschaft steht.

Einstweilen hat es den Anschein, als könne sich die Waage noch nach beiden Seiten senken: hin zu der hier skizzierten oder einer ihr verwandten friedlichen Lösung oder hin zu jenem „Zusammenprall der Zivilisationen“, wie ihn der Amerikaner Samuel Huntington insbesondere für das Verhältnis von westlicher und islamischer Welt befürchtet.[6] Huntington hat bekanntlich die Konfliktlinien der Zukunft nicht mehr als solche zwischen Staaten, sondern als solche zwischen Zivilisationen prognostiziert. So umstritten seine Thesen inzwischen auch sein mögen, mit Blick auf das Trennende zum Islam verdienen sie Beachtung.

Von erheblicher Bedeutung dafür, wohin die Entwicklung tatsächlich läuft, dürfte es sein, ob die westliche Welt die Marktwirtschaft so auszugestalten und zu handhaben vermag, daß die rund zwei Millionen Moslems in Deutschland und die weiteren circa fünf Millionen Moslems in Frankreich und Großbritannien eine faire Chance im Arbeitsprozeß behalten bzw. bekommen, so daß der wirtschaftlich bedingte, dynamische Entwicklungsprozeß die laufende Gettobildung umkehrt. Je mehr moslemische Menschen dagegen – abgesehen wohl von den (europäischen) Bosniaken – unkontrolliert zuwandern, um so schlechter werden die Perspektiven für die erstrebenswerte Lösung im Sinne eines friedlichen Zusammenlebens.

Voraussetzung eines gelingenden Zusammenlebens scheint es deshalb nicht zuletzt zu sein, daß in den westlichen Ländern der durch die Aufklärung entstandene Individualismus nicht endgültig in die prinzipienlose Schwäche des reines Egoismus jedes einzelnen übergeht. Voraussetzung ist also, daß genügend viele Menschen in den westlichen Ländern als Individuen für eine Daseinsordnung der Gemeinschaft einstehen, die zu beliebigen Relativierungen nicht bereit ist. Ohne die fortdauernde Überlegenheit der westlichen

Waffensysteme möchte man freilich heutzutage kaum Wetten darauf wagen, daß nicht eines Tages doch wieder der „weltunterwerfende Krieger" Gesellschaftssysteme unterjocht, deren kampffähige Jugend sich zwischen dem Zivildienst und den Gängen zu Wohlfahrt verheißenden Ämtern zerrieben hat, Gesellschaftssysteme, in denen zuvor vielleicht schon Millionen Moslems solche „Befreiung" vorbereitet haben.

Für alle diejenigen, die sich gegenüber den islamischen Fundamentalisten wie gegenüber jedwedem Fundamentalimus auf die bequeme Position einer konturenlosen Toleranz zurückziehen wollen[7], sollte aber zum Abschluß dieses Kapitels noch hervorgehoben werden, daß ein gründlich geprüfter Begriff der Toleranz hier keinen Ausweg bietet. Die Grenze aller Toleranz ist nämlich zwingend dort zu ziehen, wo dem in seiner Andersheit tolerierten Menschen seinerseits Toleranz gegenüber Mitmenschen nichts gilt. Toleranz als die Duldung des anderen in seiner Andersheit kann also nur soviel heißen, daß diese Andersheit auch wieder vor der Andersheit jedes Dritten haltmacht. Die Tolerierung der Witwenverbrennung oder gar des Kannibalismus ist nicht universalisierungsfähig und hebt sich deshalb selber als vorgeblich fortgeschrittene, mitmenschliche Haltung auf.

1 Max Weber, Wirtschaft und Gesellschaft, Tübingen 1972. S. 311.

2 Bassam Tibi, Wer ist der Souverän, FAZ vom 20. April 1994.

3 Hans Küng, Religion im Aufbruch - Eine ökumenische Grundlegung, München, Zürich 1987.

4 Max Weber, a.a.O. S. 474.

5 David Riesman, Die einsame Masse, Reinbek bei Hamburg, 1957.

6 Samuel Huntington, The Clash von Civilizations?, Foreign Affairs Bd. 72, Heft 3, 1993.

7 Fukuyama a.a.O. S. 405 f. (vgl. oben 3. Kapitel).

Kapitel 12

Emanzipation

Themen wie die Not der dritten Welt oder wie der Islam lenken schon bei kurzer Betrachtung die Aufmerksamkeit auf die Rolle der Frau in den entsprechenden Gesellschaften. Und selbst wenn sich solche Sozialsysteme großenteils extrem von denjenigen der Industrieländer und darunter auch dem der Bundesrepublik Deutschland unterscheiden, fällt bei dieser Betrachtung zugleich in den Blick, daß es hier Rollenzuschreibungen vergleichbarer Art gibt. Mit Bezug auf die Industrieländer muß dies jedoch nicht sogleich auch zu der These führen, hier wären vornehmlich die Männer für die Rollenzuschreibung der Frau zuständig.

Die als solche nicht sozialen Ausgangsbedingungen für die erwähnten Rollenfestlegungen der Frau sind leicht festgemacht. Sie liegen vornehmlich in biologischen Gegebenheiten und vielleicht auch – evtl. damit zusammenhängenden – psychischen Dispositionen. Aus der Blickrichtung solcher Beobachter nun, die in Gesellschaften mit dynamischem sozialen Wandel leben, liegt verständlicherweise der Verdacht auf der Hand, daß die Rollenzuschreibungen zu Lasten der Frau oft genug weit mehr festlegen, als sich dies aus den biologischen Gegebenheiten begründen ließe.

In Gesellschaften, in denen der Wandel bewußt erlebt und mitvollzogen wird bzw. werden muß, unterliegen auch Rollendefinitionen und -zuschreibungen bewußt erlebbaren und teilweise beeinflußbaren Veränderungen. Selbst der Vater, der sieht, daß seine Tochter sehr begabt ist und vielleicht besser lernt als der Sohn, gerät mit seinen Rollenerwartungen mit Bezug auf die Tochter in Zweifel. Allein schon ein für Mädchen und Frauen offenes Bildungssystem eines Landes setzt insofern Diskussionen und Prozesse in Gang, die Rechtfertigungsdruck für Rollenklischees und die Herausbildung neuer Rollen zur Folge haben. So liegt die Forderung nach Emanzipation jedenfalls auf der Hand.

Man wird heutzutage sogar festhalten müssen, daß es eine Art Nebenprodukt des erwähnten Wandels ist, daß auch die Rollenzuschreibungen der Frauen in der dritten Welt einer kritischen Prüfung unterzogen worden sind bzw. werden, wie es von Beobachtern, welche selber aus den betreffenden Regionen stammen und ohne lange zwischenzeitliche Auslandsaufenthalte dort leben, kaum zu erwarten wäre. Soviel jedenfalls steht fest, daß allein schon den Wirtschaftssystemen vieler Entwicklungsländer durch die Rollenverteilung der Geschlechter gravierende Schäden zugefügt werden. Und hinsichtlich der rollenbedingten Übervölkerung gilt dies allemal.

Mit einer offensiveren Politik zur Veränderung der Rolle der Frau in vielen Ländern der dritten Welt tun sich jedoch die Industrieländer relativ schwer. Immerhin fand sich in der „Erklärung über Umwelt und Entwicklung“ des Umweltgipfels von Rio de Janeiro auch eine vorsichtig formulierte Passage zu diesem Thema: „Frauen haben eine vitale Aufgabe im Umgang mit der Umwelt und in der Entwicklung. Ihre volle Einbeziehung ist deshalb wesentlich, um eine nachhaltige Entwicklung zu erreichen.“

Solch vage Formulierungen beschreiben mehr das Niveau, auf dem derzeit ein Konsens zu finden ist, als die tatsächlichen Erfordernisse. Weit mehr wäre mutmaßlich allein schon dadurch zu erreichen, daß Entwicklungshilfe von der bindenden Zusage der unterstützten Staaten abhängig gemacht wird, auch Mädchen in das vorhandene und auszubauende Bildungssystem gleichberechtigt einzubeziehen. Selbst wenn Bildung und Ausbildung keineswegs stets zuverlässige Mittel gegen bestehende Rollenklischees sind, sind sie doch ein richtiger Schritt auf einem besseren Weg.

Worum es also geht, ist die schlicht auf alle Menschen zu beziehende Forderung, Unterdrückung, Erniedrigung und Ausbeutung zu beenden. Wieder stellt sich dabei die Frage, wie weit hier mit Bezug auf andere Gesellschaften die Toleranz zu gehen hat. Gerade bei dem Thema Emanzipation der Frau sind nämlich viele Kulturen, darunter besonders auch der Islam, ausgesprochen sensibel. Die Forderung nach Beseitigung aller Unterdrückung und Erniedrigung wird nun natürlich begeistert von denjenigen aufgenommen, die auch in den Industrieländern und speziell in der Bundesrepublik solche Unterdrückung erkennen oder zu erkennen meinen. Im Vergleich mit vielen Ländern der dritten Welt erweist sich die Sache allerdings in einem Industrieland als weit komplexer.

Mit Blick auf die Bundesrepublik konnte man noch vor wenigen Jahren hoffen, einen Großteil der verschiedenen Rollenbestimmungen und -zuschreibungen nur mehr durch Prüfung im Einzelfall kritisieren zu müssen. Die Bildungschancen für Mädchen und junge

Frauen sind jedenfalls im ganzen denjenigen für Jungen und junge Männer weitestgehend angeglichen worden. Mit der dramatischen Verschlechterung der Arbeitsmarktlage auch bezüglich der Ausbildungsplätze sind jedoch die Berufschancen für die jungen Frauen gravierend ins Hintertreffen geraten. Was evtl. in den Elternhäusern noch bewußt oder unbewußt an alten Vorurteilen gehegt und mit subtilen oder gar offenen Druckmitteln in die Praxis umgesetzt wird, fällt demgegenüber wohl nicht mehr gar zu sehr ins Gewicht, so ungerecht es im Einzelfall sein kann.

Auch wenn also den Rollendefinitionen und der Rollenzuschreibung für die Frau in der bundesdeutschen Gesellschaft keine prinzipiellen Hindernisse mehr im Wege stehen, haben sich die faktischen Chancen in den letzten Jahren weitgehend verschlechtert. Deshalb sind auch die Aufstiegschancen und die Chancen auf gleiche Bezahlung bei gleichen Leistungen, wie sie Männer erbringen, wieder schlechter geworden.

Die Politik versucht sich hier teilweise mit Quotenregelungen, mit Gleichstellungsbeauftragten, mit Gesetzen und mit bewußter Bevorzugung von Frauen im öffentlichen Dienst und überall dort, wo man Beeinflussungsmöglichkeiten hat. Daß dabei inzwischen immer öfter der Eindruck entsteht, hier oder dort würden Männer ihres Geschlechts wegen benachteiligt, ist vielleicht noch das kleinste Problem. Ihm werden inzwischen auch durch die Rechtsprechung einzelne Riegel vorgeschoben. Nachteilig für die Frauen ist dabei, daß sich bei solcher Förderpraxis die Auffassung festsetzen muß, auf allen besseren Positionen fänden sich doch nur „Proporzfrauen". Das trifft dann auch wieder jene unter ihnen, die eine Karriere durch wirkliche Leistung machen.

Der Versuch, über den Gleichheitsartikel des Grundgesetzes auch noch alle Arbeitgeber der privaten Wirtschaft in ein Quotenkorsett zu zwingen, dürfte im übrigen scheitern, solange die sogenannte „Drittwirkung" der Grundrechte noch nicht zur allgemeinen Rechtsauffassung geworden ist. Käme es allerdings in die Nähe solcher Zustände, d. h. wären die Grundrechte nicht mehr in erster Linie Abwehrrechte des Bürgers gegenüber dem Staat, wäre es mit der Vertragsfreiheit in der Bundesrepublik so weitgehend vorbei, daß sich noch weit mehr wirtschaftlich Leistungsfähige anderweitige Wirkungsstätten suchen würden.

Für den Arbeitgeber der Privatwirtschaft spielt jedenfalls bis auf weiteres bei Einstellungen die Frage eine herausragende Rolle, wie lange er mit einem leistungsfähigen Mitarbeiter rechnen kann und ob sich entsprechende Schulungs- und Ausbildungsmaßnahmen für ihn lohnen. Er wird insoweit für junge Frauen tendenziell nicht dasselbe investieren wie für junge Männer. Daran gibt es nichts zu beschönigen; die Haltung entspringt demselben Denken, das zu allen Zeiten den Vorteil des Unternehmens und damit das Unternehmensziel vor Augen haben muß.

Die Gewerkschaften haben im übrigen die privaten Arbeitgeber bei dieser Haltung lange Zeit indirekt „unterstützt", indem sie für Teilzeitarbeit nicht viel übrig hatten und sich ohnehin nur für diejenigen wirklich stark machen, die bereits Arbeitsplätze besitzen. Obendrein dürften wohl auch jene Hinweise nicht ganz abwegig sein, die die schlechtere Organisierbarkeit von Frauen für ein gewisses Desinteresse der Gewerkschaften verantwortlich machen. Dort hingegen, wo die Arbeitnehmerorganisationen Quotenregelungen zugunsten der Berücksichtigung von Frauen bei Einstellungen durchsetzen, werden sich über kurz oder lang negative Folgen der neuerlichen Verstöße gegen die Gesetze des Marktes einstellen.

Sogar der Staat hat in den letzten Jahren der Einstellung von jungen Frauen in bessere Jobs eine Art Riegel vorgeschoben, indem er sich mit Wohltaten hinsichtlich der Länge des Schwangerschafts- bzw. Erziehungsurlaubs gegenüber der früheren Regelung fast überstürzte. Firmenchefs, Personalchefs und Abteilungsleiter müssen seither bei jungen, qualifizierten Arbeitnehmerinnen im Grunde frühzeitig „vorsorgen", weil sie im Falle einer Schwangerschaft mittlerweile auf Jahre verschwinden und insofern keine fest kalkulierbaren Größen mehr sind.

Wer mithin junge Frauen heutzutage auf wichtige Stellen im Unternehmen setzt, mag ein Philantrop sein, für seinen Betrieb schafft er je nach dem Anteil solcher Frauen auf entsprechenden Positionen ein erhebliches Gefährdungspotential, zumal die Frauen nach den Jahren des Erziehungsurlaubs Anspruch auf Wiedereinstellung haben und deshalb die Arbeitsplätze nicht endgültig weiterzuvergeben sind. Einmal mehr also sollen – bei allen hohen Kosten des Gesetzes für den Staat – die Unternehmen gesellschaftspolitische Aufgaben mittragen, die mit der Marktwirtschaft nichts zu tun haben. Die Bevorzugung der männlichen Bewerber ist erneut die zwingende Folge.

Für alle jene Politiker, Gewerkschafter und Feministinnen, die nicht zunächst einmal für die Haltung des privaten Arbeitgebers Verständnis aufzubringen in der Lage sind, gilt zumindest die Vermutung, daß sie nicht wirklich den Druck erkennen, dem die Unternehmen – zumeist jedenfalls – über den Markt ausgesetzt sind. Und deshalb steht auch fest, daß beispielsweise derjenige männliche Mitarbeiter, der statt seiner Frau ein paar Jahre die Kinderbetreuung übernimmt, mit seiner Laufbahn im Betrieb auf lange Zeit am Ende ist.

Politiker und Gewerkschafter sollten bezüglich des Themas der Chancengleichheit der Frau am Arbeitsplatz vielleicht die Gesetze des Marktes etwas genauer studieren, als dies heutzutage üblich ist. Das galt auch für die konservativ-liberale Regierungskoalition, die sich sonst soviel auf ihren wirtschaftspolitischen Sachverstand zugute hielt. Sie glaubte, mit der erheblichen Ausweitung des Erziehungsurlaubs auf mehrere Jahre eine große gesellschaftspolitische Tat vollbracht und der etwas kinderreicheren Familie die Wege geebnet zu haben. Das letzte Wort über den Erfolg dieses Ansatzes ist jedoch noch nicht gesprochen, die Kunde der Staatsfinanzen aber bereits eindeutig.

Neben den erwähnten Problemen hinsichtlich der Chancengleichheit des weiblichen Geschlechts in unserer Gesellschaft gibt es aber noch ganz andere Aspekte, die einer generellen Umschreibung der Rolle der Frau sogar zuwiderlaufen. Dazu gehören nicht zuletzt jene Leitbilder aus Medien und Mode-Instituten, die ganz andere Qualitäten der Frau hochleben lassen, so als gehe es im Leben entscheidend darum, stets verführerisch auszusehen und schmutzige Hände zu vermeiden. Soweit Frauen solche, vielfach gut dotierte Rollen bekommen können, übernehmen sie sie oft nur zu gerne.

So mancher schrille Ton von Feministinnen dürfte auch dadurch zustande kommen, daß sie sich noch nicht einmal von ihren Geschlechtsgenossinnen akzeptiert fühlen können. Sie müßten dann nämlich beispielsweise auch einmal zur Kenntnis nehmen, wie viele Vorteile sich Frauen mancherorts in der Arbeitswelt der Männer bei einigem Geschick zu verschaffen vermögen. Solche Vorteile gelten indes offenbar als naturgegeben, so daß der Kampf gegen die unbestreitbaren Nachteile für Frauen recht einseitig wirkt.

Die Crux aller wirklichen Benachteiligung der Frau in der heutigen Industriegesellschaft dürfte aber wohl in der tatsächlichen oder nur möglich erscheinenden Mutterschaft liegen, die ein Arbeitgeber nicht einfach als problemlos für sein Unternehmen ansehen kann. Deshalb bedeutet die gezielte Förderung der Frau für ihn ein erhöhtes Risiko, deshalb wird er ihr am liebsten nur solche Arbeitsplätze überlassen, auf denen sie ihm schnell ihr Geld (und seinen Gewinn) verdient und im Zweifel ohne große Probleme für das Unternehmen auf Jahre unterbrechen oder ausscheiden kann. Nur der öffentliche Dienstherr kann, ja er muß insoweit anders denken.

Gerade die Alternative Mutterschaft oder berufliche Karriere, welche manche Frauen bewußt auf Kinder verzichten und insofern allenfalls eine bedingte Ehe führen läßt, sagt nun etwas aus über die eigentlichen Zielsetzungen von Menschen der Gegenwart. So ließe sich ja doch immerhin vertreten, daß es von einer Frau sehr gut bedacht werden sollte, welche Dimensionen der Mitmenschlichkeit sie vermeintlichen Karrieren opfert. Daß es ihr Recht ist, der Karriere den Vorrang zu geben und daß hier oft höchst respektable Leistungen erbracht werden, wird deshalb nicht bestritten. Aber auch wenn man den „Weiblichkeitswahn", den einst die Amerikanerin Betty Friedan in dem gleichlautenden Buch bekämpft hat, nicht akzeptiert, scheint doch der Rang der Mutterschaft im Vergleich mit vermeintlichen Karrieren zu kurz zu kommen.

Der Staat jedenfalls soll nach dem Willen der Parteien alles daransetzen, jedwede Benachteiligung der Frau auszuschalten. Die im Rahmen der Verfassungsrevision aus Anlaß der Wiedervereinigung im Sommer 1994 verabschiedeten Verfassungsänderungen haben auch den Artikel 3 GG umfaßt, dessen Absatz 2 ein Satz 2 angefügt worden ist: „Der Staat fördert die tatsächliche Durchsetzung der Gleichberechtigung von Frauen und Männern und wirkt auf die Beseitigung bestehender Nachteile hin."

Im Zuge solcher Bemühungen des Staates muß allerdings erstaunen, daß trotz aller Möglichkeiten, nur noch Wunschkinder in die Welt zu setzen, die Zahl der unerwünschten Kinder zu steigen scheint, daß der Kindesmißbrauch zu einem damatischen Thema der Zeit geworden ist. Gewiß ist dies nicht speziell den Frauen anzulasten, aber genausowenig wird man es in allen Fällen ausschließlich als Sache der Männer ansehen. Es sind offensichtlich soziale Konstellationen, die von der Idee der Emanzipation nicht gerade unberührt scheinen. Immer steht damit im Zusammenhang, daß das jeweilige Selbst im Vordergrund steht und dasjenige, was dem anderen zukommen sollte, zumindest verkürzt wird.

Dabei scheint – zurückkommend auf die heute vorherrschende Interpretation der Gleichberechtigung – die Befriedigung, die viele Frauen in beruflicher Betätigung suchen, an sich nicht unbedingt darin zu finden zu sein. Nur gibt es eben in solchen Dingen kein „an sich". Das gilt um so mehr, wenn sich alles relativiert, wenn ein transzendenter Sinn des Lebens nicht mehr wirklich geglaubt und gelebt wird. Was zählt, um erneut David Riesman aufzunehmen, ist die Außenorientierung. Was andere tun, wird zum wesentlichsten Maßstab. Nur um solche Anerkennung anderer ist es zu tun.

Unter „Emanzipation" scheint heutzutage vornehmlich dasjenige verstanden zu werden, was auch als Selbstverwirklichung der Frau bezeichnet werden könnte. Unter dem Gesichtswinkel der Moral wird man jedoch energisch bestreiten müssen, daß die jeweils einmaligen Beziehungen zwischen einer Mutter und ihrem Kind sozusagen gegen Bürokontakte aufgewogen werden. Was eine Mutter, vielleicht auch was Eltern gemeinsam, für ihre Kinder tut bzw. tun, hat eine fundamentalere Qualität. Aber das kann heute problemlos zerredet werden: Der Beruf zählt, auch wenn sein „Wert" häufig nur in Geld auszudrücken ist.

Solche Skepsis gegenüber der Überbewertung der Rolle einer Frau im Arbeitsleben im Vergleich mit jenen fundamentaleren Beziehungen wird allerdings dann fragwürdiger, wenn man bedenkt, daß ein oder zwei Kinder, die spätestens mit 18 bis 20 Jahren die elterliche Wohnung verlassen, nicht den kompletten Lebensinhalt einer Frau ausmachen können. Eine Gesellschaft, die sich damit abfindet, daß einer vierzigjährigen oder etwas älteren Frau die Rückkehr an einen qualifizierten Arbeitsplatz weitestgehend verschlossen ist, muß deshalb damit rechnen, daß solche Verwerfungen Rückwirkungen auf das Verhalten der Menschen auch in jüngeren Jahren haben.

So läßt sich unschwer die Forderung aufstellen, daß den Frauen der Rollenwechsel erleichtert bzw. eine Doppelrolle ermöglicht werden muß. Dabei fällt naturgemäß der Blick zunächst auf die Teilzeitarbeit, deren Bedeutung wohl auch deshalb nur so spät zunehmen konnte, weil der Gesetzgeber sich der Möglichkeit grundlegender gesetzlicher Neuordnungen am Arbeitsmarkt durch seine Verzichtsleistung gegenüber den Tarifpartnern unverantwortlicherweise begeben hat.

Ein weitergehendes Postulat hätte mit einer gründlichen Neubesinnung über das bestehende Bildungs- und Ausbildungssystem zu tun. Solange die Hauptausrichtung dieses Systems nur dem jungen Menschen gilt, werden mehrjährige Unterbrechungen der Arbeit zum Zwecke der Kinderbetreuung zum Fiasko für allzu viele Frauen. Erst eine Gesellschaft, die durch ernst zu nehmende Konzepte lebenslangen Lernens die Neubestimmung von Rollen so lange wie möglich für jeden Menschen offenhält, löst dieses Problem überzeugender. Nur eine solche Gesellschaft geht überdies die Probleme des schnellen Strukturwandels und des zu frühen Verzichts auf ältere Menschen im Erwerbsleben besser an.

Es dürfte sehr viele Berufe geben, in denen die Lebenserfahrungen einer gestandenen Mutter, die die Gelegenheit hatte, ihre Ausbildung zu erweitern und systematisch zu vertiefen, von Vorteil sind. Derlei „Kapital" weiß die heutige Gesellschaft mutmaßlich wegen der Einseitigkeiten des Bildungssystems und der nachfolgenden „Einstellungsvoraussetzungen" usw. nicht hinreichend zu nutzen. Der Dogmatismus der Rollenfestschreibung mit Bezug auf das Lebensalter der Menschen müßte deshalb neu überdacht werden.

Kenner dieses Problembereichs wissen, daß es hier keine Patentrezepte gibt. Dennoch steht fest, daß sich für viele Fälle Lösungen finden ließen, wenn nicht die Überforderung der Wirtschaft in Deutschland und in einer Reihe weiterer Staaten der Europäischen Union so nachteilig auf den Arbeitsmarkt durchschlagen würde. Unternehmen, für die der Standort Deutschland seine alte Attraktivität behalten hätte bzw. wiedergewönne, würden sich auch etwas einfallen lassen, um die für den Arbeitsmarkt verfügbaren Frauen für sich zu gewinnen. In Zeiten des Computers und der CNC-gesteuerten Maschinen, der hochdifferenzierten Dienstleistungsberufe und der zunehmenden Vergreisung der Gesellschaft könnte eine leistungsfähige Volkswirtschaft gerade auch den Frauen attraktive Entfaltungsmöglichkeiten bieten. Dazu müßte freilich zunächst die Überforderung der wirtschaftlichen Leistungsfähigkeit des Systems durch Arbeitsplatzbesitzer und staatliche Verwaltung zurückgedrängt werden.

Doch anstelle solcher Ansätze dürfte man wohl auch weiterhin bezüglich der Probleme der Frauen immer neue Versuche mit Quotenregelungen und Gleichstellungsbeauftragten machen, um sein politisches Gewissen zu beruhigen. Solches Vorgehen hat ja auch den „Vorzug", niemals in ein Ziel kommen zu können, d. h. man kann für mehr Emanzipation genauso endlos eintreten wie für mehr soziale Gerechtigkeit: Es läßt sich kein Zustand denken, in dem nicht einzelne oder Gruppen Argumente zu finden vermöchten, die alte Benachteiligungen bestätigen oder neue nachweisen.

Da aber der Staat durch das Engagement vieler Politiker zugunsten partikularer Interessen ohnehin permanent in die Gruppenegoismen hineingezogen wird, kann er auch an den Fragen der Emanzipation keinen Trennungsstrich ziehen, der besagen würde: Bis hierher bürgt der Staat für die Gleichbehandlung, und der Rest ist Sache der Gesellschaft, der Verbände usw. Die Zeiten allerdings, da sich – ausgehend vom öffentlichen Dienst – Männer wegen erkennbarer Benachteiligung zu Prozeßgemeinschaften usw. zusammentun, dürften auch nicht mehr allzu fern sein.

Berichte über Entwicklungen in der amerikanischen Gesellschaft, die nach wie vor manche europäischen Trends vorwegnimmt, lassen nicht unbedingt die Vermutung aufkommen, die Dinge wären dort auf einem guten Weg. So gibt es in USA Anzeichen, daß viele Frauen nicht einmal mehr vor der Anwendung von Gewalt zurückschrecken, wie es sie eigentlich in den meisten Gesellschaften auszeichnet und wie es quasi naturgegeben schien. Mit dem Vehikel der „Political Correctness" werden vor allem an einigen amerikanischen Hochschulen kurioserweise fast wieder viktorianische Maßstäbe reetabliert, ja, teilweise werden gar wieder Unisex-Universitäten attraktiv.

Einen der bemerkenswertesten Auswüchse solchen Denkens hat der Journalist Jörg von Uthmann in der FAZ für breitere Kreise in Deutschland zugänglich gemacht.[1] Er gibt hier eine Beobachtung der amerikanischen Musikologin Susan McClary aus dem Buch „Feminine Endings: Music, Gender and Sexuality" wieder. Sie entlarvt darin Johann Sebastian Bach „als unsensiblen Macho", wie Uthmann schreibt. Die Kantate „Wachet auf, ruft uns die Stimme", in der „die Seele (Sopran) auf ihren Erlöser (Baß) wartet, strotze nur so von sexistischen Klischees: ‚Die Seele ist hier die quengelnde, passiv-aggressive Ehefrau, die, ihrer selbst nicht sicher, immer wieder nach Liebeserklärungen winselt und, wenn sie sie erhält, nichts gehört haben will' ".

Wie in so manchen anderen Bereichen differenzieren sich die Gruppen aus, entwickeln ihre eigenen Maßstäbe, wobei – soziologisch fast zwingend – auch die moralischen Maßstäbe betroffen sind. Die feministische Vermutung des Werwolfs in jedem Mann, seine Gleichsetzung mit einem potentiellen Vergewaltiger muß auf Grund der horrenden Verallgemeinerung indes auch wieder der Mitmenschlichkeit Abbruch tun.

Solche Trends finden sich auch noch anderweitig. Insbesondere die verbrecherischen Fälle des Kindesmißbrauchs haben in Deutschland vielerorts dazu geführt, daß Männer schon ins Zwielicht geraten können, wenn sie Nachbarskinder im Auto mitnehmen oder fremden Kindern in zweifelhaften Situationen zu helfen bereit sind. Seien es jene Untaten oder dieses generalisierte Mißtrauen: Ohne eine universelle Ethik sieht es schlecht aus um das Zusammenleben der Menschen.

[1] Jörg von Uthmann, Die Bekämpfung des männlichen Werwolfs, FAZ vom 20. August 1994.

Kapitel 13

Der Individualismus und seine Schwächen

Wenn man die heutigen Gesellschaften der Industrieländer und speziell die der Bundesrepublik mit denjenigen früherer Jahrhunderte und auch mit Gesellschaften der dritten Welt vergleicht, wird im Begriff „Individualismus" ein wesentliches Unterscheidungskriterium angesprochen, ein Kriterium, das der einzelne Mensch vielleicht sogar als das wichtigste einschätzen dürfte. Hält man sich bei der Definition an übliche Maßstäbe, läßt sich der Individualismus etwa als „Richtung des Denkens, Fühlens und Wollens" bezeichnen, „die das Sonderdasein des Einzelmenschen für wichtiger hält als das der großen Gemeinschaften und Gesellschaften" (Kröner, Philosophisches Wörterbuch).

Der Vergleich gänzlich unterschiedlicher Gesellschaften und Gesellschaftstypen, der speziell im Zeitalter des Fernsehens – ob in schlichteren oder differenzierteren Beiträgen – leicht in jedes Haus projiziert werden kann, macht es zugleich möglich, die Frage nach der Rechtfertigung dieses Individualismus aufzuwerfen. Kommt etwa – um es an einem Beispiel zu konkretisieren – unserer heutigen, schmerzsensiblen Welt der Vorrang zu gegenüber der Welt jener afrikanischen Stämme, in denen selbst bei Kindern Gehirnoperationen mit Öffnung der Schädeldecke ohne jede Betäubung vorgenommen werden?

Es ist eine der großartigen Leistungen des Soziologen Norbert Elias, in seinem zweibändigen Werk „Über den Prozeß der Zivilisation" den entscheidenden Schub in Richtung auf den Individualismus in der Individualisierung der Renaissance erkennbar gemacht zu haben.[1] Elias, als Schüler des Neukantianers Richard Hönigswald auch philosophisch ausgewiesen, verfuhr in dieser soziologisch-historischen Arbeit strikt erfahrungswissenschaftlich. Gerade damit mußte aber zugleich die Relativität der Individualisierung durchsichtig werden.

Hält man sich diese Relativität durchgehend vor Augen, läßt sich der Individualismus quasi nach Plus und Minus bewerten. So kommt ihm mutmaßlich das Verdienst der Erschließung neuer Leistungsdimensionen genauso zu wie die Entfesselung dekadentester Selbstverwirklichungs-Orgien. Anschließend an Elias spricht viel dafür, daß eine Art Absolutsetzung des einzelnen, eine Abgrenzung von der Gesellschaft die Folge der Individualisierung ist. Elias spricht hier vom „homo clausus“, also von dem (gegenüber der Gesellschaft) „geschlossenen Menschen“, dessen Konzept die menschlichen Gesellungsformen zu etwas macht, das „draußen“ neben dem einzelnen Menschen steht.

Betrachtet man die Errungenschaften und Problembereiche der heutigen Wohlstandsgesellschaft vor solchem Hintergrund, fällt es leicht, eine Fülle von Entwicklungen aufzuzeigen, die sich gerade aus dem vermeintlich legitimen Anspruch des einzelnen herleiten, gegenüber vielen sozialen Einbindungen selbständig abgesichert zu sein. Nur so auch wird es erklärlich, welch hoher Prozentsatz an Menschen heutzutage allein lebt, so daß sich bereits die Frage stellt, ob nicht die Kleinfamilie historisch gesehen nur die Durchgangsstufe zwischen Großfamilie und „Single“ ist. Solche Singles mögen schließlich nur noch (lebens-)phasenweise irgendwelche Gesellungsformen aufweisen, womit dann der Individualismus im soziologischen Sinne an seinem denkbaren Extrem angelangt wäre. Ähnlich kommen ja viele Tierarten nur noch zur Paarungszeit zusammen.

Würde man jedoch die insgeheimen oder offenen Wünsche vieler dieser Alleinlebenden in die Analyse einbeziehen, dürfte doch wieder eine Kleinfamilie als Idealbild aufleben. Hohe Prozentsätze der alleinstehenden älteren Menschen haben eben den Partner verloren und lebten nur zu gerne nicht allein. Bei vielen jüngeren dagegen liegt es schon am Scheitern ihrer Ehe oder an gänzlich unterschiedlichen Auffassungen von möglichen Partnerschaften. Die Tatsache aber, daß die Erwartungen an mögliche Partner überzogen werden und daß eine Partnerschaft, die dem einzelnen zuviel an Selbstdisziplin abfordert, als selbstverwirklichungsschädlich gilt, zeigt eben doch, wohin diese Art des Individualismus letztlich unterwegs ist.

Es bedarf an dieser Stelle nicht der Wiederaufnahme bisheriger Darlegungen, die bereits gezeigt haben, in welch vielfacher Weise der einzelne von dem immer komplexeren gesellschaftlichen System des Wohlfahrtsstaates entlastet und zugleich entmündigt wird (s. o. Kap. 8). Diese Selbständigkeit wurde indes um den Preis viel weitergehender Abhängigkeit vom Gesamtsystem erworben. So ist der moderne Industriestaat – merkwürdigerweise als Ergebnis eines ausgeprägten Pluralismus – zum Komplement eines möglicherweise überspitzten Individualismus fortentwickelt worden, eine Entwicklung, die niemand umzudrehen in der Lage zu sein scheint.

Zugleich aber deutet sich an, daß diese Entwicklung fast naturgesetzlich zwingend in Unzufriedenheit mündet. Konrad Adam, einer der namhafteren FAZ-Autoren, hat es einmal auf eine recht knappe Formulierung gebracht: „... die Sozialgesetzgebung hat es an sich, auf beiden Seiten Unzufriedenheit hervorzubringen: bei den Anspruchsberechtigten, weil sie niemals das bekommen, was sie für ihr gutes Recht halten; und auf seiten des Staates, weil er sich von der Habsucht der Bürger unter Druck gesetzt und ausgebeutet fühlen muß, wenn sie verlangen, was ihnen versprochen worden ist, vielleicht sogar noch etwas mehr."

Die Schwächen des Individualismus unserer Zeit sollten längst unübersehbar geworden sein. Das ändert freilich nichts daran, daß es immer noch politische Kräfte gibt, die schon aus demokratisch-populistischen Gründen nicht aus seiner Forderungslogik herauszukommen wissen.

Der Vergleich mit fernöstlichen Lebensweisen und Lehren dürfte diesbezüglich geeignet sein, im Westen gute Gründe zum Nachdenken zu liefern. So bedarf es gar nicht unbedingt des Seitenblicks auf das nach wie vor weitgehend kommunistische China, welches sehr wohl eine eigene Moral zu haben beansprucht, eine Moral freilich, die der individuellen Autonomie ganz andere Grenzen setzt, als dies im Westen geschieht. Jener spektakuläre Fall, daß ein amerikanischer Staatsbürger trotz diplomatischer Proteste in Singapur wegen eines Deliktes die Prügelstrafe über sich ergehen lassen mußte, gehört in denselben Kontext. Eine Menschenwürde, die derlei Prügel nicht zuließe, kennt man in diesen Ländern nicht. Aus der Sicht führender Köpfe, etwa eines Lee Kuan Yew, des früheren Premierministers von Singapur, hat die Bevorzugung individueller Freiheiten zu Lasten der sozialen Bindungen zu dem extremen Individualismus der westlichen Industrienationen und d. h. zur Dekadenz geführt.

Es läßt sich noch nicht absehen, ob derlei Ansichten, die ein Stück weit ihre Wurzeln im fernöstlichen Konfuzianismus haben dürften, nicht ihrerseits nur Zwischenstufen auf dem Weg in einen Individualismus sind, der dem Westen schon so vertraut ist. Jedenfalls scheint in der japanischen Gesellschaft manches in solche Richtung zu deuten, und auch Lee Kuan Yew, heute eine Art graue Eminenz von Singapur, rückt inzwischen von der erwähnten Einschätzung offenbar auf Grund fortgeführter Beobachtungen der eignen Gesellschaft ab.

Man darf überdies bezweifeln, daß die führenden Persönlichkeiten der fernöstlichen Schwellenländer bzw. zumindest phasenweise aufblühenden Industriestaaten durchgehend für sich selber weniger fordern als die Wohlstandsindividualisten des Westens. So dürften die Zivilisationsforschungen von Norbert Elias die Hypothese zulassen, daß einige Staaten im Fernen Osten dem Westen in Sachen Individualismus nur ein paar Jahrzehnte oder vielleicht auch Jahrhunderte nachhinken, daß sie aber sehr wohl selber dort ankommen können – vor allem in der Konsequenz der Verbreitung demokratischer Freiheits- und Gleichheitsrechte.

Aber auch wenn man solchermaßen fernöstliche Kritik am Lebensstil des Westens relativieren kann und muß, gibt sie doch Anlaß zu verstärkter selbstkritischer Nachfrage. Laut Francis Fukuyama (s.o. Kap. 1) strebt in der liberalen Demokratie jeder nur noch sein eigenes Wohlergehen an, so daß nicht etwa Nietzsches Übermensch, sondern sein „letzter Mensch“ das Ende der Entwicklung markiert. Selbst wenn sich nun im Zuge solcher Entwicklung nicht wieder im selben Sinne dasjenige einstellt, was für Thomas Hobbes und seinen „Leviathan“ als Krieg aller gegen alle den Ausgang der Staatsbildung darstellte, scheint doch der absehbare Zielpunkt der Entwicklung kaum mehr tragfähig: In der Bundesrepublik ist dies etwa dank der „Beförderung“ des Wohls der einzelnen durch die Gruppen eine Gesellschaft, in der ein Drittel der Bevölkerung ausgegrenzt ist bzw. zu werden droht und sich zwei Drittel darüber beschweren, ungerecht belastet zu sein.

Man kann, um den Strukturen des heutigen Individualismus etwas näher auf die Spur zu kommen, einzelne Aspekte genauer ausleuchten, die sich insoweit wie Schaltstellen ausnehmen. So hat etwa der Gesetzgeber der Bundesrepublik seinerzeit mit der Vorverlegung der Volljährigkeitsgrenze von 21 auf 18 Jahre das (jugendliche) Individuum offenbar ganz bewußt gegenüber den Eltern und der familiären Gemeinschaft stärken wollen. Den jungen Leuten sollte eben jede Freiheit offenstehen, sie sollten selbständig Ansprüche geltend machen können, ohne daß jemand noch das Recht hatte, nach den der Freiheit korrespondierenden Pflichten zu fragen. Daß sich davon die für die Vorlage verantwortlichen Parteien nicht zuletzt Wählerstimmen versprachen, versteht sich von selber. Nach der oben erwähnten Forderungslogik demokratischer Gesellschaften liegt aber auch auf der Hand, einer weiteren Senkung des Wahlalters das Wort zu reden.

Selbst für viele gut funktionierende Familien ist es mit der Herabsetzung des Volljährigkeitsalters zum üblichen Tatbestand geworden, daß sich volljährige Kinder ihre eigene Wohnung suchen. Der lange Jahre beklagte Wohnungsmangel der Bundesrepublik dürfte hier zumindest solange einen seiner Hauptgründe gehabt haben, als das Wohlstandswachstum noch einigermaßen sicher schien. Dabei ist es nicht etwa damit getan zu sagen, niemand hindere die Eltern daran, so mit ihren Kindern zusammenzuleben, daß die zu Hause wohnen blieben: Wo erst einmal ein entsprechender Anpassungsdruck gegeben ist, gelten junge Leute ohne vergleichbaren Freiheitsdrang schon als Problemfälle.

Was ein wirklich kluger Gesetzgeber aber bedacht hätte, war die Tatsache, daß das Vorziehen der Volljährigkeit eine ausgesprochen instabile Phase in der Entwicklung junger Menschen betraf. Mochte also für viele junge Leute und deren Eltern die Volljährigkeit von der Vollendung des 18. Lebensjahres an eine Vereinfachung mancher Rechtsgeschäfte mit sich bringen: Der 18jährige, der sich nun kraft eigener Willenserklärung einer persönlichkeitsabbauenden Sekte verschrieb, konnte nicht mehr vor sich selber geschützt werden. Und das 19jährige Mädchen, das zu einem dubiosen Liebhaber zog, konnte niemand zurückholen.

Mit solchen Entwicklungen verbindet sich aber noch etwas anderes: Manche Eltern betrachten es nämlich nun auch als ihr gutes Recht, dic Kinder früher loszuwerden. Zwar muß man den Nachkommen – wenn sie eine längere Ausbildung mitmachen oder wenn sie zu Sozialfällen werden – noch sozusagen Geld nachwerfen, aber ansonsten ist man nicht mehr in der Pflicht, und man kann sich ja vielleicht sogar selber nochmals nach neuen Partnern umsehen.

Der solchermaßen geförderte Individualismus zieht unausweichlich auch Zerfallsformen nach sich: Das wenig gefestigte Individuum sucht Geborgenheit in problematischen Gruppen, gerät in die Drogenszene usw. Gewiß haben die zuvor rechtlich stärker gestellten Eltern auch nicht immer alles richtig gemacht, aber allein schon vom

Grundsatz her bedeutet die vorgezogene Volljährigkeit eine Schwächung der Gemeinschaft gegenüber dem Individuum.

Ob von den einschlägig aktiven Politikerkreisen geplant oder nicht, nahmen sich so manche pädagogischen Programme und Lehren wie Komplementärprogramme zur Volljährigkeit mit bereits 18 Jahren aus. Die 70er Jahre haben insoweit nachhaltige Spuren hinterlassen. Teilweise galt nun das Wissen als Macht, mehr Wissen also als mehr Macht, wobei die Erziehung, wie schon erwähnt, zu kurz kam. Die sogenannte emanzipatorische Pädagogik wollte die Selbstbefreiung von allen möglichen gesellschaftlichen Zwängen voranbringen, wobei noch neomarxistische Vorstellungen wie diejenigen eines Jürgen Habermas mitbestimmend waren, glaubte man doch zu wissen, welches Bewußtsein sich bei solcher Pädagogik einstellen müßte.

Zerstörtes Vertrauen war ein willkommenes Ergebnis solcher Lehren, ohne daß sie selber menschlich Vergleichbares hätten errichten können. Ja, man könnte die Frage diskutieren, ob nicht die Auflösung der Klassenverbände in der reformierten Sekundarstufe II ein Stück weit von demselben Geist getragen war. In entscheidenden Lebensjahren gibt es keine Solidarität mehr; für eine Gemeinschaft einstehen zu lernen, ist nicht mehr eine ganz normale Sache der Schule. Nur wenn es um den Vorschlag zu Stipendien usw. geht, fragen die Schuldirektoren noch nach sozialem Engagement: Wer also unter den Schülern nach solchen Chancen strebt, kann sich darauf einstellen: soziales Engagement wird so teilweise zum klugen Erfolgskalkül, wie dies besonders Politiker kennen.

Der Erziehungswissenschaftler Wolfgang Brezinka hat schon im Jahr 1980 die Konsequenzen der emanzipatorischen Pädagogik aufgezeigt. Ihr liege eine Weltanschauung des Libertinismus, des extremen Individualismus, des utopischen Anarchismus und Nihilismus zugrunde. Tüchtigkeit werde hier vor allem darin gesehen, daß man sämtliche „Chancen der Bedürfnisbefriedigung" nutzt. Emanzipatorische Pädagogik sei in dieser individualistischen Deutung „nichts anderes als Erziehung zum wohlverstandenen Eigennutz, zum klugen Egoismus".[2]

In einer Untersuchung aus dem Jahre 1988 hat der Wissenschaftler dargelegt, daß die Tüchtigkeit als zentrales Erziehungsziel in der Bundesrepublik anders als in den anglo-amerikanischen und den ostasiatischen Industriestaaten geringgeschätzt werde. So spreche der

Gesetzgeber noch in der Mitte der 80er Jahre – also auch in christlich-liberalen Regierungszeiten – davon: „Jeder junge Mensch hat zur Entfaltung seiner Persönlichkeit ein Recht auf Erziehung."[3] Entfaltung der Persönlichkeit scheint statt Tüchtigkeit die herausragende Devise.

Unter Tüchtigkeit, so Brezinka, sind aber nicht nur sprachliches, handwerkliches, wissenschaftliches, sportliches oder musikalisches Können zu verstehen, sondern auch die sittlichen Tugenden. In andere Begriffe übersetzt, könnte man in der Tüchtigkeit auch eine solche Festigung der jungen Persönlichkeit verstehen, in der heutigen Gesellschaft mit Leistungsbereitschaft zurechtzukommen. „Die Klugheit als erlernte Bereitschaft zum sachgerechten Urteilen gilt als wichtigste Tugend." Abgelehnt wird von dieser Tüchtigkeitslehre laut Brezinka „nur der Intellektualismus, das heißt die wirklichkeitsfremde Überschätzung des Denkens als alleiniges Steuerungsorgan der Persönlichkeit".

Nun erscheint es noch nicht ausgemacht, ob die Vernachlässigung solcher Tüchtigkeit durchweg nachgewiesen werden kann und ob nicht durch die besseren Marktchancen der „tüchtigen" Bewerber andere Steuerungsinstrumente in die Schulen hineinwirken, als sie nach den Konzeptionen der anderen Pädagogik-Typen beabsichtigt waren. Seit der weitgehenden Verstopfung des Zugangs zum öffentlichen Dienst durch die Erschöpfung der öffentlichen Haushalte regelt sich eben manches dadurch, daß die Maßstäbe anderer gesellschaftlicher Bereiche im Bildungswesen verstärkt zur Geltung gebracht werden.

Der Gründer und langjährige Herausgeber der Zeitschrift „Konkret", Klaus Rainer Röhl, hat – ohne Reflexion auf jene pädagogischen Konzepte – der „Generation der Hypochonder" einen lesenswerten Zeitungsartikel gewidmet.[4] Er schrieb u. a.: „Die Post-68er-Generation, die von 68er-Lehrern und Hochschullehrern gewaltfrei, angstfrei, repressionsfrei, oft auch lernstoffrei erzogenen, unheimlich coolen Kids, ohne Schwarzen Mann, ohne Weihnachtsmann, Struwwelpeter und Bleisoldaten, ohne Lollis und Gummibärchen, ohne Fernsehen und Konsumzwang aufgewachsen: eine Generation von Griesgrämigen, Mißgelaunten, Milzkranken – Hypochondern. Eine Generation, die ständig in Angst lebt. Ständig befürchtet, irgendeine furchtbare Wahrheit nur noch nicht erkannt zu haben ..." – Die Vermutung, daß es hier weithin am Erziehungsziel der Tüchtigkeit gefehlt hat, liegt auf der Hand.

Sieht man die vorstehenden Überlegungen im Zusammenhang mit dem hier interessierenden Individualismus unserer Tage, scheint sich insoweit eine Konsequenz dieses Individualismus auszuprägen. Das Individuum ist einerseits einbezogen in einen Zivilisationsprozeß, der es zu fortschreitender Differenzierung mit Bezug auf menschliche Strebungen und Interessen anleitet, und es wendet sich andererseits mehr auf sich selber als auf dasjenige, was sich an mitmenschlichen Aufgaben aus solcher fortschreitenden Differenzierungsfähigkeit erkennen ließe.

Es sollte aber klar sein, daß der Individualismus keineswegs zwingend Egoismus bedeutet. Eine interessante Diskussion anläßlich des Soziologentags im Frühjahr 1997 in Dresden hat dazu Hinweise gegeben: Gegen Ulrich Beck, der die Individualisierung quasi als einzige Entwicklungsrichtung der modernen Gesellschaft beschrieb, machte sein Kollege Karl Otto Hondrich geltend, im Gegenzug zur Individualisierung finde stets auch „Kollektivisierung" statt. Das eine treibe das andere hervor und umgekehrt. Um es anders zu beschreiben: Individualisierung bedeutet, daß Menschen vielfältige, jeweils spezifische Beziehungen zu anderen Menschen entfalten. Individuelle, auf freier Entscheidung basierende soziale Beziehungen haben aber an sich natürlich noch nichts mit irgendwelchen Verfallserscheinungen zu tun. Es sei im Geiste von G. W. F. Hegel gedacht, so schreibt der Wirtschaftsethiker Karl Homann, wenn man den Prozeß der fortschreitenden Individualisierung als „Fortschritt im Bewußtsein der Freiheit" positiv werte.[5]

Freilich produziert die Marktwirtschaft parallel zu solchem Trend alle erdenklichen Anfechtungen, soweit sie nicht von Gesetzes wegen verboten sind. Ja, sie bietet obendrein auch noch verbotene Laster aller Art. Der Markt zur Sättigung oft künstlich aufgeputschter menschlicher Triebe, Wünsche und Sehnsüchte hat schon zahllose, dekadente Blüten hervorgebracht. Kein Dirigismus vermag solches mehr zu stoppen. Die gezielte Stärkung der Individuen aber, den Versuchungen widerstehen zu lernen, ist entweder nicht in den pädagogischen Programmen vorgesehen oder schlägt zu oft fehl. Ja, es wäre zu diskutieren, ob nicht unter Berücksichtigung solcher Ziele gerade der Trend zu immer größeren Schulen, besonders zu Gesamtschulen, besonders abträglich ist. Gewisse Befunde sprechen jedenfalls für solche Skepsis.

Aus den USA ist neuerdings eine Diskussion bekannt geworden, wonach der Sozialwissenschaftler Robert D. Putnam als Hauptschuldigen des sozialen „Disengagements“ das Fernsehen ausfindig gemacht haben will.[6] Solche Diskussionen werden freilich niemals zu einem gesicherten Ergebnis kommen, auch wenn sicherlich das Fernsehen zumindest ein gewisses Maß an sozialer Passivität fördert, weil es einen teilweisen Ersatz für soziales Miteinander bietet. Zur Passivität aber erzieht etwas anderes noch viel mehr: Wo immer mitmenschliches Engagement gefordert ist, sind ja doch Gruppen und Politiker unterwegs, staatliche Hilfe einzufordern. Parallel zur Logik der vermuteten Allzuständigkeit eines überforderten Staates muß folgerichtig die Befriedigung der eigenen Bedürfnisse als Hauptaufgabe der Menschen gelten. „Tanz ums goldene Selbst“ überschrieb der Spiegel einen umfangreicheren Artikel, in dem die „ungenierte Bedürfnisbefriedigung um fast jeden Preis“ dargelegt wurde.[7]

„... eine Gesellschaft, in der Bedürfnisbefriedigung die Norm ist, ist gleichzeitig eine Gesellschaft, in der es keine Maßstäbe mehr gibt, an denen sich die moralische Urteilsfindung orientieren kann. Man geht einfach davon aus, daß jeder das bekommen müßte, was er will, ganz gleich, ob er es verdient hat oder nicht. Auf diese Weise werden moralische Urteile entbehrlich“, schrieb der frühere Sicherheitsberater des Weißen Hauses, Zbigniew Brzezinski, in einem Artikel in „Die Welt“.[8]

Der während der Zeit des Nationalsozialismus aus Deutschland geflüchtete Franz M. Oppenheimer hatte kurz zuvor seinen amerikanischen Landsleuten nach einem Besuch in Deutschland zum Abschluß eines lesenswerten Artikels ins Stammbuch geschrieben:

„Zu oft in der tausendjährigen Geschichte Deutschlands waren seine besten Söhne und Töchter wie in Heines unsterblichen Zeilen um den Schlaf gebracht, wenn sie an ihr Heimatland dachten. So ist es auch heute. Aber nicht wegen der Waldschrate, die von der New York Times und CBS heraufbeschworen werden; nicht wegen der ‚Wiedergeburt des deutschen Militarismus‘, ‚Neonazismus‘ oder fremdenfeindlichem Rassismus. Die deutlichen und tatsächlichen Gefahren für die Zukunft der deutschen Kultur und Demokratie liegen wie in den Vereinigten Staaten und dem übrigen Europa woanders ... tödliche Gefahren sind Konsumismus, ungezügelter Hedonismus und anarchische Nachgiebigkeit. Dort wie hier in all unseren Staaten wurde dem jüdisch-christlichen, abendländischen Erbe der Krieg erklärt, und wir sind dabei, diesen Krieg zu verlieren."[9]

Der Individualismus, dessen negative Begleiterscheinungen bzw. Konsequenzen hier so finster dargestellt werden, hat in den USA eine Gegenbewegung auf den Plan gerufen: den Kommunitarismus. Vor allem gegen den Egoismus als einer (defizienten) Ausformung des Individualismus wenden sich die Kommunitarier, Intellektuelle der amerikanischen Gesellschaft und Politik. Sie erinnern an das soziale Wesen des Menschen. Ende 1993 wurde vom „Communitarian Network" an der George Washington University in der amerikanischen Hauptstadt ein Manifest unter der Bezeichnung „Responsive Communitarian Platform" veröffentlicht, unter dessen Unterzeichnern sich z. T. auch die bereits genannten Autoren David Riesman, Francis Fukuyama und Betty Friedan befinden.

Gegen die ausschließliche Verfolgung privater Interessen fordern sie „eine gemeinschaftsorientierte Perspektive ... auf die Herausforderung der großen moralischen, rechtlichen und sozialen Gebote unserer Zeit". Es ergebe sich „für uns die dringende Notwendigkeit einer gemeinschaftsorientierten gesellschaftlichen Bewegung", die sie das „Communitarian Movement" nennen. Es gelte, über einen entsprechenden Dialog gemeinsame Ziele zu erkennen und zu verfolgen. „Um die moralischen Grundlagen der Vereinigten Staaten wiederherzustellen, um unsere Einstellung zu den Individuen und deren Rechten in ein besseres Verhältnis zu unserem persönlichen und kollektiven Verantwortungsbewußtsein zu bringen, müssen wir mit den Institutionen der bürgerlichen Gesellschaft beginnen."

In der Ausgestaltung dieses Anliegens fordern die Autoren, keine soziale Aufgabe sollte einer Institution zugewiesen werden, „die größer ist als notwendig, um die betreffende Aufgabe zu erfüllen". Die damit festgeschriebene Subsidiarität, die die Regierung nur auffordert, einzugreifen, wenn alle untergeordneten Systeme versagen, erlaubt es dem einzelnen nicht, alles und jedes auf die höheren Instanzen abzuschieben.

Unverkennbar spricht diese Konsequenz der Gedankenführung dafür, daß der Kommunitarismus – den es inzwischen in teilweise divergierenden Ausprägungen gibt – auch für die deutsche Gesellschaft etwas zu verkünden hat. Geht man allerdings den Argumenten nach, die die Thesen des Kommunitarimus stützen, wird seine Herkunft aus der utilitaristischen Denkweise unverkennbar. Nach dieser Ethik ist es Zweck des menschlichen Handelns, den Nutzen, die Wohlfahrt möglichst vieler Menschen zu mehren. Die Autoren des Manifestes gehen von der Frage aus, woran es der heutigen Gesellschaft fehlt. Ihre Forderungen gleichen deshalb ein wenig den Gutachten von Wirtschaftsprofessoren, die die Bedingungen für besseres Wirtschaftswachstum angeben. Je nach Ausprägung der kommunitarischen Richtung besteht sogar der Verdacht, daß die von ihm angestrebte Gemeinschaft die Freiheit des einzelnen empfindlich beschränkt.

Das besagte Manifest kann nun gewiß nicht ausführlich seine philosophischen Grundlagen thematisieren, zumal es dann wohl sogleich neuen Streit auslösen würde. Das führt jedoch zu der mißlichen Konsequenz, daß auch nicht die Rechtfertigung des Individualismus zur Sprache kommt. Diese Rechtfertigung könnte nämlich zugleich geeignet sein, den Individualismus diesseits seiner Verfallsformen zu beleuchten.

Der Individualismus als Form der Lösung oder gar Entfesselung aus sozialen Einbindungen, die der Entfaltung des einzelnen nur bedingt Raum lassen, läßt sich mit Bezug auf die Dominanz irgendeiner Gemeinschaft oder Gesellschaft jedenfalls als Befreiung betrachten. Es mag zwar sein, daß die gewonnene Sonderstellung von manchen Individuen in bestimmten Lebensphasen gar nicht als Befreiung, sondern als Verstoßung usw. empfunden wird, aber de facto ist sie immer auch eine Befreiung.

Solche Sonderstellung des einzelnen, die manch einer gar nicht wünschen mag, die jedoch in der modernen Gesellschaft das Normale geworden ist, läßt ihm weitgehende Freiheit, sich zu höchsten Leistungen aufzuschwingen, sich in den Dienst dieser oder jener Sache zu stellen, sich aufzuopfern oder alles auf sich zu zentrieren (oder evtl. gar beides zugleich zu versuchen). Die auf Tüchtigkeit basierende Leistung, allgemein die Tat, deren Durchführung bzw. deren Ergebnis unmittelbare Anerkennung durch andere Menschen oder auch mittelbare Anerkennung in Form von Geldzahlungen usw. nach sich zieht, läßt den einzelnen seine Bestätigung finden.

Dabei sollte man sich davor hüten, die im Gehalt oder im Kaufpreis eines Werkes zum Ausdruck kommende Anerkennung als im mitmenschlichen Sinne irrelevant anzusehen: Gewiß richtet sich die

Geldzahlung auch an dekadente und „abweichende" Formen von Leistung, doch allgemein weiß ein Gemeinwesen durchaus gewisse Regulative einzuführen, daß solche Anerkennung nicht für die falschen Dinge vergeben wird.

Man kann manche Entwicklungen, die z. T. schon angesprochen worden sind, mit dem Individualismus in Korrelation bringen. So spricht – zumindest im soziologischen Sinne – manches dafür, daß etwa die deutsche Gesellschaft (weit mehr aber noch z. B. die japanische) der Frau nicht dieselben Chancen auf individuelle Entfaltung läßt. Wenn auch Frauen in Deutschland mittlerweile weit überwiegend eine Berufsausbildung anstreben, so bleibt es doch zumeist die Regel, daß der Beruf der Frau in einer Ehe das Nachrangige ist. Der Mann, der den Erziehungsurlaub nimmt, ist – wie oben erwähnt – die seltene Ausnahme. Diese Konstellation dürfte schon bei der typischen Partnerwahl antizipiert werden, und selbst diejenigen, die mit ganz anderen Absichten starten, geraten dann doch nur zu leicht in diese typische Rollenverteilung.

Diese Rolle der Frau erwähnen, heißt also erkennen, daß solcher Individualismus schon in seinen scheinbar oder anscheinend gesellschaftlich positiven Funktionen oft nur um den Preis möglich wird, daß sich eine Frau für den Haushalt, für die Kindererziehung usw. in die Pflicht nehmen läßt. Ob allerdings dies schon negativ zu bewerten ist, steht dahin. Immerhin haben viele Gesellschaften Verfahren entwickelt, die Frau an der Anerkennung für den Mann teilhaben zu lassen. Doch solches als Teilhabe zu bezeichnen, bedeutet heutzutage, besorgen zu müssen, daß man auch noch die infamsten Mittel der Männergesellschaft gutzuheißen verdächtigt wird, Mittel, die nur dazu dienen, der Frau die ihr gemäße Rolle zu verweigern.

Was in solchen Fällen die Wahrheit ist, der fein übertünchte Betrug an der Frau oder die gerechte Anerkennung ihres Beitrags, dürfte letztlich nur jedes Paar für sich ausmachen können. Der Verdacht, daß fortbestehende Rollenklischees der Frau mehr an Freiheit und deshalb an individueller Entfaltung verweigern als dem Mann, sollte allerdings auch von demjenigen eingeräumt werden können, der ansonsten feministischer Überzeugungen nicht zu überführen ist.

Die Anerkennung von Leistungen des einzelnen durch die Gesellschaft und die damit zumeist verknüpfte Definition von Leistungen durch die Gesellschaft sind nun ein Teilaspekt des umfassenden Beziehungsgeflechts von Individuum und Gemeinschaft bzw. Gesellschaft. Der Individualismus erweckt allerdings den Eindruck, als sei das Individuum das Primäre und als leiteten sich die Gesellungsformen daraus ab. Dagegen hat indes Norbert Elias darauf aufmerksam gemacht, daß Gemeinschaft und Gesellschaft nicht etwa abseits der Individuen bestehen, sondern daß sie die Gemeinschaft bzw. Gesellschaft der Individuen sind.

Trotzdem liegt die Erwägung nahe, daß dem Individuum eine Art „ontologischer" Vorrang zukommt, daß also das ursprünglich Seiende das Individuum ist und die Gesellungsformen nur unter der Voraussetzung des Vorhandenseins von Individuen bestehen. Doch solcher Vorrang allein besagt noch nicht unbedingt viel, zumal genauso feststeht, daß das Individuum schon um einer gesunden psychischen und geistigen Entwicklung willen der Gemeinschaft mit anderen Menschen bedarf.

Ohne das uralte Thema Individuum und Gemeinschaft hier schon einer etwas näheren Bestimmung zuführen zu müssen (siehe dazu aber Kapitel 17), läßt sich doch leicht einsehen, daß es mit der schlechthinnigen „Freistellung" des einzelnen von menschlichen Gesellungsformen nichts ist. Wo deshalb der Individualismus das Individuum veranlaßt, sich von aller menschlichen Gemeinschaft entpflichtet zu fühlen, zeigt er sich offenbar in seinen Zerfallsformen. Solche Zerfallsformen liegen auch vor, wo es den einzelnen an fairen Ausgangsbedingungen, an Fähigkeiten oder auch an Willenskraft fehlt und sie angesichts der Leistungskriterien der Gesellschaft verzagen, versagen usw.

Diese und andere Gründe des Ausscherens aus dem üblichen Leistungskontext einer Gesellschaft führen aber auch z. T. dazu, daß Menschen sich neue, vermeintlich oder tatsächlich sozial legitimierte Lebensinhalte zu erschließen suchen. Dabei nehmen die Hobbys tendenziell für viele Menschen eine zentralere Rolle ein als die üblichen Formen der Leistungserbringung. Solche Surrogate haben im übrigen in der Marktwirtschaft viele sehr ernsthaft erscheinende „Professionen" begründet, die z. T. weit höhere Dotationen garantieren als reguläre Arbeit.

Zugleich damit ist aber auch jene Dimension angesprochen, die heutzutage die größte Rolle spielt, diejenige der Erlebnisse. Der Individualismus erlaubt samt Wohlstand und nie dagewesenen technischen

Möglichkeiten die planmäßige Suche nach Erlebnissen auf Reisen, in sportlichen Betätigungen usw. Es mag mitunter sein, daß sich aus solchem Engagement neue, durchaus ernsthafte und für die menschliche Gemeinschaft sinnvolle Arten der Betätigung ergeben. Größerenteils aber sind hier wohl Zweifel erlaubt. Mit dieser Entwicklung hängt dann auch der Stellenwert der Freizeit zusammen, die der deutsche Bundeskanzler Helmut Kohl anläßlich eines Asienbesuchs im Herbst der Jahres 1996 als „Ersatzgott" seiner Landsleute bezeichnet hat.[10] Frühere, möglicherweise etwas unpopuläre Versuche dieses Kanzlers, solcher Entwicklung entgegenzuwirken, sind allerdings nicht bekanntgeworden.

Die „Erlebnisgesellschaft", die nach dem Sozialwissenschaftler Gerhard Schulze zugleich in ein Auseinanderdriften von Teilkulturen der Gesellschaft führt und gegenseitiges Nichtverstehen nach sich zieht, zeigt also eine problematische Entwicklungsrichtung des Individualismus.[11] Der Bischof der Diözese Limburg, Franz Kamphaus, hat es in einem größeren Zeitungsartikel ähnlich ausgedrückt: „Hand in Hand mit der Individualisierung geht die Pluralisierung: Jeder stellt sich sein Lebenskonzept aus einer Fülle von heterogenen Anschauungen zusammen. Das Ergebnis sind bunte Patchwork-Identitäten…"

Kamphaus führt die Entwicklung mit guten Gründen auf die ausschließliche Fixierung von Menschen auf das Diesseits zurück: „Aber die heute gängige Lebenseinstellung vertröstet mit dem Diesseits. Die Folgen treten klar zutage: Das maßlose Glück muß jetzt stattfinden. Wer unter dem Zwang des großen Glücks steht, wird alles dransetzen, das Glück für sich selbst zu maximieren, besonders wenn die Glückschancen knapper werden... Die Fixierung auf das Diesseits, verbunden mit der Angst, ja nichts zu verpassen, entsolidarisiert."[12]

Aber es gibt noch andere und noch problematischere Verfallsformen des Individualismus oder doch jedenfalls Formen der Antwort auf den Individualismus unserer Zeit: Gruppenbildungen mit ideologischer Ausrichtung, in denen die Menschen die ihnen vermeintlich gemäße Einbindung und Sinnstiftung finden, dazu gehören auch Rechts- und Linksextremisten. Wo aber ähnliche „Geborgenheit" gesucht und nicht gefunden wird, stehen oft genug Ängste oder andere Formen psychischer Bedrängnisse. Was die heutige Gesellschaft auf diesen Feldern zu bieten hat, nimmt jedenfalls ein breiteres Spektrum als jemals zuvor in der Menschheitsgeschichte ein.

Vieles an dieser Gesellschaft ähnelt jener Situation, in der der Patient seinem Psychiater von seinen Ängsten berichtet und in der schließlich der Arzt selber so sehr in Ängste gerät, daß er die weitere Behandlung verschieben muß. Der Arzt hat selber kaum mehr Halt als der Patient. Die Angst scheint zum Kehrbild des Individualismus zu werden, zumindest zu den wichtigsten seiner Verfallsformen. Das haben einschlägig aktive Kreise so gut begriffen, daß sie versucht haben und versuchen, damit politische Geschäfte zu machen.

Man denke hier nur an jene beklemmenden „sozialwissenschaftlichen" Erhebungen, die vor Jahren belegen sollten, daß Kinder unter der Angst vor dem Atomkrieg litten. Zur Richtigstellung mag es heutzutage nach der Verabschiedung und Durchführung weitgehender Abrüstungsverträge möglich sein zu betonen, daß jene Kinder wohl mehr unter ihren Eltern, ihren Lehrern, den einschlägig tätigen Sozialpädagogen und Fernsehredakteuren gelitten haben als unter jener Angst.

Was aber auch Erwachsene vermeintlich besten Wissens aus purer Angst meinen inszenieren zu müssen, hat nicht zuletzt jene Episode gezeigt, die sich im Februar 1987 abspielte. Da waren es, man muß es festhalten, einige Waggonladungen von „strahlenverseuchtem" Molkepulver gewesen, welche die Menschen noch des Nachts auf die Bahngeleise trieben. Das Pulver, das von jener Milch stammte, welche die Kühe in Süddeutschland kurz nach der Reaktorkatastrophe von Tschernobyl im April/Mai 1986 gegeben hatten, war so schwach radioaktiv, daß der einzelne schon beträchtliche Mengen davon hätte verzehren müssen, um zu erkranken.

Aber die Angst vor Radioaktivität und Atomkraft brachte heldenhaft Erscheinendes zustande. Nächtliche Wachen erwarteten den Zug mit den Waggons vor einem Bundeswehrgelände im Emsland. Als handle es sich geradezu um eine Atombombe, kämpften Menschen für die Lösung des vermeintlich menschheitsbedrohenden Problems. Also setzte die – von der Hysterie zumindest indirekt miterfaßte – Bundesregierung eine Entsorgungsprozedur in Gang, welche zweistellige Millionenbeträge kostete. Während im Verhältnis dazu – unter Berücksichtigung der Gefahrenlage – die Hilfe für die Kinder von Tschernobyl nur tröpfchenweise floß, übte man sich in der Bundesrepublik in Geisteraustreibung. Mit der Technik aber, die speziell für den Entsorgungsfall entwickelt worden war, konnte man in anderen Ländern niemanden beeindrucken. Man hätte vielleicht unter den entsprechenden Prospekten die Bezeichnung „deutsche Angstmaschine“ führen sollen, um evtl. wohlhabende Museen in anderen Ländern zum Kauf derselben zu bewegen.

Lange vor allen solchen Erscheinungsformen von Angst hat aber das deutsche Geistesleben noch eine fundamentalere Behandlung dieses Themas erfahren. Im Ausgang von der Philosophie oder besser der Theologie des Dänen Sören Kierkegaard war es Martin Heidegger, der in seinem Werk „Sein und Zeit“ die „Grundbefindlichkeit der Angst als eine ausgezeichnete Erschlossenheit des Daseins“ glaubte nachweisen zu können. In der Angst ängstige sich der Mensch um sein „In-der-Welt-sein“, meinte Heidegger. Er ängstige sich vor dem Nichts, dem Tode. In der Verfallenheit an das „Man“ (also z. B. in der Anpassung an Bezugsgruppen usw.) suche er dieser Blickrichtung zu entkommen. Nur die Angst aber eröffne den einzig zutreffenden Blick.[13]

Auch wenn diese Angst etwas ganz anderes zu sein scheint als jene vorab erwähnten Ängste, läßt sich vielleicht doch vertreten, daß die Angst in dem umfassenden, philosophischen Sinne ihre Gegenstände sucht. Die Angstphänomene unserer Zeit haben ja doch offenbar mit der existenziellen Verfaßtheit der Menschen zu tun, diese wiederum wird vornehmlich durch den Individualismus geprägt. Nicht zuletzt mit seiner Absage an das platte „Man“ bestätigt Heidegger, daß er dem strikten Individualismus huldigt.

Anders als es Heidegger lehrt, eröffnet solche Angst aber keine rational verwertbare Blickrichtung. Daß der Tod zum Leben gehört, ist eine solch gewaltige Entdeckung nicht. Und daß sich Menschen mit dem Tode auseinandersetzen müssen, wenn sie ein Leben aus eigener Verantwortung führen wollen, hat ebenfalls nicht Heidegger entdeckt. Zum Leben aus eigener Verantwortung gehört aber auch, daß dem Menschen der Mitmensch schlechthin aufgegeben ist, wovon bei Heidegger nicht gerade viel zu finden ist und was die Schwäche seiner Philosophie in Sachen Ethik sowie die Gründe für sein Verhalten zumindest in der früheren Nazizeit augenfällig macht.

Die sichere Aussicht auf den eigenen Tod muß eben nicht zur apathischen Angst führen, sie kann vielmehr ein vernunftgegründetes Handeln zur Folge haben, das im Engagement für den Menschen und die Kreatur stets auch über das Dasein des einzelnen Menschen hinausweist. Auch wenn es falsch ist, nur das Außerordentliche zum Leitbild zu erheben, so gilt doch jedenfalls, daß der Opfertod eines Maximilian Kolbe alles andere als „sinnlos“ war. Er legt Zeugnis davon ab, was Menschen wahrhaft zu Menschen macht.

Es geht also letztlich um einen Individualismus, der die Angst in der mitmenschlichen Tat zu überwinden in der Lage ist, nicht durch Vergessen und Verdrängen – durch Seinsvergessenheit, wie Heidegger meint –, sondern durch die Orientierung an einem über den Tod hinausweisenden Sinn. Daß eine demokratisch-pluralistische Wohlfahrtsgesellschaft als solche derlei Perspektiven nicht gerade in den Mittelpunkt ihrer Ausrichtung stellen wird, läßt sich leicht begründen. Aber daß sie ohne Menschen, die solche Perspektiven beherzigen, auskäme, ist gänzlich unwahrscheinlich.

Erst der Individualismus scheint den einzelnen übrigens soweit bringen zu können, daß er – basierend auf rationalem Differenzierungsvermögen – zu uneingeschränkter Toleranz, zur Annahme des anderen in seiner Andersheit gelangen kann. Der Weg der Individualisierung, auf dem der einzelne geht, wird bewußt beschritten in Abgrenzung gegen die Wege anderer. Und nur indem man dem (nahestehenden) anderen ebenfalls seinen eigenen Weg gehen läßt, ist auch der eigene zu rechtfertigen. Je konsequenter aber der Individualismus, desto mehr erkennt derjenige, der ihn praktiziert, daß der Komplementärbegiff des schlechthin konsequenten Individualismus die Allheit der Individuen ist.

Auf Grund seiner Schwächen die Abkehr vom Individualismus zu fordern, wie dies die Kommunitarier teilweise tun, kommt dem Ansinnen nach partieller Aufhebung der Vernunft, der Forderung nach Rücknahme von Aufklärung gleich. Der menschheitsgeschichtliche Fortschritt des Individualismus liegt ja besonders auch darin, daß er z. B. den potentiellen Haß auf Menschen anderer Gruppenzugehörigkeit, anderer Kulturen oder gar „Rassen“ ausschließt. Nur wo das Individuum, jedes Individuum, jeweils die Mitte bildet, kann die prinzipielle Gleichheit aller Individuen zur unumstößlichen Konsequenz werden.

Erst der Individualismus in seiner konsequentesten Form eröffnet also den Blick für strikte Verallgemeinerung, wie sie entscheidendes

Element der sittlichen Norm ist. Selbst wenn also die Menschen, wie Bischof Kamphausen (s.o.) andeutet, aller Religion entsagen, eröffnet sich im Individualismus doch auch noch etwas anderes: eine universell gültige Moral, der gemäß jeder Mensch jedem etwas schuldet, die ihn „einflechtet", verpflichtet. Konsequentester Individualismus kann gerade nicht mehr bei sich selber stehenbleiben, sondern bedenkt das Recht jedes anderen Individuums mit, Individuum sein zu dürfen.

1 Norbert Elias, Über den Prozeß der Zivilisation, Frankfurt/Main 1976 Bd. I/II.

2 Wolfgang Brezinka, Vertrauen zerstören, verneinen, umwerfen, FAZ vom 16. Dezember 1980.

3 ders. Die Wiederbelebung der Tüchtigkeit, FAZ vom 28. April 1988.

4 Klaus Rainer Röhl, Die Generation der Hypochonder, Die Welt, 19. Feb. 1994.

5 Karl Homann, Individualisierung: Verfall der Moral? in Aus Politik und Zeitgeschichte, Beilage zur Wochenzeitung Das Parlament, B 21/97, Bonn 1997, S. 13.

6 Vgl. z. B. Vaterlandslose Gesellschaft, FAZ vom 12. Juni 1996.

7 Tanz ums goldene Selbst, Der Spiegel, Heft 22 von 1994.

8 Zbigniew Brzezinski, Gesellschaft ohne Maßstäbe, Die Welt, 5. Februar 1994.

9 Franz M. Oppenheimer, Konsumismus, ungezügelter Hedonismus, anarchische Nachgiebigkeit, FAZ vom 12. Januar 1994.

10 Der deutsche Ersatzgott namens Freizeit, FAZ vom 2. November 1996.

11 Gerhard Schulze, Die Erlebnisgesellschaft, Kultursoziologie der Gegenwart, Frankfurt 1992.

12 Franz Kamphaus, Lebt sich der Mensch am Ende selber aus? FAZ vom 4. Juni 1994.

13 Martin Heidegger, Sein und Zeit, Tübingen 1963.

Kapitel 14

Zwischenmenschliche Deformationen

Wo indes individualistische Bestrebungen Sache bloßer Willkür sind, wo der Individualismus also inkonsequent bleibt und der einzelne sein eigenes Tun nicht durchgehend an dem Kriterium prüft, was geschähe, wenn alle anderen nach derselben Devise handelten, sind Deformationen die Folge. Und wenn die Zahl solcher Individuen groß ist, schlagen sich diese Deformationen auch sichtbar in einer ganzen Gesellschaft nieder.

Inkonsequenter Individualismus tendiert nämlich dazu, auch dort Abstriche zu machen, wo es um die Verallgemeinerungsfähigkeit des Handelns im Rahmen rechtlicher Normen geht. Die Befolgung der Gesetze wird zwar von allen anderen erwartet, der einzelne aber gestattet sich Übertretungen, sofern er keine Sanktionen zu gewärtigen hat. Allerdings spricht, wie früher dargelegt, genausoviel dafür, daß besonders in der Bundesrepublik das Normensystem den inkonsequenten Individualismus begünstigt: wie etwa der Arbeitnehmer nach den dem Tarifrecht zugrunde liegenden Voraussetzungen Solidarität mit seinen Kollegen empfindet, den Arbeitslosen aber nicht als seine Sache ansieht.

Daß die Befolgung des Rechts in der heutigen Gesellschaft zu wünschen übrig läßt, gehört zum Gemeingut der Thesen über die Gesellschaft der Gegenwart. Man betrachte nur die immer noch zunehmende Zahl der Eigentumsdelikte. Oft genug stehlen sogar Menschen, die es gar nicht nötig haben, Dinge, die sie vielleicht kaum brauchen oder die sie sich problemlos kaufen könnten.

Der damalige Präsident des Bundesverwaltungsgerichts, Horst Sendler, hat mit Bezug auf solche und ähnliche Erscheinungen zum Auftakt des 45. Deutschen Anwaltstages im Mai 1989 in München erklärt, der Respekt vor dem Rechtsstaat sei in weiten Teilen der Bevölkerung abhanden gekommen. Das geltende Recht werde häufig gar nicht mehr oder nur noch dann befolgt, wenn es den Betroffenen „in den Kram paßt“.

„Das Recht verliert seine Macht“, hieß ein Artikel des früheren Braunschweiger OLG-Präsidenten Rudolf Wassermann. Der „selektive Rechtsgehorsam bereichert nicht die freiheitliche Demokratie, sondern zerstört ihre rechtsstaatlichen Grundlagen", erklärte er.[1]

In einem Land, in dem es die meisten Richter pro Kopf der Bevölkerung gibt, liegt damit die Frage auf der Hand, ob hier nicht auch die Richter selber durch überspitzt feinsinnige oder evtl. widersprüchliche Auslegung des Rechts eher einen Beitrag zur Schwächung als zur Stärkung des Rechts leisten. Man denke nur an all die Problembereiche, in die sich das Bundesverfassungsgericht durch eine immer weitergetriebene Interpolation der Verfassungsbestimmungen ohne Not hat hineinziehen lassen, statt zu sagen, dies oder jenes sei durch die Verfassung nicht geregelt.

Oder man denke an das Steuerrecht, das so kompliziert und mit so vielen Ausnahmeregeln versehen ist, daß sich der Bürger davon eo ipso betrogen fühlt, wenn es ihm gegenüber nur erwähnt wird. Gerade vom Steuerrecht aus gesehen wird es verständlich, daß unter Kennern wohl Einigkeit darüber besteht, daß die „zunehmende Normendichte" in Deutschland dem Recht insgesamt schadet. Verrechtlichung, „Überfeinerung" des Rechts, aber auch seine kaum mehr faßbare Gesamtlogik und seine häufigen Änderungen sind dem Gemeinwesen offensichtlich abträglich.

Welche sonstigen Gründe bzw. Ursachen es nun immer haben mag, jedenfalls hat die bedenkenlose Einstellung, die viele Menschen zu einigen Rechtsnormen angenommen haben, längst auch eine moralische Seite. Jene strikte Verallgemeinerung der sittlichen Norm, die sich als praktische Konsequenz aus dem folgerichtig durchdachten Individualismus ergibt (s. o.), findet in der sozialen Wirklichkeit der Bundesrepublik großenteils nicht statt, kann angesichts der Unübersichtlichkeit des Normensystems auch kaum mehr wirklich stattfinden. Dabei würde gerade die Frage, was denn wohl wäre, wenn alle dasselbe fordern würden wie ich, sehr häufig zur Mäßigung führen.

Statt dessen hat die Zahl der Rechtsstreitigkeiten unter den Bürgern Spitzenquoten erreicht, weshalb es für Rechtsschutzversicherungen schon lohnen dürfte, für ihre Kundschaft die Plastikkarte einzuführen. Wäre nicht überall in solchem System seine Zukunftslosigkeit schon absehbar, kämen Politiker mutmaßlich auch noch auf die Idee, man müsse in Fortbildung der Prozeßkostenhilfe die Rechtsschutzversicherung als neuen Zweig der Sozialversicherung einrichten, damit sich auch die Kleinen im Prozeßfall gute Anwälte leisten können.

Unter den vielfältigen Zivilprozessen spielen im übrigen Nachbarschaftsklagen eine beachtliche Rolle. Altbewährte Formen der Mitmenschlichkeit sind im Verfall begriffen oder gar nicht mehr vorhanden. Und es gibt sozial engagierte Politiker in den großen Parteien, die solche Verfallserscheinungen praktizierter Mitmenschlichkeit beklagen und doch zugleich ein wichtiges Ziel darin sehen, das System der sozialen Sicherung in der Bundesrepublik immer noch weiter zu komplettieren. Nachbarschaftshilfe, was soll sie noch, wenn überall gesicherte sozialstaatliche Ansprüche gelten?

Die Ausnutzung der Sozialkassen durch viele Bürger läßt wiederum jedes Empfinden dafür vermissen, daß nur den Bedürftigen Unterstützung zustehen sollte. Evtl. ließen sich sogar Gründe für die Annahme finden, daß gerade auch die Zugriffsmöglichkeiten auf anonyme Töpfe den Eigentumsbegriff ausgehöhlt haben: Sobald es heißt, hier handele es sich um einen Versicherungsschaden, ist alles bekanntlich nur noch halb so schlimm. Ein Sozialsystem aber, das den Mißbrauch belohnt und so die Charakterschwäche zum Leitbild macht, stärkt nicht etwa den moralisch konsequenten Individualismus, sondern schwächt ihn.

Doch nicht nur jene zwischenmenschlichen Beziehungen, die früher teilweise an der Stelle heutiger Sozialsysteme standen, haben an Beständigkeit eingebüßt. Es sind – wie schon angedeutet – gerade auch persönlichkeitsbestimmende Beziehungen, die von dem Wandel erfaßt werden. Zwar wünschen und suchen die Menschen zuallererst beständige Beziehungen, und dabei spielt die Ehe nach wie vor eine herausragende Rolle. Dennoch wird mittlerweile jede dritte Ehe geschieden, in manchen Regionen schon fast jede zweite, geschieden vielleicht auch deshalb, weil von einer Beziehung zu viel erwartet wurde bzw. von einer anderen Beziehung mehr erwartet wird.

Norbert Blüm hat es einmal sehr drastisch geäußert (FAZ vom 19.10.82): „Die Ehe degeneriert zu einem Interessenbündnis, dessen Kündigung fällig wird, wenn der Nutzenaustausch auf der einen Seite in die roten Zahlen gerät.“ Man darf dies allerdings nicht unreflektiert in einen Zusammenhang mit den Emanzipationswünschen vieler Frauen bringen. Zwar mag es auch insoweit überzogene Erscheinungen geben. Aber gerade angesichts heutiger Ehen mit einem oder mit zwei Kindern sollte auch klar sein, daß eine Ehe auch einer Frau noch Entfaltungsmöglichkeiten lassen muß. Bemerkenswert ist sogar, daß nach neueren Untersuchungen die Berufstätigkeit der Frau – statistisch gesehen – keinen erkennbaren Einfluß auf die Scheidungshäufigkeit ausübt. Ganz anders verhält es sich mit der Arbeitslosigkeit des Mannes, die offenbar in jeder Hinsicht für viele Ehen zerrüttende Auswirkungen hat.

Neben der Häufigkeit der Scheidungen ist es für die heutige Zeit kennzeichnend, daß der Suche nach verläßlichen Beziehungen nicht selten die Angst vor Abhängigkeit im Wege steht. Ein fester Partner legt eben bestimmte Rollensegmente im Leben weitgehend fest, und damit sind die Entwicklungsmöglichkeiten beengt. Andere Partner eröffnen andere Chancen der Selbstverwirklichung. Und es gibt nach Ansicht großer Teile unserer Gesellschaft kaum Höheres als Selbstverwirklichung, so als käme hier der Individualismus in sein ureigenstes Ziel. Mit dem Da-Sein für andere hat solcher Individualismus nur noch wenig zu tun, oder um es mit Immanuel Kant zu sagen: Der andere fungiert hier weniger als „Zweck an sich", sondern vielmehr als bloßes Mittel.

Auch wenn man sich vielfältige Formen der Entwicklung eines Menschen vorstellen kann und es deshalb kaum zulässig wäre, in der Ehe und dem Aufziehen eigener Kinder den einzig möglichen Weg des Menschen sehen zu wollen, scheint dieser Weg heutzutage doch zu sehr in Frage gestellt zu werden. Liegt nicht nach wie vor in einer gelungenen Ehe die Realisierung eines ideellen oder evtl. auch eines metaphysischen Elements durch den Menschen? Was bedeuten letztlich viele sonstige Entfaltungsformen gegenüber jener bewußt gewollten Form des Miteinanders zweier Menschen ein ganzes Leben hindurch? „Junge Paare müssen sich vor Bekannten rechtfertigen, warum sie überhaupt noch vor den Traualtar treten", hat die Sozialwissenschaftlerin Heike Matthias-Bleck vom Institut für Frau und Gesellschaft Ende 1996 auf einer Tagung in Tutzing erklärt, oft müsse ein Kind als Vorwand herhalten.[2]

Die nichtehelichen Lebensgemeinschaften unserer Tage vermeiden – zumindest großenteils – offenbar bewußt den Versuch der Verwirklichung eines Ideellen in ihrem Leben. Dabei ist es vielleicht das beste Ideelle, was für viele Menschen erreichbar sein mag, wobei dieses Ideelle merkwürdigerweise sehr viel Realismus voraussetzt. Es gilt, den anderen Menschen anzunehmen, wie er ist.

Angesichts zu vieler gescheiterter Ehen und angesichts der Unzahl von Gründen und Ursachen, die solches Scheitern erklärlich machen, wird zu oft gar nicht mehr erkannt und auch kaum mehr vermittelt, was eine Ehe ausmacht bzw. ausmachen könnte. Gerade hier ist jedenfalls auch wahrhafte Mitmenschlichkeit gefordert. Und aus solcher Mitmenschlichkeit erschließt sich die weitere: die Liebe zu den eigenen Kindern, gewiß eine völlig natürliche Sache und doch eine Angelegenheit, die den Menschen immer neu prüft und zu immer neuen Stufen der Reife führt.

Jene Fälle indes, bei denen ein Ehepartner die Familie verläßt, um sich angeblich selbst zu verwirklichen, sind unter dem Gesichtswinkel des Festhaltens an solchem, was ein Selbst im Sinne eines Geistigen, Ideellen ausmacht, schlichtes Versagen. Es mag heute schon als nostalgisch angesehen werden, wenn man ein Bekenntnis betrachtet, das die Witwe des 1945 von den Nazis hingerichteten Helmuth James Graf von Moltke, Freya von Moltke, noch im Jahr 1990 ablegte: Es gelte, sagte sie zu demjenigen, was sie und ihren Mann verbunden hatte, „den Funken über die Zeit zu tragen".[3]

Wie beim Verhältnis zwischen Mann und Frau, so sind auch beim Verhältnis zwischen Eltern und Kindern problematische Entwicklungen im Gange, von denen schon oben einige Erwähnung fanden. Einerseits haben der nie dagewesene Wohlstand und die geringe Zahl der Kinder diese vielfach zu Luxuswesen gemacht, denen häufig kaum mehr ein wirklicher Pflichtenkodex und die nötige Härte zu seiner Einhaltung vermittelt wird. Infolgedessen haben oft die besonders behüteten Kinder am wenigsten gelernt, Hürden zu nehmen, Härten durchzustehen. Andererseits haben vielfältige Deformationen – auch durch den „Markt" der Anfechtungen bedingt – in einem Maße zum Mißbrauch und zur Irreführung von Kindern geführt, wie dies in früheren Zeiten kaum denkbar schien.

Als Konsequenz aus einzelnen Mißständen ist dann durch Gesetzgeber und Gerichte als vermeintliche Verbesserung gesellschaftlicher Zustände das Verhältnis zwischen Eltern und Kindern mehr und mehr verrechtlicht worden. Nun hat das Recht, das Kindern gegenüber ihren Eltern gesicherte Ansprüche gibt, zweifelsohne seine Vorzüge. Aber wo solche Ansprüche bestehen, entsteht nur zu leicht bei vielen jungen Leuten auch wieder der Eindruck, den Eltern nichts zu schulden. Ihnen, so glauben sie, stehe es zu, zu fordern.

Als weitgehend abwegig dürfte in unserer Zeit auch der Gedanke gelten, daß den Pflichten der Eltern gegenüber den Kindern die Pflichten der Kinder gegenüber den Enkeln entspringen könnten. Ähnlich selten scheint die Auffassung zu sein, daß es ganz allgemein die Mitmenschlichkeit ist, die jeder Mensch den Menschen schon für sein eigenes Menschwerden schuldet.

Das bei weitem trübste Kapitel in diesem Zusammenhang ist die Einstellung, die sich in unserer Zeit hinsichtlich der Anschauungen über das Recht auf sexuelle Freiheit und über den Anspruch auf die Beseitigung der Folgen des entsprechenden Tuns herausgebildet hat. Heute kommen in der Bundesrepublik auf fünf geborene Kinder drei abgetriebene. Jene Politiker aber, die in den siebziger Jahren die Indikationslösung des § 218 Strafgesetzbuch beschlossen und dabei die Überzeugung vertreten hatten, sie täten damit etwas gegen die große Zahl der Abtreibungen, sind insoweit noch nicht einmal zu einer selbstkritischen Einkehr bereit.

Daß heute der an der Schwangerschaft beteiligte Mann und das familiäre Umfeld der Frau tendenziell der Überzeugung sind, es bestünde ein Anspruch auf Abtreibung, und daß sie deshalb der werdenden Mutter in einer Zeit psychischer Labilität entsprechend zusetzen, wird mittlerweile allgemein eingeräumt, ohne daß daraus irgendwelche Konsequenzen gezogen würden. Und ausgerechnet die Feministinnen kämpfen mit ihrem vollem Einsatz für ein Recht auf Abtreibung zugleich für die Freistellung des Mannes von den Folgen seiner Abenteuer.

Natürlich geht es nicht mehr um eine weitere Neuregelung des § 218 Strafgesetzbuch, sondern um die Frage danach, was der Mensch als solcher dem Mitmenschen schuldet. Wie soll es unter moralischen Gesichtspunkten erträglich sein, daß Menschen frei darüber verfügen, ob ein bereits existierender, unwiederbringlicher Mensch schlicht entfernt wird? Und spielt der Schmerz dieses Kindes, der angesichts seiner aussichtslosen Flucht vor den Gerätschaften eines Arztes nicht auszuschließen scheint, keine Rolle? Wie kann sich noch ein menschliches Gewissen beruhigen, wenn es jene Aufnahmen gesehen hat, die den verzweifelt ausweglosen Kampf eines Kindes im Mutterleib um sein kleines Leben zeigen?

Wo aber solchermaßen die fundamentalste Bindung zwischen zwei Menschen, die soeben erst wachsende Bindung zwischen Mutter und Kind, zerstört wird zum Nachteil des schutzlosen Kindes, verändern sich die Menschen auch selbst. Wenn irgendwoher, dann muß sich alle Mitmenschlichkeit letztlich aus dieser Bindung erschließen. Wer darüber glaubt frei disponieren zu können, leugnet ein Stück weit seine eigenen Wurzeln als Mensch.

Aussagen von Ärzten, daß viele Frauen nach einer Abtreibung psychische Schäden von teilweise langer Dauer davongetragen hätten, werden zwar von anderen Ärzten und Sozialwissenschaftlern zurückgewiesen. Nach einer Untersuchung von Nada L. Stotland[4] sollen medizinische, psychologische und soziologische Erhebungen nichts von einem „Post-Abort-Syndrom" zutage gefördert haben. Echte psychische Erkrankungen nach einem Schwangerschaftsabbruch seien selten. Freilich besagt das noch wenig, denn Veränderungen betreffend die moralische Identität eines Menschen dürfen nicht mit Erkrankungen verwechselt werden.

Was wird beispielsweise eine Frau empfinden, die Jahre nach einer Abtreibung doch noch ein Kind zur Welt bringt und es wie andere Mütter aufziehen möchte? Wie erklärt man sich vor sich selber die Liebe zu dem einen Kind, während man dem Geschwisterchen keine Chance auf ein Leben gelassen hat? Es scheint, als müsse hier das Gegenteil des Moralprinzips der Verallgemeinerung internalisiert werden, um nicht im Lächeln des lebenden Kindes den Vorwurf des getöteten mitzuempfinden. Während zahlreiche kinderlose Ehepaare oft vergeblich auf die Chance warten, ein Kind adoptieren zu können, scheint Hunderttausenden von Müttern dennoch die Abtreibung die einzige Möglichkeit zu sein, für sich ihr Problem zu lösen.

Die Leichtigkeit, mit der sich die heutige Gesellschaft über solche Einschnitte in die Menschlichkeit als solche hinwegsetzt, hat wohl vor allem zu tun mit der Auffassung vom kleinen sexuellen Fehltritt, den es zu verzeihen gelte. Mit solcher Großzügigkeit wird aber eingeräumt, daß es dem Menschen einfach gestattet sein soll, Dinge zu tun, die er nicht wirklich verantworten kann. So, als ob man auch bei allen Straftaten ein Widerrufsrecht vorzusehen in der Lage wäre wie bei Haustürgeschäften: Wer seine Tat bis zu drei Monate nach ihrer Durchführung widerruft, müßte dann von Strafe freigestellt werden – die Unsinnigkeit des Gedankens bedarf keiner weiteren Beleuchtung.

Auch der Aidskranke muß für seinen Fehltritt in einer Weise „zahlen", wie es der lockeren Auffassung von der sexuellen Freizügigkeit nicht entsprechen will: Zurück zur Verantwortung sollte deshalb die Devise auch in sexuellen Dingen lauten. Daß Menschen einander nur als Mittel zum Zweck benutzen, und daß dies teilweise auch noch als eine Art Aufklärung angesehen zu werden pflegt, ist das eigentliche Drama. Aber der angeblich aufklärerische Habitus der Film- und Illustriertenwelt bezüglich dessen, wie man Sexualität heute auffassen sollte, hat nach wie vor trendbestimmende Funktion. Das Bild eines angeblich normalen Lebens, das in solchen illustren Angeboten gezeichnet wird, hat jedenfalls nichts mit Moral, wohl aber mit jenen Trends der Marktwirtschaft zu tun, wonach mit allem Geschäfte gemacht werden, was Abnehmer findet.

Dagegen mit rechtlichen Mitteln vorgehen zu wollen, erscheint in freiheitlichen Staaten wenig aussichtsreich. Ob sich aber Menschen in großer Zahl für eine andere Haltung, für die volle Verantwortlichkeit gewinnen oder evtl. zurückgewinnen lassen? Aus dem Gesichtswinkel der Ethik sind derartige Fragen nicht zu beantworten. Denkt man jedoch speziell an elterliche Erziehung und Vorbildwirkung, würde vielleicht doch manch einer einräumen, daß man die Dinge nicht einfach laufen lassen muß.

Man kann gewiß kaum eine Statistik darüber führen, ob und wie viele Menschen sich von Moralgeboten überzeugen lassen. Wohl aber läßt sich etwa sagen, daß es sich viele der „tonangebenden" Personen speziell mit Bezug auf die Abtreibungsproblematik zu leicht machen, auch die angeblich verantwortungsvollen Politiker. Der Individualismus findet nur so weit Bestätigung, wie es sich als opportun erweist. Daß er im Abtreibungsfalle nur zugunsten der Mutter und zuungunsten des Kindes zu entscheiden erlaubt, beweist lediglich die bequeme Verbiegung der Maßstäbe.

Wer indessen ernsthaft der Meinung ist, daß die große Zahl der Abtreibungen ein Unglück ist, der müßte sich wenigstens zur Solidarität mit dem werdenden Leben bekennen, auch wenn er eine strafrechtliche Verfolgung der Abtreibungen ablehnt. Das Bundesverfassungsgericht hat insoweit ein wegweisendes Urteil gefällt. Aber liberalistische und auch solche Politiker, die nicht zögern, die Menschen im ökonomischen Sinne möglichst weitgehend zu bevormunden, haben sich mit viel Herzblut der Aufweichung dieses Urteils angenommen.

Der Gedanke, daß der Mensch zunächst einmal für all sein Tun, auch für das sexuelle, verantwortlich ist, will offenbar vielen Politikern und manchen Verbandsfunktionären, die von ihrem Mandat her kaum zu entsprechenden Äußerungen berufen sind, gar nicht mehr in den Kopf kommen. Wo solche Politiker und Funktionäre ihre Klientel vermuten, weitet sich das Gewissen so sehr, daß aus Dunkel Licht wird. Dabei hatte bekanntlich die Abtreibungsdebatte mit der These begonnen, daß das Recht in diesen Fragen nicht in der Lage sei, die Moral durchzusetzen. Nun wird sogar noch jeder moralische Vorwurf mit rechtlichen und finanziellen Mitteln (durch staatliche Beihilfe zu den Abtreibungskosten) weggeredet.

Betrachtet man alle vorerwähnten Beispiele von Defekten im zwischenmenschlichen Bereich, dann wird deutlich, daß zur Verantwortlichkeit des Menschen, zu seiner Rechenschaftslegungspflicht vor dem sittlichen Gebot, offensichtlich auch seine moralische Kontinuität durch die Zeit gehört. Moralische Identität will durch die Zeit durchgehalten sein, wenn sie Identität sein soll. Der Mensch „ist" mithin, wie von philosophischer Seite schon verschiedentlich geäußert, in gewisser Hinsicht zugleich seine eigene Geschichte. Zu dieser Geschichte gehören insbesondere seine sozialen Bindungen, innerhalb deren sich seine Moralität (zumeist) sichtbar niederschlägt.

Zwischenmenschliche Deformationen wie die erwähnten und andere mehr lassen indes den Aufbau einer solchen moralischen Identität, einer dem Menschen würdigen je eigenen Geschichte zu oft nicht zu. Der Elternteil, der die Familie verläßt, der sich scheiden läßt, wird – von Ausnahmen abgesehen – in der Erinnerung der Kinder zur gebrochenen Erscheinung. Den Kindern aber, inzwischen auch die „Scheidungsweisen" genannt, hilft die Soziologen-Empfehlung wenig, mit gespaltener Loyalität zu leben. Solche gespaltene Loyalität dürfte eine eigene Identitätsbildung im oben genannten Sinne zumindest erschweren.

Die werdende Mutter, die ihr Kind abtreiben läßt, wird den moralischen Bruch in ihrem Leben nur lückenhaft überwinden können. Gewiß, auch über alle solche Brüche bleibt ein Mensch ein Mensch, mag er sich neu um eine Identität im besagten Sinne bemühen. Aber könnte er anderen Menschen noch all das geben, was zu geben Sache des Menschen ist?

Jeder weiß, daß im moralischen Sinne bei wacher Beobachtung seiner selbst für keinen Menschen die Möglichkeit der Selbstgerechtigkeit gegeben ist. Wo solche entsteht, ist die Unmoral schon offen erkennbar. Aber zur Konsequenz eines sittlichen Gebots gehört es, an der Bemühung um seine Einhaltung die eigene Identität zu suchen bzw. zu bestätigen. Das bedingt in jedem Lebenslauf auch Härten, die es zu bestehen gilt und die so unterschiedlich sein mögen, wie es sich kaum eine Phantasie auszumalen vermag.

Auf die Pflicht zur Erstrebung solcher Identität ein ganzes Leben hindurch lassen sich schon Kinder schrittweise hinführen. Und unter Berücksichtigung solcher Vorgaben könnte man sogar, wie es möglicherweise manch einer meint, von „Selbstverwirklichung" sprechen. Solche Selbstverwirklichung würde nämlich das Sittengesetz als Richtgröße in jenem „Selbst" einschließen und mit ihm die sozialen Beziehungen eines Menschen. Aber die unterschiedlichen liberalistischen Strömungen der Wohlstandsgesellschaft und die von ihr gepflegte ausufernde Toleranz, die auch noch das Unmoralische toleriert, ziehen es vor, den Menschen jede Überforderung zu ersparen.

Insoweit ist unsere Zeit gelehrige Schülerin eines Sigmund Freud, obwohl dessen Thesen zum „Über-Ich" eher in die Endphase des Viktorianischen Zeitalters paßten, in dem sie entstanden sind, als in unsere Zeit. Freud führte die Bildung eines Über-Ich bekanntlich auf die Abhängigkeit eines Kindes vom Elternhaus zurück: „Als Niederschlag der langen Kindheitsperiode, während der der werdende Mensch in Abhängigkeit von seinen Eltern lebt, bildet sich in seinem Ich eine besondere Instanz heraus, in der sich dieser elterliche Einfluß fortsetzt. Sie hat den Namen des Über-Ichs erhalten".[5]

Ohne diese Lehre des näheren diskutieren zu müssen, fragt sich im Zusammenhang unserer Ausführungen lediglich, ob jene geforderte moralische Identität ein solches Über-Ich darstellen könnte. Mit Bezug auf die Lehre Freuds sind indes jene psychischen Faktoren, welche dank des Einflusses eines Elternhauses zur Konstitution eines Über-Ich führen, für die hier ins Auge gefaßte moralische Identität gar nicht erheblich. Die ist vielmehr die Identität eines Ich und nicht eines Über-Ich, auch wenn es derlei Identität nach Freuds Theorie gar nicht geben mag. Solche Identität läßt sich nur finden unter Bejahung der jeweils eigenen Naturverbundenheit, der eigenen Faktizität; dies jedoch so, daß man gerade nicht bei der bloßen Faktizität stehenbleibt, sondern das Menschenmögliche verwirklicht.

Zusammenfassend betrachtet, deutet sich folgendes an: In dem rechtlichen und gesellschaftlichen Normengeflecht samt allen zwischenmenschlichen Beziehungen findet – ob implizit oder explizit – immer auch eine Selbstinterpretation des Menschen statt. Dabei scheint es so zu sein, daß bei vielen Bürgern ein ausgeprägt selektives Verhalten gegenüber einer Vielzahl von Anforderungen aller Art stattfindet. „Wer sich selbst belügt, lebt immer vergnügt", lautete der Titel eines Artikels in der Tageszeitung „Die Welt", „Psychologen zweifeln am Bedürfnis nach Selbsterkenntnis".[6] Wer richtig auswählt, vermag sich jedenfalls selbst als rechtschaffener Mensch zu interpretieren, zumal man sich im Zweifel auf Nichtwissen berufen kann. Diese Selbstinterpretation und damit die eigene Identitätsvermeinung des Subjekts ist mithin das Korrelat zu jenen zwischenmenschlichen Deformationen, die bis hinein in die oben erwähnte Einstellung zu den Rechtsnormen kenntlich werden.

[1] Rudolf Wassermann, Das Recht verliert seine Macht. in Die Welt, 30. April 1994.

[2] Wer heiraten will, muß sich rechtfertigen, Die Welt, 21. Dezember 1996.

[3] Frank-Dieter Freiling, Den Funken über die Zeit tragen, FAZ vom 18. August 1990.

[4] Nada L. Stotland, in Journal der amerikanischen Medizinischen Gesellschaft, Bd. 268, S. 2078.

[5] Sigmund Freud, z. B.: Abriß der Psychoanalyse, Frankfurt und Hamburg 1953.

[6] Die Welt, vom 30. Dezember 1996.

Kapitel 15

Das Verhältnis zur Natur

Fragen der Moral, so galt es bislang zumindest überwiegend, sind durchgehend Fragen, die sich auf das Verhältnis zwischen Menschen und allenfalls noch darauf beziehen, was Menschen jeweils aus sich selber machen. Daß man heute auch das Verhältnis von Menschen zu Tieren, ja möglicherweise sogar dasjenige zu Pflanzen und zur Natur insgesamt in solchem Zusammenhang thematisiert, spricht für ein geändertes Problembewußtsein. Und dieses Problembewußtsein scheint seinen Ausgang von den höheren Tieren her genommen zu haben. Es dürfte aber durch die Einsicht vertieft worden sein, daß der Mensch heute die Natur insgesamt gefährdet und damit zugleich sich selbst.

Schon beim Verhältnis zu den höheren Tieren zeigt sich eine merkwürdige Unausgewogenheit menschlichen Verhaltens, die sogar mittlerweile im Bürgerlichen Gesetzbuch (BGB) der Bundesrepublik ihren Niederschlag gefunden hat. So ist dort erst vor wenigen Jahren durch eine Gesetzesnovelle geregelt worden, daß Tiere nicht mehr durchweg als bloße Sachen behandelt werden, auch wenn sie deshalb nicht als Personen im Rechtssinne anzusehen sind.

Die höheren Tiere gelten nach heutigem Erkenntnisstand als Mitgeschöpfe und schmerzempfindende Lebewesen. Aber daß darunter solche Tiere, die für ihre Halter eine Art Affektionswert haben, anders eingestuft werden als etwa – nicht weniger hochentwickeltes – Nutzvieh, leuchtet nicht unbedingt ein. Genau das aber wurde durch die erwähnte BGB-Novelle eingeführt. Wer ein solches Tier, welches eine spezifische Bindung an einzelne Menschen aufweist, verletzt, muß jetzt auch solche Heilbehandlungskosten tragen, die den Kaufwert des Tieres erheblich übersteigen. Den weitergehenden Schutz erfahren Tiere also nur wegen ihres besonderen Wertes für den Eigentümer oder Besitzer (§ 251, Absatz 2, Satz 2).

Mit der Revision der bürgerlich-rechtlichen Auffassung, welche schon im römischen Recht verankert war, das Tier sei eine bloße Sache, ist es also nicht sehr weit her. Vom Gesetzgeber wird mit dem angesprochenen Paragraphen nur eingeräumt, daß manche Tiere für die Menschen, denen sie gehören, eine personenähnliche Bedeutung haben können. Solche Fälle scheinen erst in jüngster Zeit in immer größerer Zahl aufzutreten. Ausgesuchten Individuen einer beträchtlichen Anzahl von Tiergattungen, besonders Hunden und Katzen, bringen deren Halter eine Zuneigung entgegen, die teilweise gar derjenigen zu Menschen gleichkommt.

Wer heute in größere Lebensmittelgeschäfte geht, entdeckt dort Abteilungen für Tierfutter in Größenordnungen, die früher für einen ganzen Laden gereicht hätten. Das vielfältige Angebot an unterschiedlichsten Futtersorten für die Lieblinge wirkt schon absonderlich, wenn man sich dabei des Hungers Hunderter von Millionen Menschen in der Welt erinnert. Mit diesen etwas kritisch-distanzierten Gedanken geht es nun nicht etwa darum, den Tieren, welche von Menschen in ihrer unmittelbaren Nähe gehalten werden, eine ausreichende und gesunde Ernährung zu verweigern; es geht vielmehr darum, kritisch zu würdigen, was für die Menschen Vorrang hat, wobei natürlich auch noch ganz andere, teurere Hobbys in Betracht gezogen werden könnten.

Jedenfalls wirkt solches Verhältnis zu Tieren nicht gerade natürlich. Viel eher sieht es so aus, daß hier Beziehungen aufgebaut und teilweise durch Interpretation noch sozusagen semantisch veredelt werden, die als Ersatz für fehlende zwischenmenschliche Kontakte dienen und in denen Begriffe wie Treue, Gehorsam, Zuverlässigkeit, Charakter usw. häufig zu hören sind. Letztlich gehören dazu auch jene Fälle, in denen ein Tier dem psychisch kranken Menschen eine wirkliche Hilfe ist.

Besonders aus der Beziehung zu seinem Hund schöpft so mancher Halter ein eigenes Selbstwertgefühl, das ihm sonst vielleicht versagt wäre. Hier hat er eine Führungsrolle wie nirgendwo sonst. Und während in allen zwischenmenschlichen Beziehungen für jeden Beteiligten Raum bleiben muß, sich weiterzuentwickeln, kann man davon ausgehen, daß sich besonders Hunde völlig auf ihren Halter einstellen und im Rahmen einer artgemäßen Behandlung keinerlei Ansprüche auf neue eigene Entfaltungsmöglichkeiten stellen.

Die große Zahl der Haustiere, so läßt es sich mit guten Gründen vertreten und wird es von vielen vertreten, hat mit dem Individualismus unserer Tage zu tun, mit dem viele Menschen nur bedingt fertigzuwerden wissen (s. o.). Tiere bieten nicht nur vereinsamten Menschen einen Halt, manche von ihnen werden auch quasi ein Spiegelbild zu den seelischen Verkrümmungen ihres Halters. Das Tier geht in solchen Fällen mitunter gänzlich darin auf, Zweck für einen anderen, aber keinerlei Selbstzweck zu sein. Wie weit das getrieben wird, zeigt z. T die Haltung sogenannter Kampfhunde: Da werden Tiere mit oft ausgewählt schlechten Charaktermerkmalen und den geeigneten physischen Eigenschaften gezüchtet, die ihrem Tötungsauftrag unter Inkaufnahme ihrer eigenen Vernichtung nachkommen. Das gefürchtete Tier aber ist hier oft genug eine höchst bedauernswerte Kreatur.

Betrachtet man neben solchen menschlichen Beziehungen zu Haustieren das Verhältnis von Menschen zur Natur insgesamt, würde auch in einer sehr differenzierenden Untersuchung deutlich, daß zumindest jenes Verhaltensmuster ein typisches ist, das offenbar davon ausgeht, die Kreatur stehe schlechthin zur Disposition des Menschen. Und ohne daß die Gründe dafür sogleich offen zutage liegen, weiß man doch fast unwillkürlich, daß sich auch eine moralische Frage darin aufwirft, die Frage: Müßte nicht ein Tier auch ein eigenes Daseinsrecht haben?

Was der verantwortungsbewußte Tierhalter weiß, ist, daß jedes Tier – auch das Nutztier – eigene Entfaltungsmöglichkeiten braucht, daß es nicht in ausschließlicher Unterordnung unter den Menschen existieren kann. Wer die nötige Sensibilität besitzt, kann an jedem Tier lernen, daß ihm ein eigener Zweck, ein eigenes Telos innewohnt, daß es nicht nur um eines anderen willen da ist. Von diesem Gedanken her erschließt sich aber ein angemessenes Naturverständnis überhaupt, auch für die Pflanze, auch für ganze nichtmenschliche Lebensgemeinschaften.

Solche Zugangsweise ist nun eine ganz andere als jenes wissenschaftliche Denken, das die Natur lediglich auf „Wirkursachen" zurückführt. Ordnen sich alle Naturtatsachen nach diesem Aspekt, läßt sich ein eigenes Telos des Tieres oder der Pflanze nicht mehr gut annehmen. Deshalb sieht sich etwa Hans Jonas veranlaßt zu fordern, wir sollten uns offenhalten „für den Gedanken, daß die Naturwissenschaft nicht die ganze Wahrheit über die Natur aussagt".[1] Die Suche nach den kompletten Wirkursachen muß eben vom methodischen Ansatz her ausschließen, für eine Entwicklung sei irgend etwas anderes als Kausalprozesse verantwortlich.

Freilich bleibt dazu festzustellen, daß die Naturwissenschaften nicht mehr unbedingt so kurz greifen, was die Lebewesen anbelangt. Physik, Biochemie usw. liefern insofern keine hinreichende Naturerkenntnis. Speziell die Verhaltensforschung hat darüber hinaus Einsichten hervorgebracht, die den seit Immanuel Kants Kritik der Urteilskraft so solide formulierten, uralten Gedanken der Teleologie durchaus weiterhin sinnvoll erscheinen lassen.

Es bedarf in solchen Zusammenhängen keines langen Nachforschens, um eine große Zahl von Beispielen aufzuzeigen, die zumindest hinsichtlich des Telos höherer Tiere erstaunliche Hinweise geben. Was etwa von Menschenaffen, Elefanten, Delphinen oder auch Ratten an sozialem Verhalten bekanntgeworden ist, dürfte wohl kaum auf eine strikt kausale Determination zurückzuführen sein.

Nachweislich sind es zumindest oft zufällige äußere Ereignisse, die ein Tier dieses oder jenes Charaktermerkmal ausprägen oder verstärken lassen, die einen vereinsamten alten Elefanten boshaft werden oder einen jungen Schimpansen vor Trauer über den Tod seiner Mutter eingehen lassen. Nun mag allerdings der Zufall wie jene Vereinsamung oder dieser Tod des Muttertieres von manchem Naturwissenschaftler noch seiner eigenen Domäne zugerechnet werden, so daß der Versuch noch nicht widerlegt wäre, alles nur durch Wirkursachen zu erklären.

Aber es gibt ja auch Hinweise dafür, daß höhere Tiere z. B. – besonders gut sichtbar an Jungtieren – buchstäblich Freude am Leben empfinden. Man darf sich, um solches zu erkennen, natürlich nicht mit dem Blick des Bücherweisen in die freie Natur begeben. Man muß schon noch offenen Sinnes sein, um den Versuch der Explikation des teilweise überraschenden Verhaltens eines Jungtieres zu machen. Die Nichtanerkennung der gänzlich eigenständigen Kreatürlichkeit von Tieren wird angesichts der dabei möglichen Beobachtungen jedenfalls zur Ignoranz. Wer frohen Herzens sein Kalb- oder Lammfleisch genießen kann, dem dürfte deshalb noch kaum mitfühlend das Herz darüber aufgegangen sein zu sehen, wie sich solche jungen Tiere ihres Lebens freuen und welche Zuneigung auch eine Tiermutter ihrem Jungen schenkt.

Derlei Überlegungen sollen keineswegs zu einer falschen Vermenschlichung der Tiere anhalten. Es gilt aber die Frage zu stellen, ob den Pflanzen und Tieren eine – vielleicht untereinander abgestufte – eigene Anspruchsgrundlage auf „Anerkennung“ durch den Menschen zukommt, so daß er ihre Vernichtung nicht verantworten kann oder zumindest für seine Übergriffe rechtfertigende Gründe haben muß.

Immanuel Kant hat es einmal so formuliert: „In Ansehung des lebenden, obgleich vernunftlosen Teils der Geschöpfe ist die gewaltsame und zugleich grausame Behandlung der Tiere der Pflicht des Menschen gegen sich selbst weit inniglicher entgegengesetzt, weil dadurch das Mitgefühl an ihrem Leiden im Menschen abgestumpft … wird.“

Die Schwäche der Kantschen Auffassung, die sich sehr einfühlsam anhört und vielleicht zu vernünftigen Ergebnissen führen mag, liegt in der Sichtweise ausschließlich vom Menschen her: als ob es bei dem Verhältnis zum Tier nur um den Menschen selber ginge. Solcher „anthropozentrische“ Ansatz hat allerdings den Vorzug, nur darüber etwas Verbindliches auszusagen, von dem er fundierte Kenntnisse zu haben beanspruchen kann, vom Menschen selbst.

Aber indem das „Leiden“ der Tiere erwähnt wird, muß es doch auch als solches ein Tatbestand sein, der ohne Rücksicht auf den Menschen selber eine irgendwie geartete Wertigkeit besitzt. Wenn also das Leiden der Tiere (nach Kant) ein Mitgefühl auslöst, dann müssen diese Tiere eben doch auch einen eigenen moralischen Status haben.

So folgt aus einem derartig gefaßten anthropozentrischen Ansatz fast von selber die weitergehende Auffassung, die auch allen schmerzempfindenden Tieren unmittelbar einen moralischen Anspruch darauf zuspricht, von Menschen keinen Schmerz zugefügt zu bekommen. Dies ist auch die Position vieler Tierschutzbestimmungen. Philosophen sprechen insoweit teilweise von einer „pathozentrischen“ Auffassung, die also neben dem Menschen auch das schmerzempfindende Tier gleichsam moralisch anspruchsberechtigt macht.

Wenn nun die Grenze wirklich so zu ziehen wäre, dann wäre das Telos und damit der moralische Status aller solcher Lebewesen, die nicht nachweislich Schmerz empfinden, endgültig beiseite geschoben, es wäre also in das Belieben des Menschen gestellt, welche sonstigen Geschöpfe er um seiner Zukunft auf der Erde willen überleben lassen will und welche ihm überflüssig erscheinen. Dabei hätte er allerdings immer noch sehr vorsichtig vorzugehen, weil bekanntlich schon die Ausrottung einzelner Arten das Gleichgewicht in der Natur weitgehend durcheinanderbringen und beispielsweise eines Tages die Insekten, Viren und Bakterien zu den endgültigen Siegern machen kann.

Die Beschränkung eines eigenen Rechts zu existieren auf solches Lebendige, das zur Schmerzempfindung fähig ist, scheint jedoch schon deshalb nicht ganz stichhaltig, weil mit dem Schmerz letztlich wieder ein menschliches Kriterium eingeführt wird, es sich also nur um einen modifizierten anthropozentrischen Ansatz handelt. Überzeugender scheint es da schon, überall dort, wo wir Leben feststellen, auch ein eigenes Telos einzuräumen, das der Mensch zunächst einmal rein deswegen zu respektieren hat, weil alles Lebendige in begrenztem Sinne „Seinesgleichen“ ist. In der gesamten Natur sind ja gemeinsame Grundpläne aller Lebewesen zu erkennen, die insbesondere bei der Erforschung der Zellen, der Chromosomen und Gene eine verblüffende Verwandtschaft aufweisen.

Statt der erwähnten anthropozentrischen und pathozentrischen Auffassungen, scheint deshalb sehr viel mehr für eine „biozentrische“ Ansicht zu sprechen, die allem Lebendigen und um dessentwillen dann – vermittelterweise – auch aller anorganischen Natur ihr eigenes Existenzrecht und damit einen gewissen moralischen Status zugesteht. Es scheint diese Position zu sein, die in der geglückten Formulierung zum Ausdruck kommt: „Die Natur braucht uns nicht, aber wir brauchen die Natur.“

Das Ergebnis, was sich aus solcher Auffassung herleitet, wäre vor allem, daß der Mensch mit allem, was ihn umgibt, sehr schonsam umzugehen hätte, es wäre ihm mehr treuhänderisch zugewiesen und gewiß nicht mit der Maßgabe, er solle es sich „untertan machen“. Freilich dürfen solche Überlegungen nun auch nicht den Verdacht nähren, es gehe darum, die Zahl der Menschen möglichst wieder um Zehnerpotenzen zu vermindern, um so die Möglichkeit der weitgehenden Rückkehr zur Natur zu eröffnen.

Selbst wenn man nämlich den völlig eigenen Rang der Natur einräumt, steht doch auch fest, daß die Natur selber oft genug brutale Spielregeln zuläßt, nach denen sich die besser ausgestattete Spezies durchsetzt und nach denen ganze Arten aussterben usw. Der verschwenderische Umgang der Natur mit vielen jungen Individuen, von denen nur die vitalsten überleben, das erbarmungslose Ausrotten von Tieren durch Tiere: Es wäre bei aller Anerkennung des moralischen Status alles Lebendigen auch wieder eine Verkehrung der Natur in ihr Gegenteil, sofern jedes Individuum quasi absolut gesetzt würde.

Wenn also die Lehren Darwins den Ausleseprozeß in der Natur angemessen beschreiben, dann ist nicht einzusehen, warum die „intellektuell" höchstentwickelte Art auf Erden, der Mensch, nicht seine Erkenntniskraft einsetzen soll, Schädlinge zu bekämpfen, sein eigenes Überleben und das Überleben möglichst aller Arten sicherzustellen, mit denen er gemeinsam auf der Erde leben kann, und wenn er überdies durch schmerz- und angstfreie Schlachtung von Tieren einem Überhandnehmen der von ihm geschützten Arten steuert.

Problematischer scheint hier freilich die weiterhin riesig große Zahl von Tierversuchen zum Test von Medikamenten, die eines Tages kranken Menschen zugute kommen sollen, aber auch zum Test von Kosmetika, die die Haut des Menschen nicht angreifen und keine gesundheitlichen Schäden auslösen sollen. Wenn man nicht umhin kommt, dem Tier ein eigenes Telos zuzusprechen, dann müssen solche Versuche Rechtfertigungsprobleme aufwerfen.

Wer beispielsweise Ratten künftige Kosmetika einflößt, um festzustellen, ob und welchen Schaden sie daran nehmen, der vergeht sich an diesen Tieren um schieren Tands willen. Weit schwieriger ist aber die Frage zu klären, ob man Tieren zur Prüfung eines neuen Medikaments Schaden zufügen oder ob man sie z. B. zur Prüfung von Lebensmitteln benutzen darf. Die Qualen der Tiere stehen dabei teilweise gegen die Qualen von Menschen. Erschwert wird solcher Abwägungsprozeß dadurch, daß es bei neuen Medikamenten zumeist auch um sehr viel Geld, um hohe Marktwerte geht, denen gegenüber das Tier nichts gilt.

Doch selbst wenn all die schönfärbenden Erzählungen über den einfühlsamen Umgang von Menschen mit Versuchstieren kaum etwas an dem bedrückenden Grundtatbestand ändern können, wird man wohl auch in Zukunft ohne Tierversuche nicht ganz auskommen können. Insoweit scheint die entsprechende Gesetzeslage durchaus verantwortbar zu sein. Und daß etwa Ratten und Mäuse über solche Experimente als Arten aussterben könnten, steht ohnehin nicht zu befürchten. Die Unausweichlichkeit der Abwägung mit der abschließenden Frage, was wir verantworten können, läßt aber erkennen, daß solche Verantwortung immer auch etwas mit Schuld zu tun hat.

In solchen Zusammenhang gehört auch die Debatte um mögliche genetische Veränderungen bei Pflanzen, bei Tieren und möglicherweise sogar beim Menschen. Bekanntlich sind dabei die Übergänge allzu fließend, als daß man die nötigen Maßgaben in knappe

Regelwerke fassen könnte. Auf jeden Fall scheinen die Ängste, die mit der Gentechnik verbunden sind, nach allen bisherigen Erkenntnissen so nicht gerechtfertigt zu sein. Auf der anderen Seite muß es z. B. bei Berücksichtigung mancher Erbkankheiten, die auf Gendefekten usw. beruhen, unfaßlich erscheinen, wenn die Forschung nicht alle Möglichkeiten haben soll, den betroffenen Menschen zu helfen.

Versucht man von der Betrachtung solcher einzelner Problemkreise zum Verhältnis des Menschen zur Natur insgesamt zu finden, wäre neben dem eigenen Telos aller Kreatur zugleich die Tatsache zu berücksichtigen, daß der Status quo der Natur nie absolut gesetzt worden ist und nicht absolut gesetzt werden kann. Die Diskussion über dasjenige, was der Mensch der Natur schuldet, krankt deshalb oft genug schon daran, daß viele Diskussionsteilnehmer nicht wirklich ehrlich sich selber gegenüber sind, wenn sie allerorten zur Rückkehr in die Biotope aufrufen.

Fast überall begegnet uns heute in den Industrieländern eine Kulturlandschaft, mit der wir seit Jahrhunderten leben. Jetzt aber fühlt sich fast jeder berufen, dasjenige, was ihm selber gerade gefällt, zum Maß aller Dinge zu machen. Und überall finden sich bereitwillig „Ökoinstitute“, die mit ihren Gutachten bestätigen, diese oder jene Maßnahme führe nun endgültig in den Abgrund. Von daher gesehen wäre eine globalere Betrachtungsweise weit überzeugender, von der sich konkrete Verhaltensvorgaben mit besseren Gründen ableiten ließen.

In solchem Sinne war beispielsweise auf dem Umweltgipfel von Rio die Diskussion über den weltweiten Ausstoß an Kohlendioxid und die Frage, wie dieser vermindert werden könnte, eine wesentlich aufschlußreichere Debatte, auch wenn diesbezüglich – nach einigen Jahren betrachtet – praktisch nichts vorangebracht worden ist. Deutsche Umweltschützer und an ihnen orientierte Parteien sollten aber jedenfalls zum Nachdenken darüber bewegt werden, ob ihre angstverzerrte Ablehnung der Kernenergie mit der faktischen Begünstigung von Kohle-, Öl- und Gaskraftwerken angesichts der Kohlendioxidproblematik verantwortet werden kann.

Die vermeintlich tröstliche Option auf alternative Energien ist dabei aus heutiger Sicht eine solch skrupellose Vertagung einer drängenden Problematik, daß darüber alles angebliche Engagement für die Menschen der dritten Welt scheinheilig wirkt. Wenn der Preis alternativer Energien trotz aller Forschungsarbeiten immer noch so hoch ist, daß er noch weit mehr Menschen ans Hungertuch bringen würde, kommt man nicht umhin, sich in ein Dilemma zu fügen. Für alle Autofahrer aber läßt sich genausowenig wegdisputieren, daß das Auto mit Verbrennungsmotor auf breiter Front zurückgedrängt werden muß.

Was mithin gefordert erscheint, ist ein Denken in größeren Zusammenhängen, für das eben die Natur insgesamt als unverzichtbare Ordnung mit eigener Daseinsberechtigung ebenso wichtiges Axiom ist wie das Lebensrecht aller anderen Menschen. Ein allzu lange unbesonnenes Leben im Gegensatz zur Natur muß durch entschlossenes Eingreifen der Staaten zumindest wieder in den Status der Neutralität, besser noch der wohlwollenden Neutralität oder gar regelrechten Wohlwollens für die Natur umgelenkt werden.

Jenes unbesonnene Gegeneinander, das viele Naturvölker nie gekannt haben, hat nach heutigem Erkenntnisstand zu einem gigantischen Raubbau geführt. Es kann kein Zweifel daran bestehen, daß die Industriestaaten, wie es die Bundesregierung im März 1992 in der Antwort auf eine Große Anfrage der Opposition erklärt hat, auf der nördlichen Hälfte der Erde mit dem Verbrauch an Rohstoffen und Energie „bereits jetzt die globalen Ökosysteme“ überfordern. Die Lebensweise in den industrialisierten Ländern sei weiterhin mit einem Ressourcenverbrauch verbunden, der deren eigene Umwelt belastet und obendrein in den Entwicklungsländern schwere Probleme heraufbeschwört.

Die Vorwürfe, die sich die Regierung zu solchen Entwicklungen seit Jahren anhören muß, weisen allerdings genauso wie das Verhältnis des je einzelnen zur Natur bemerkenswerte innere Widersprüche auf: Die Tarifauseinandersetzungen, die wenige Wochen nach jener Bonner Erklärung eskalierten, zeigten völlig unverblümt, daß niemand Einschränkungen beim Konsum hinzunehmen gewillt war. Das Geld für die zweite Urlaubsreise im Jahr muß eben her, Einschränkungen werden immer nur vom jeweils anderen gefordert.

Doch mit solchen Problemen im Bewußtsein der Menschen nicht genug, macht es der Wettbewerb der verschiedenen Volkswirtschaften noch immer unmöglich, zu koordinierten Schritten im Sinne einer gemeinsamen Schonung der Natur zu kommen. Bis auf weiteres gilt: Je mehr sich ein Staat bei der Belastung der globalen Ökosysteme mit den entsprechenden Konsequenzen für die Wettbewerbsfähigkeit seiner (verteuerten) Produkte einschränkt, um so mehr Spielraum haben die anderen bzw. desto mehr Spielraum glauben sie zu haben.

Um der Erhaltung der Natur insgesamt willen sollte allerdings deshalb kein Volk auf die anderen warten. Denn ohnehin muß es das Ziel sein, daß jeder die Verantwortung für das Ganze mitzutragen bereit ist. Gerade den Wohlhabenden fällt es hier leichter voranzugehen. Wer im Rahmen solchen Vorgehens freilich – wie Hans Jonas – alle Risiken dadurch vermeiden will, daß er in Zweifelsfällen gegen den Fortschritt zu entscheiden empfiehlt, gibt sich damit zufrieden, daß beispielsweise in der dritten Welt Energie- und Ernährungsprobleme auf Dauer unlösbar bleiben. Der Mensch hat auf dieser Erde immer schon etwas riskieren müssen, sonst hätte er nicht bis heute überlebt.

Sein Überleben hat nach heutigem Entwicklungsstand allerdings in Konsequenzen geführt, die die bewußte Anerkennung der Notwendigkeit eines Miteinanders mit der Natur und allen ihren Lebensformen erforderlich macht. Die Anerkennung dieser Notwendigkeit leitet sich aus der Anerkennung des Eigenrechts jeder Kreatur ab. Entscheidend für das menschliche Tun ist also die Möglichkeit eines Miteinanders auf der Erde.

Soviel ein solcher Ansatz, der noch einer eigenen philosophischen Begründung bedarf, für sich haben mag: Jedermann ist klar, daß bei immer weiter zunehmender Erdbevölkerung der Lebensraum für Elefanten oder Löwen und Tiger usw. dramatisch schwindet. Der größte Parasit auf der Erde ist eben der Mensch. Und er wird erst dann dem Leben auf der Erde gerechter, wenn er seine eigene Zahl aus eigener Verantwortung so zu begrenzen vermag, daß der Natur ihre Freiräume bleiben und von der Kulturlandschaft keine Gefahren durch Pestizide, Dünger usw. ausgehen.

„Seid fruchtbar und mehret euch und füllet die Erde" (s. schon oben Kapitel 9) waren nach dem Zeugnis der Bibel Gottes Worte zu Noah und den Seinen, nachdem sie die Arche verlassen hatten. Auch wenn nicht mehr unbedingt viele Menschen an solche Gottesworte glauben: Die Aufforderung haben sie jedenfalls in die Tat umgesetzt, und man sollte meinen, daß inzwischen die Grenzen des Mehrens erreicht sind.

Es lassen sich mittlerweile jedenfalls Zustände absehen, in denen ein Miteinander nicht mehr denkbar scheint, wobei ja schon heute die Frage gestellt werden muß, ob die Industrieländer überhaupt die Entwicklung der dritten Welt auf ein fortgeschrittenes Niveau wollen. Sie müßten schon jetzt selber auf der Konsumseite kräftig zurückstecken, um solche Entwicklung voranzubringen (s. o.).

Die Antwort der meisten Gruppierungen in Deutschland und in allen anderen Industrieländern auf das Ansinnen, beim Konsum drastisch zurückzustecken, dürfte aber auf der Hand liegen: Wo sich der Blick zur universellen Verantwortung weiten sollte, wird die Suche nach jenen zur jeweilen Maxime, denen man möglichst die alleinige Zuständigkeit in die Schuhe schieben kann.

Wenden wir abschließend nochmals den Blick auf das menschliche Verhältnis zu den Tieren, den Pflanzen und der Natur insgesamt, dann sollte deutlich geworden sein, daß der Mensch sich von einem Weltbild lossagen muß, in dem es sozusagen zunächst und vor allem um ihn geht. Auch die Auffassung, die Natur sei um des Menschen willen, um seines Lebens auf der Erde willen da und müsse deshalb geschützt werden, ist ja nur die ausgeklügeltste Ausformulierung der anthropozentrischen Weltsicht, von der manche meinen, sie bedeute gerade insofern eine umfassende Sicherung für die Natur.

Alle naturwissenschaftliche Forschung, welche in früheren Jahrzehnten viele ihrer größten „Erfolge“ bezüglich der Entwicklung schweren Zerstörungsgeräts feiern konnte, wird man schrittweise in eine Richtung lenken müssen, die die notwendige Demut vor der Schöpfung verinnerlicht. Ob diese Forschung aber obendrein in der Lage ist, die Lebenschancen der noch immer wachsenden Erdbevölkerung durch Entwicklung neuer Nahrungs- und Energiequellen zu sichern, läßt sich mit weit mehr Gründen bezweifeln als in Aussicht stellen.

Die Erhebung des Menschen über die Natur hat offenbar zu tun mit der geistesgeschichtlichen Wendung auf das Subjekt, die maßgeblich auf Rene Descartes zurückgeht und der bekanntlich die Auklärung folgte. Doch der Rationalismus mußte inzwischen bescheidener werden, um sich behaupten zu können. Der Mensch dürfte sich als Vernunftwesen und insofern als das hochentwickeltste Wesen nur halten können, wenn er zur Selbstbescheidung und zum Wohlwollen gegenüber aller Natur zurückfindet.

Auch die Ansicht also, die das ganze Telos der Natur im Menschen verwirklicht sieht und die rät, die Natur nur zu schonen, weil man noch nicht wisse, wofür es später vielleicht gut sein könnte, entspringt einer falschen Überheblichkeit. Angesichts der derzeitigen Entwicklung sieht es vielmehr so aus, als ob sich bei einer weiteren Verschlechterung der ökologischen Situation der Erde ganz andere Lebewesen als die widerstandsfähigeren und lebenstüchtigeren erweisen könnten.

[1] Hans Jonas, Das Prinzip Verantwortung, S. 30.

Kapitel 16

Die Moral in der pluralistischen Gesellschaft

Die liberalen Demokratien unserer Zeit, allen voran die amerikanische, haben im Pluralismus der Gruppen etwas entdeckt, was einerseits in den Freiheitsrechten der Bürger wurzelt und andererseits den unerläßlichen Integrationsprozeß der Gemeinwesen zu begünstigen scheint, weil die Gruppen einerseits als Mittler zum Gemeinwesen fungieren und andererseits auch die nötige Toleranz der Gruppen untereinander gewährleistet zu sein scheint. Was demgegenüber nicht ganz so begeistert thematisiert wird, sind die Gefahren, die vom Pluralismus ausgehen, wenn die jeweiligen Gruppen und ihr Zusammenhalt für die Gruppenglieder wichtiger werden als das Gemeinwesen und seine gerechte Organisation. Noch weniger Interesse scheint die Frage auszulösen, inwieweit der Pluralismus eine selbständige moralische Begriffsbildung der Menschen einengt oder gar unterminiert.

„Ideologische Gefahren drohen heute nicht nur von totalitären Ideologien, sondern auch von den in jeder Ideologie liegenden Macht-, Rechts- und Lebensansprüchen jeweiliger Gruppen und deren partikularen Interessen und Zielen, die als allein dem Gemeinwohl dienend ausgegeben werden."[1] Diese Aussage des Rechtslehrers Klaus Stern in einem Vortrag aus dem Jahre 1982 dürfte zumindest aus der Sicht vieler Verfassungsrechtler zutreffen.

Schon Jahre zuvor war ein namhafter Vertreter der Politik mit Thesen hervorgetreten, die die Dinge recht konkret zum Ausdruck brachten. Richard von Weizsäcker, damals stellvertretender Vorsitzender der CDU/CSU-Fraktion im Deutschen Bundestag, hat am 23. Mai 1974 in einer damals sehr beachteten Rede in der Frankfurter Paulskirche zu „Macht und Verantwortung im demokratischen Staat" Stellung genommen. Er erklärte seinerzeit unter anderem:

„Niemand kann den Staat aus der Verantwortung für das Gemeinwohl entlassen. Aber die Macht ist mehr und mehr auf die Gruppen übergegangen, ohne daß sie eine verfassungsmäßige Verpflichtung für das Gemeinwohl besäßen. Ihre Macht ist weit größer als ihre Sozialbindung. Dieses Ungleichgewicht ließ sich bei ausreichender

Stabilität und Wachstum einigermaßen verdecken und ertragen. In der Krise aber sucht jede Gruppe ihren Vorteil ohne Rücksicht auf die Folgelasten für die andern."

Ein Jahr später schrieb der Staatsrechtsprofessor und spätere Verfassungsrichter Ernst-Wolfgang Böckenförde in einem Zeitungsartikel: „Der Staat muß also, um Freiheit für alle zur Entstehung zu bringen, vorhandene oder entstandene gesellschaftliche Macht begrenzen und kanalisieren, sie daran hindern, daß sie gegenüber den Unmächtigen ihre Überlegenheit voll ins Spiel bringt und deren rechtliche Freiheit dadurch erstickt."[2]

Doch tatsächlich ist die Entwicklung seither in der falschen Richtung fortgeschritten. So hielt beispielsweise der Wirtschaftswissenschaftler Guy Kirsch gut zehn Jahre später in dem Aufsatz „Die Entmachtung des Staates" fest: Die staatliche „Autorität, die eine Ordnung für alle sicherstellen sollte, verschleißt sich im Dienste jener Gruppen, die stark genug sind, sie begünstigende Interventionen durchzusetzen." Die Erfahrung rechtfertige „den Verdacht, daß die Politik nicht nur in ihrem Ergebnis, sondern auch in ihren Institutionen und Strukturen unter den Einfluß der organisierten Interessen gerät." Die Gruppen suchten, nicht nur auf einzelne Entscheidungen Einfluß zu nehmen, „sondern ihre Privilegien in den Institutionen und Strukturen des Staates selbst festzuschreiben".[3]

Welche Gründe auch immer für Richard von Weizsäcker während seiner Jahre als Bundespräsident ausschlaggebend gewesen sind, er hat seine Thesen von 1974 als Bundespräsident zumindest in Zeiten nicht wiederaufgenommen, als es um des Gemeinwohls willen vielleicht angezeigt gewesen wäre. Das galt vor allem im Frühjahr 1992, als die Gewerkschaften des öffentlichen Dienstes trotz der Belastungen durch die Wiedervereinigung außerordentlich hohe Tarifforderungen durchzusetzen versuchten.

Nach Meinungsumfragen, deren Ergebnis erst nach dem Ende des Streiks veröffentlicht wurde, hatten sich damals vernünftigerweise mehr als zwei Drittel der bundesdeutschen Bürger dafür ausgesprochen, eine Zeitlang beim gegenwärtigen Einkommensstand stehenzubleiben, um den Aufbau der neuen Bundesländer bewerkstelligen zu können. Die Gewerkschaftsführungen konnten dies indes einfach ignorieren. Sie wußten, daß eine hohe Tarifforderung und der anschließende Ruf zum Streik auf jeden Fall verfangen würden, obwohl gerade den Arbeitnehmern des öffentlichen Dienstes die Lage des Staates besser bekannt sein mußte als allen anderen. Aus der Sorge heraus, die Arbeitgeber könnten wirklich die im Jahr zuvor verstärkten Tarifanhebungen wieder abbremsen und so die von ihnen beschworene „tarifpolitische Wende" schaffen, zogen die Arbeitnehmerorganisationen sozusagen blank. Um so einschneidender war dann im Folgejahr die konjunkturelle Wende in Form einer scharfen Wirtschaftsrezession mit schmerzlichen Arbeitsplatzverlusten.

Trotz der für alle Bürger brisanten Lage war die so praktizierte „Gruppenmoral" im Verhältnis zum Verantwortungsgefühl für das Ganze einmal mehr die überlegene Kraft. Die Konsequenz der Mobilisierung des Anspruchsdenkens in einer Zeit, in der dafür unter dem Gesichtswinkel des Wohls der Allgemeinheit kein Raum war, zeigte sich schließlich noch darin, daß die ÖTV-Führung das durch den Streik erzwungene Ergebnis ihren eigenen Mitgliedern nicht mehr überzeugend nahebringen konnte. Hohe Erwartungen waren geschürt worden, der durch den Streik erzielte kleine Zuschlag auf das zuvor erzielte Verhandlungsergebnis aber schien diesen Streik nicht zu rechtfertigen.

Als die damalige ÖTV-Vorsitzende Monika Wulf-Mathies auf dem Nürnberger Gewerkschaftstag im Juni 1992 unter Einräumung gewisser Fehler verteidigte, daß sie dem Tarifkompromiß trotz fehlender Mehrheit der Organisierten zugestimmt hatte, entdeckte sie auf einmal das Wohl der Allgemeinheit, das man habe berücksichtigen müssen. Den mündigen Arbeitnehmer allerdings, der von vornherein über Für und Wider einer Tarifforderung informiert und dann zur Mitentscheidung aufgefordert wird, gibt es für die Gewerkschaften offenbar nicht. Solche Argumente spielen nur dann eine Rolle, wenn sie das erwünschte Ergebnis unterstützen.

Als Nebeneffekt des zehntägigen Streiks im öffentlichen Dienst stellte sich schließlich noch heraus, daß dieser Staat, der ja keine Aussperrungen aussprechen kann, dermaßen erpreßbar ist, daß man ihn mehr denn je als Staat von Gnaden der Gewerkschaften des öffentlichen Dienstes bezeichnen kann. Letztlich zwang hier eine Minderheit der Mehrheit ihren Willen auf, und das vom Staat gesetzte Recht der Tarifordnungen sanktioniert auch noch genau dieses Vorgehen. Wo aber solches die eine Gruppe vorexerziert, werden die anderen Mittel und Wege finden, es ihr gleichzutun.

Die Unaufrichtigkeit der Konsensapostel des Gemeinwesens zeigt sich dann daran, daß um derlei umgehend der Mantel des Schweigens gehüllt und das neu erreichte Niveau wieder als der erreichte Konsens feilgeboten wird. Für Sozialwissenschaftler schließlich, denen die „Werte" und „Werthaltungen" zu Fixgrößen geworden sind, welche ihnen plausible Anhaltspunkte für ihre Analysen liefern, liegt es dann nahe, lediglich von einem „Wertewandel" zu sprechen: Es zeige sich „ein Bedeutungsverlust von Pflicht- und Akzeptanzwerten" und „eine Bedeutungszunahme von Selbstentfaltungswerten".[4]

Von Weizsäcker enthielt sich 1992 jedenfalls der Wiederaufnahme seiner früheren Thesen. Er sah die großen Probleme nun offenbar woanders. Im Juni 1992 – kurz nach dem Ende der Tarifauseinandersetzung – ließ er sich über die „Machtversessenheit und Machtvergessenheit" der Parteien aus. Die waren jetzt die Hauptübeltäter, so als ob sie über alle Zwänge der pluralistischen Gesellschaft erhaben wären. Wenn der damalige Bundespräsident indes seinerzeit statt seines Gesprächs mit zwei Redakteuren einer Wochenzeitung seine eigenen früheren Reden nachgelesen hätte, hätte er im Manuskript jener Paulskirchen-Ansprache lesen können:

„Eine besondere Gefahr zeigt sich dort, wo der Staat im öffentlichen Dienst selbst unterwandert wird. Niemand verkennt das Recht auf angemessene Behandlung für alle Mitbürger, die im öffentlichen Dienst tätig sind. Aber für die Mittel zur Durchsetzung von Ansprüchen gelten dort, wo der Staat um der Daseinsvorsorge willen zur Leistung von Diensten verpflichtet ist, besondere Regeln. Ein Recht auf risikolosen Streik im öffentlichen Dienst kann so wenig verlangt werden wie mehr Lebensqualität zum Nulltarif."

Die Zahl der Fälle, in denen der bundesdeutsche Staat vor einzelnen oder mehreren Verbänden, vor dem Partikularen also, kapituliert hat, ist nicht gerade klein, auch wenn man dabei meist einen gewissen Anschein zu wahren weiß. Wer etwas genauer hinschaut, entdeckt aber sogar solche Fälle bei der Anwendung der Gesetze, wodurch der Artikel 3 Grundgesetz mit seiner Garantie der Gleichheit vor dem Gesetz ausgehöhlt wird:

Mit guten Gründen hat sich beispielsweise die Bundestagsmehrheit noch im Frühjahr 1992 dem Ansinnen einer Ad-hoc-Gruppierung widersetzt, jene Personen aus den Reihen der Friedensbewegung straffrei zu stellen, welche mit ihren Straßenblockaden zu den Zeiten der Anti-Raketen-Demonstrationen die Rechte Dritter verletzt hatten. Die Verletzungen von Rechten Dritter durch die Gewerkschaften des öffentlichen Dienstes bei den verschiedenen Streikaktionen oder auch durch andere Gewerkschaften beispielsweise bei der Blockade einer Autobahnbrücke nahm man dagegen tatenlos hin. Das Bundesverfassungsgericht aber überbot schließlich alle, indem es entgegen früherer Rechtsprechung in Sitzblockaden keine Gewaltanwendung mehr sehen mochte.

Auch wenn es sich hier bislang vornehmlich um Rechtsfragen handelt, so ist doch erneut auch die bereits erwähnte Forderung nach strikter Allgemeinheit der Geltung sittlicher Normen tangiert. Wo die jeweilige Gruppe im demokratischen Staat über ihr eigenes Normensystem die Mitglieder so stark einbindet, daß das (staatliche) Recht demgegenüber ins Hintertreffen gerät oder – und das ist in Bundesrepublik vielfach der Fall – daß das Recht sogar Gruppen mit ihrem Normensystem privilegiert, erfahren auch Verantwortungsgefühl und Pflichterfüllung im moralischen Sinne beim einzelnen eine Relativierung.

Die Arbeitnehmer zweier privilegierter Branchen (Kohle und Stahl), die noch zu Beginn des Jahres 1996 bei strukturellen Problemen mit 52 Jahren unter beträchtlichen Zuschüssen aus öffentlichen Kassen vorzeitig in den Ruhestand geschickt wurden, waren gewiß nicht durchweg zu beneiden. Bedenkt man aber, wie viele andere Arbeitnehmer in demselben Alter als Arbeitslose dastanden und keine Chance auf solchen vorzeitigen Ruhestand hatten, sah dies schon anders aus. Jene Entscheidungsträger aus Politik und Wirtschaft aber, die auch noch die Rechtsgrundlage für solchen Mißbrauch öffentlicher Kassen, in die alle gleichermaßen eingezahlt haben, zugunsten stahlharter Einzelgruppen vorangetrieben hatten, untergruben so zugleich einmal mehr die Überzeugung von der Verbindlichkeit einer für alle gleichen Moral. Die Erosion des Gemeinsinns geht nicht zuletzt auch zu Lasten des Gesetzgebers.

Auch wenn es bei manchen altgedienten Vertretern starker Gruppierungen in der bundesdeutschen Gesellschaft immer wieder Beweise dafür gibt, daß sie in ihrer Person letztlich eben doch das Gemeinwesen über das partikulare Interesse stellen, ja, daß sie auch die Universalität eines Moralgesetzes anerkennen: Dem Pluralismus wohnt prinzipiell die Tendenz inne, das Partikulare über das Allgemeine zu stellen.

Typischerweise sind es – soziologischen Gesetzen gemäß – zunächst die linientreuen Gruppenvertreter der unteren und mittleren Ränge, welche die Gruppennormen auch über die Gesamtinteressen eines Gemeinwesens zu stellen neigen. Für schlagkräftige Organisationen ist diese Funktionärsschicht besonders bedeutsam. Sie sorgt ja dafür, daß das Gruppeninteresse geschlossen vorangetrieben und daß schließlich erst auf oberster Ebene nach hartem Tauziehen wieder die Verantwortung fürs Ganze herausgekehrt werden kann. Wohin kämen die Gruppen, wenn solche Vernunft schon auf unteren und mittleren Ebenen praktiziert würde? Sie würden im Wettstreit mit anderen Gruppen hoffnungslos unterliegen.

Das aber bedeutet wiederum, daß die Arbeit für die Gruppe und in der Gruppe – so weit es die Gruppenziele berührt – permanenten Exerzitien wider universelle Moralforderungen gleichkommt. Je weiter dies eine Gruppe in der heutigen Gesellschaft zu treiben vermag, um so erfolgreicher ist sie. Freilich gehört zur kunstfertigen Nutzung solchen Machtinstruments noch, daß man den oben erwähnten Grundkonsens (Kapitel 2) nicht verletzt. Doch dieser Grundkonsens hat – genau betrachtet – des öfteren bloß semantische Qualität. Man darf eben nicht fordern, daß Ministerialbeamte als Elite eine Spitzenbezahlung behalten, man erreicht viel mehr, wenn man von gerechter Bezahlung für einen übermäßigen Einsatz zugunsten des Wohls aller spricht.

Der zu weit getriebene Pluralismus endet ersichtlich im moralischen Relativismus, der es kaum mehr erlaubt, seine jeweils eigene Pflicht etwa an Vorbildern zu erkennen oder andere an ihre Pflicht zu erinnern. Francis Fukuyama, der unter solcher Konstellation nur noch die Tugend der Toleranz als letztes Überbleibsel gemeinsamer Grundüberzeugungen sieht, macht dagegen aber andere Erwartungen geltend: „In modernen demokratischen Gesellschaften leben viele, besonders junge Menschen, die nicht damit zufrieden sind, sich gegenseitig zu ihrer Toleranz zu gratulieren, sondern ‚in einem Horizont leben' wollen."[5]

Die Differenz, die sich hier auftut, könnte zu einer Schicksalsfrage für die liberalen Demokratien werden. Die weitgehende Preisgabe einer verbindlichen moralischen Norm als Ergebnis aller Relativierung durch die Gruppen droht nämlich für die Staaten selber verhängnisvolle Konsequenzen zu zeitigen: Die Bürger zweifeln an ihrem Gemeinwesen, und die Zweifel nehmen die unterschiedlichsten Formen an, tun ihrerseits auch der Verbindlichkeit des Rechts immer sichtbarer zusätzlich Abbruch.

Um es aus anderer Perspektive aufzunehmen: Thomas Hobbes ist es gewesen, der Recht und Moral deutlich unterschieden hat. Das Gesetz als solches erlaubt laut Hobbes alles, was es nicht ausdrücklich verbietet, „Freiheit liegt dort, wo das Gesetz schweigt".[6] Mit dieser Unterscheidung wurde erreicht, daß der Staat nicht als Sittenwächter in Betracht kommen konnte. Doch indem der Staat über Rechtsetzung und Rechtsprechung – sei es in der erwähnten Weise, sei es mit Subventionen usw. – Privilegien schafft oder entstandene Privilegien absegnet, wirkt dies auf die Moral zurück:

Weil der einzelne immer weniger durchschaut, wo angesichts der vielfältigen Eingriffe des Staates die moralisch gebotene Verallgemeinerbarkeit der Richtlinien des Handelns überhaupt noch legitimerweise gefordert sein kann, beschränkt sich sittliches Engagement zunehmend auf Nahbereiche.[7] Jene erwähnte „Situationsethik" (s. o. 3. Kapitel), die ja oft auch ganz Erstaunliches an mitmenschlichem Engagement hervorbringt, erklärt sich auch aus solchen Eingriffen des Staates. Und die in dem Zusammenhang erwähnte These Böckenfördes, die Demokratie vermöge ihre eigenen Grundlagen nicht zu sichern, läßt sich zu der These fortentwickeln, daß der Staat selber die Erosion der moralischen Begriffe seiner Bürger betreibt und damit tatsächlich auch seine eigenen Grundlagen angreift.

Der fehlende Mut jedenfalls – auch eines Bundespräsidenten – in kritischer Zeit die Frage nach der Verallgemeinerungsfähigkeit der Handlungsmaxime einer maßgeblichen Gruppierung auch nur aufzuwerfen, spricht immerhin Bände. Das erwähnte System der Konsensfindung funktionierte indessen überzeugend. Weizsäckers Angriff auf die Parteien zu einem Zeitpunkt, als diese Kritik alle Spatzen von den Dächern pfiffen, paßte in den damals bestehenden Konsens. Wer aber ist dann berufen, das Ganze gegen die partikularen Interessen zu verteidigen und so einen Beitrag dazu zu leisten, daß die Bürger in ihrer großen Zahl zu einer moralisch verbindlichen Begriffsbildung finden?

Weizsäckers Nachfolger Roman Herzog hat insoweit einen anderen Weg zu beschreiten versucht, als er am 26. April 1997 in seiner „Berliner Rede" forderte, durch Deutschland müsse „ein Ruck" gehen. Da wurde der Egoismus der Gruppen durchaus thematisch gemacht, da wurden Bedingungen eines besseren Miteinanders aufgezeigt, aber die Parteien und die sonstigen Gruppen suchten aus der Rede nur jeweils dasjenige heraus, was ihnen in den Kram paßte, und versuchten zumindest weiterzumachen wie zuvor, insgeheim vermutlich ahnend, daß sie von den Konsequenzen der Fehlentwicklungen schließlich doch alle eingeholt würden.

Was aber die Bürger damit gelernt haben, ist etwas ganz anderes. Nachdem die etablierten Gruppen vorexerziert haben, wie man in demokratischen Staaten Interessen oft auch zu Lasten des Gemeinwesens durchsetzt, sprießen die Ad-hoc-Gruppierungen – großenteils unter dem Namen „Bürgerinitiativen" – ins Kraut und erzielen vergleichbare Erfolge. Der Landrat oder Regierungspräsident, der heutzutage noch eine Müllverbrennungsanlage, eine Sondermülldeponie oder eine psychiatrische Klinik für Kriminelle durchsetzen will, entscheidet sich für einen politischen Spießrutenlauf von langer Dauer und mit höchst ungewissem Ausgang.

Es mag zwar noch gelingen, einen Großteil der Bürger davon zu überzeugen, daß man ohne Müllverbrennungsanlage oder ohne Sondermülldeponie nicht auskommt. Wenn es aber um die Auswahl eines konkreten Standortes geht, ist alles am Ende. Dagegen, daß die erforderlichen Standortkriterien hier oder dort gegeben seien, findet der große Sturmlauf statt. Gutachter sind für und gegen alles zu finden. Und viele Verwaltungsgerichte haben sich in derartigen Fragen längst auf die Seite pluralistischen „Getriebesandes" begeben: Die Kosten eines Baustopps, einer Stillegung usw. bekümmert sie gar nicht mehr, die soll zahlen, wer will, im Zweifel der Steuerzahler.

Der Pluralismus, daran sei erinnert, ist nach Thomas Nipperdey zu einem Ausgleichs- und Proporzpluralismus gediehen, der die Probleme vertagt und umgeht (s. o. Kap. 5). Viele Entscheidungen, von denen auch menschliche Schicksale abhängen (z. B. die Entstehung oder Sicherung von konkurrenzfähigen Arbeitsplätzen), werden nicht getroffen. „Politisch nicht durchsetzbar" ist besonders in der deutschen Demokratie ein Urteil, das oft schon dazu führt, sich vorab einschlägig verdächtiger Gedanken zu entziehen.

Wo es so zugeht, ist es natürlich auch um den mitunter noch diskutierten „Mut zur Erziehung" schlecht bestellt. Genauso selten, wie es Beamte wagen, den Parteien das Wohl des Gemeinwesens entgegenzuhalten und sich ihren Forderungen bei der Durchführung politischer Wünsche zu widersetzen, genauso vorsichtig müssen sich Lehrer an Schulen bewegen. Eine Moral jenseits aller Gruppennormen zu vertreten, die es erlaubt und dann auch erforderlich macht, vor den Schülern gegen die Gruppen Farbe zu bekennen, ist Lehrern angesichts aller staatlichen Bestimmungen und angesichts des Einflusses von Verbänden in den Schulen kaum zuzumuten, ja, sogar untersagt. Der Zugang zu einer selbständigen moralischen Begriffsbildung ist in der pluralistischen Gesellschaft also vielerorts verstellt.

Solche Aussagen müssen nun allerdings alle diejenigen erstaunen, die mit wachem Bewußtsein beobachten, welcher Art die Begrifflichkeit in den großen politischen Debatten, beim Thema Arbeitslosigkeit, sozialer Sicherung oder Umweltschutz ist. Keine Frage: Da schwingt die Moral ja doch stets und ständig zumindest mit.

So galt es etwa lange Zeit als schlüssiges Argument – vom Kanzler maßgeblich gefördert – daß die Deutschen angesichts ihrer geschichtlichen Missetaten auf dem Balkan keinesfalls dafür in Frage kämen, in Bosnien-Herzegowina mit eigenen Soldaten einen Beitrag zum Schutz für bedrängte Menschen zu leisten. Die Absurdität dieses Argumentes wird augenfällig, wenn man es weitertreibt, indem man sagt: Weil die Deutschen für Auschwitz verantwortlich waren, dürfen sie ein neues Auschwitz anderer auch nicht verhindern.

Es hat viele Monate gedauert, bis dieses abwegige Argument geradegerückt wurde: Als sich nämlich herausstellte, daß das Argument bei den westlichen Alliierten nicht verfing und daß diese auf einer deutschen Beteiligung an der NATO-Friedensmission in Bosnien bestanden. Während diese Alliierten den Deutschen die Schuldlitaneien nur zu gerne beließen und belassen, wenn es ihrem, dem Interesse der einzelnen verbündeten Staaten nützt, sprach im Falle der Bosnien-Beteiligung Deutschlands das alliierte Interesse für ein anderes deutsches Selbstverständnis. Immerhin war dies ein Fall, in dem die Interessenlage der anderen die Deutschen nach fünfzigjähriger Sühnesemantik zur Rückkehr zu verallgemeinerungsfähigen Normen zwang.

Ansonsten aber bleibt es bei der bundesdeutschen Konsenssemantik. Immer neu wird hier Solidarität versichert oder dort eine „Gerechtigkeitslücke“ entdeckt. Begriffe wie Nationalismus und Fremdenhaß, wie soziale Kälte usw. geben quasi ein Koordinatensystem an, mit dem man sich in der bundesdeutschen Gesellschaft wie mit einem Kompaß „einnorden“ kann. Der seinerzeit von Helmut Kohl vorgeschlagene Bewerber für die Weizsäcker-Nachfolge, Steffen Heitmann, hatte beispielsweise den Fehler begangen, gegen dieses Koordinatensystem zu rebellieren, als er offen über die Rolle nachdachte, die die deutschen Verbrechen während der Nazizeit noch heute spielen.

Solche moralisierende Begrifflichkeit dient aber angesichts der Komplexität vieler Sachthemen heutzutage fast allgemein der Entlastung von der schwierigen Aufgabe, die Dinge voll zu durchdringen und evtl. verständlich darzustellen. Um es an einem Beispiel zu verdeutlichen: In der bundesdeutschen Diskussion kommt alle paar Jahre das Thema auf, Familien mit Kindern würden von der gesetzlichen Rentenversicherung benachteiligt. Der Vorwurf verfängt gut, wenn man dazu darlegt, daß nur die Familien mit Kindern für den Fortbestand der Rentenversicherung Sorge tragen. Der Mühsal, die dazu erforderlichen Sachargumente zusammenzustellen, unterziehen sich nur die wenigsten. Sie müßten dann nämlich nach komplizierten Berechnungen zur Kenntnis nehmen, daß die Summe der kinderspezifischen Regelungen im Rentenrecht vor allem für Mütter ganz beträchtliche Ausmaße annimmt. Und sie müßten auch einmal ganz fair prüfen, wie kräftig der Staat über die entsprechende Steuerklasse bei den „Singles" zulangt.

Der Verdacht, daß das vielfach zu vernehmende Moralpathos in Gesellschaft und Politik eher aus Gruppeninteressen als aus Verantwortung vor der Allgemeinheit entspringt, muß sich nun allerdings auch gegen unseren Beitrag richten. So manche Gruppierung, die hier nicht gut weggekommen ist, dürfte sich doch wohl damit trösten können, hier würden lediglich knallharte Arbeitgeberpositionen oder ähnliches vertreten.

Tatsächlich ist jedoch die heutige Situation des Arbeitsmarktes insofern durchaus „arbeitgeberfreundlich", als anders als in einer Situation relativer Vollbeschäftigung sogar die Solidarität der Arbeitnehmer nicht mehr viel bewirkt: Wer über genug Kapital verfügt, zieht es einfach ab. Niemand kann gezwungen werden, die Arbeitgeberrolle aufzunehmen oder durchzuhalten. Die Verallgemeinerung, die nur das Kapital der Arbeitgeber in die Pflicht nehmen möchte, scheitert. Die Frage, die hier gestellt werden muß, ist, unter welcher marktwirtschaftlichen Konstellation wieder alle Menschen, die arbeiten möchten, einen Arbeitsplatz finden, unter welchen Bedingungen es für alle lohnt, Kapital unternehmerisch einzusetzen.

Solche Verallgemeinerung liefert das notwendige Entscheidungskriterium für die Prüfung moralischer Argumente. Strikte Verallgemeinerung der Handlungsrichtlinien führt mit Bezug auf das gewählte Beispiel sogar noch zu der weitergehenden Problematik, was mit den Arbeitslosen, den Hungernden anderer Länder geschehen soll. Eben deshalb besteht für die wohlhabenden Völker auch die rein mitmenschliche Pflicht, sich nicht nur nach innen zu richten, sondern anderen Bedürftigen ebenfalls möglichst effizient zu helfen (s. o. Kap. 9)

Wahre Moral hat also anders als das oft genug gruppenegoistische Moralpathos der pluralistischen Gesellschaft eine universelle Ausrichtung. Sie gilt für alle Menschen und zugunsten aller Menschen wie auch der übrigen Kreatur (s. o. Kap. 15). Nur die Vorteile einzelner Gruppen ins Auge fassen zu wollen, bedeutet, sich der Pflicht gegenüber allen Menschen und der übrigen Kreatur zu versagen.

In der Abwehr der Übermacht einzelner Gruppen haben die Staaten aber auch eine wichtige Funktion für die Stärkung oder Schwächung des Ansehens moralischer Normen in der Gesellschaft. Wo die Staaten es zulassen, daß Gruppen oder große Unternehmen andere dazu bringen, erkennen zu müssen, daß sie sich nur noch mit eigenem Gruppenegoismus helfen können, obsiegt der Pluralismus über das Ganze. In solchem Klima leben wir heute, und der gebetsmühlenartige Ruf nach mehr Gemeinsinn bzw. das Jammern über den fehlenden Gemeinsinn ändern nichts an der „Entsolidarisierung" der Gesellschaft. Der von Gruppeninteressen beherrschte Staat, die auf die Gruppeninteressen in den jeweiligen politischen Mehrheiten ausgerichtete Beamtenschaft haben die Entsolidarisierung selber eingeläutet und mit anderen zusammen vorangetrieben.

Gerade für diejenigen Menschen, die sich im Sinne einer universellen Moral engagieren wurden, ist es folglich nicht gut bestellt Wenn es die Wesenseigentümlichkeit des Pluralismus ist, die Universalität des Moralgebots tendenziell überall auszuhöhlen, dann gilt um so mehr der Ruf nach Instanzen, die dieses unerläßliche Vehikel einer freiheitlichen Demokratie in Schranken halten. Die eingangs dieses Kapitels erwähnte Vermutung, daß der Pluralismus bei der immer neu zu leistenden Integration einer Gesellschaft eine durchweg positive Rolle spielt, bewährt sich offenbar nicht ohne eine übergeordnete Instanz. Der Pluralismus allein wirkt eben doch wieder desintegrierend.

Lange Zeit war es in den Industriegesellschaften die Verbindlichkeit von Normelementen, die zu der Vorstellung der „Moderne“ mit ihren Wohlstandsversprechen für alle gehörten, welche den Hebel zur Einbindung der Gruppeninteressen bildeten und den meisten Staaten entsprechende Handlungsspielräume beließen. Lediglich die Sieger-Demokratien Frankreich und vor allem Großbritannien hatten zumindest einzelne Gruppen zu stark werden lassen, was Frankreich erst mit der Fünften Republik in der Präsidentschaft von Charles de Gaulle ein Stück weit zurückzudämmen vermochte und Großbritannien mit lang anhaltendem Erfolg in der Regierungszeit von Margaret Thatcher. Ansonsten setzte diese Moderne ihre Maßstäbe weitgehend ungehindert und zu oft auch unkontrolliert – mit so manchen negativen Begleiterscheinungen.

Seit die Moderne aber den meisten Menschen aufgrund ihrer Auswüchse fragwürdig geworden ist, seit der Weg in die „Postmoderne“ unausweichlich scheint, droht der postmoderne Pluralismus endgültig den Sieg davonzutragen. Das besorgniserregende Ergebnis ist es, daß die freiheitliche Demokratie vielen ihrer Bürger nun wieder als Ganze fragwürdig wird. Eine Neubesinnung, ein „Paradigmenwechsel“ täte also not. Und diese Neubesinnung hat anzusetzen an der Erneuerung der strikten Allgemeingültigkeit des moralischen Gesetzes und – in der logischen Konsequenz dieser Allgemeingültigkeit – an der Rückkehr der Staaten zur Idee des für alle Bürger verbindlichen Rechts.

1 Klaus Stern, Die Ideologie in die Schranken, FAZ vom 30. April 1982, gekürzte Fassung eines Vortrags.

2 Ernst-Wolfgang Böckenförde, Sicherung der Freiheit vor neuen Gefahren, FAZ vom 3. Juni 1975.

3 Guy Kirsch, Die Entmachtung des Staates, FAZ vom 22. März 1986.

4 Vgl. etwa Olaf Winkel, Wertewandel und Politikwandel, in: Aus Politik und Zeitgeschehen, Beilage zur Wochenzeitung Das Parlament, B 52-53/96, Bonn 1996, S. 14. Winkel faßt hier die Lehre von Helmut Klages knapp zusammen.

5 F. Fukuyama, Das Ende der Geschichte, S. 407.

6 Thomas Hobbes Leviathan, 2. Teil, XXI. Kapitel, dt. Übersetzung Reinbek 1965, S. 172.

7 Jene Thesen, die solches Zurückstecken des privaten Engagements auf den Niedergang der großen, menschheitsumspannenden Ideologien zurückführen, unterschätzen vielleicht die im Menschen sehr wohl angelegte Sittlichkeit.

Kapitel 17

Die sittliche Einsicht im Selbstbewußtsein

Wer erst einmal erkannt hat, in welch eigennütziger Weise das interessierte Individuum und – noch erfolgreicher, weil anscheinend besser begründet – die organisierten Interessen moralische Argumente für ihre Zwecke einzuspannen wissen, kann nur immer wieder nach den grundlegenden sittlichen Normen und den Gründen für ihre Verbindlichkeit fragen. Zugleich damit erhebt sich aber die Frage, ob es so etwas wie den Menschen rein als solchen, ob es das „eigentliche" Subjekt gibt, das zugleich Ursprung und Adressat solcher Normen sein müßte. Könnte es nicht sein, daß man nur von Menschen im jeweils bestimmten sozialen Kontext sprechen kann, die nur dann „richtig" handeln, wenn sie entsprechend angepaßt handeln? Ließe sich vielleicht die in den früheren Kapiteln vielfach geforderte Verallgemeinerungsfähigkeit der Richtschnur unseres Handelns gar nicht zwingend begründen?

Bei der Frage nach sittlichen Normen gilt es vorab zu klären, ob es überhaupt so etwas wie eine sittliche Einsicht jedes vernünftigen Menschen geben muß oder ob solche Einsicht nur mehr oder weniger anerzogen und damit in beliebiger Weise manipulierbar ist. Das Beste, was sich ohne eine ursprüngliche sittliche Ausrichtung des menschlichen Individuums denken ließe, wäre ja doch jener bereits erwähnte Utilitarismus, der laut der Forderung des Jeremias Bentham „das größte Glück für die größte Zahl" anzustreben empfiehlt.

Bedenkt man, was alles die sogenannte Sozialisation aus dem Menschen zu machen in der Lage ist, spricht wenig für die Annahme, daß eine ursprüngliche sittliche Einsicht auf der Ebene der Gesellschaft Platz greifen könnte. Vielmehr legt sich die Vermutung nahe, daß eine solche Einsicht in Lebensphasen gewonnen wird, in denen Deformationen durch die Vielfalt möglicher sozialer Konstellationen und deren soziale Spielregeln noch weitgehend ausgeschlossen sind.

Wenn es also so etwas wie eine allen Menschen gemeinsame Basis der Sittlichkeit, eine sittliche Einsicht, geben soll, wird man sie unverbildet am leichtesten in jener Phase der Entwicklung eines Menschenkindes auffinden können, in der sich erst so etwas wie Vernunft herauszubilden beginnt. Das Augenmerk muß sich deshalb auf die ursprünglichste soziale Beziehung richten, aus der heraus sich Zwischenmenschliches für das Kind erschließt. In der Regel wird dies die Beziehung zwischen Mutter und Kind sein.

Schon bei der Beobachtung eines Babys lassen sich zwei typische Richtungen seiner Entwicklung erkennen: einerseits die Vorformen einer Kommunikation vor allem mit der zentralen Bezugsperson, zumeist der Mutter, und andererseits das erste Erkunden der Umgebung, das in bewußter Form zunächst fast ausschließlich dem eigenen Körper oder „Leib" gilt. In beiden Entwicklungsrichtungen zeigen sich dem aufmerksamen Beobachter schon wenige Monate nach der Geburt teilweise dramatisch fortschreitende Differenzierungsleistungen, so daß ein Kleinkind im Vergleich mit den Jungen höherer Säugetiere zwar mit erheblichem Rückstand hinsichtlich seiner Körperbeherrschung und der Nutzbarkeit seiner Sinne antritt, dafür aber auch der lernbegabteste Schüler ist.

Es dürfte nicht allzu viele Philosophen geben, die dazu in der Lage sind nachzuzeichnen, wie sich die ersten sozialen Kontakte ihrer eigenen Kinder ausgebildet und welche Studien ihre Kinder allein bei der Beobachtung der eigenen kleinen Hände und vor allem deren Bewegungen angestellt haben. Besonders dem Junggesellen Immanuel Kant ist auf diesem Gebiet wohl nicht sehr viel bekannt geworden. Er verweist nur bisweilen auf einzelne Phänomene dieser menschlichen Entwicklungsphase, so etwa in seiner Anthropologie in pragmatischer Hinsicht: „Es ist aber merkwürdig: daß das Kind, was schon ziemlich fertig sprechen kann, doch ziemlich spät (vielleicht wohl ein Jahr nachher) allererst anfängt, durch Ich zu reden, so lange aber von sich in der dritten Person sprach ..."[1]

Junge Mütter können bzw. könnten insoweit viel mehr berichten, wobei freilich demjenigen, der die Entwicklung seines Kindes kontinuierlich verfolgt, bald vieles in der Erinnerung versinkt. Und so bleiben dann nur noch relativ vage Klassifizierungen übrig: das Krabbelalter, die ersten selbständigen Schritte usw.

Aber auch dieses Wenige reicht zu einigen wichtigen Einsichten: Beginnt nämlich das Krabbelalter und gelingen schließlich die ersten Schritte, kann man davon ausgehen, daß das Kind ein Bewußtseinskontinuum ausgebildet und dieses zu seinem näheren Umfeld in Beziehung zu setzen gelernt hat. Dazu gehört, daß das Bewußtsein nicht nur seinen Organismus weitgehend zu beherrschen, sondern denselben auch in das erwähnte Lebensumfeld einzuordnen versteht.

Parallel zu dieser Phase verlaufen immer weitergehende sprachliche Differenzierungen, die sich in heutiger städtischer Umgebung üblicherweise auf Spielzeug, erste Bilderbücher, aber auch auf den Anblick der ersten Hunde, Katzen usw. beziehen. Charakteristisch für diese Entwicklungsschritte ist im übrigen, daß dem richtigen Gebrauch eines Wortes die Anerkennung der Mutter bzw. einer betreuenden Bezugsperson folgt. Der Triumph, den Kinder dann manchmal sichtlich empfinden, leitet sich aus der Tatsache ab, daß sie mit ihrem Gebrauch des Wortes Anerkennung finden.

Mitunter hört man auf den weiteren Entwicklungsstufen Mütter davon erzählen, daß ihr Kind sich neuerdings im Spiegel zu erkennen vermöge. Dieses „Erkennen" läßt sich am Nennen des eigenen Namens beim Anblick des Spiegelbildes nachweisen. Die Leichtigkeit, mit der dem Kind dies gelingt, was in der Tierwelt wohl nur Menschenaffen mit erheblicher Mühe erreichen, spricht nun keineswegs für eine zufällige Entwicklung. Das Erkennen des eigenen Spiegelbildes ist vielmehr eine notwendige Durchgangsstufe in der Entstehung einer Vernunft.

Entscheidend für diese Entwicklung dürfte die prinzipiell unbegrenzte Differenzierungsfähigkeit des menschlichen Bewußtseins sein, das nicht nur „auflöst" (analysiert), sondern auch „verbindet" (synthetisiert), das vor allem Vertrautes sogleich wiedererkennt und davon das jeweils Neue unterscheidet. Diese Differenzierungsfähigkeit hat nun insbesondere auch mit dem Irrtum zu tun, der jederzeit für möglich gehalten und dem die Notwendigkeit dieser oder jener gefundenen Einsicht beglückt entgegengestellt wird.

Was also das Menschenkind vom jungen Menschenaffen ganz deutlich unterscheidet, ist die Selbstverständlichkeit, mit der es den Irrtum zu handhaben, ja zu nutzen vermag. Das aber hat seine Wurzel noch wieder in etwas anderem: Möglichkeit, Notwendigkeit und Wirklichkeit – die sogenannten Modalkategorien – stehen offenbar schon sehr früh zur Disposition des Kindes, ohne daß es sie im strengen Sinne erlernen oder als Begriffe kennen müßte. So, wie die Entenmutter ohne Begriffe bis fünf zählen kann (wenn von mehr als fünf Kücken eines fehlt, merkt sie es noch nicht), so nutzt das Kind schon sehr früh auch noch ganz andere Kategorien.

In aller Kommunikation mit Bezugspersonen, welche die besagten Entwicklungsschritte begleitet und großenteils bedingt, spielt die Anerkennung durch das andere Subjekt, wie erwähnt, eine entscheidende Rolle. Speziell jene Kommunikation nun, die das Kind zwingt, über sich selber Auskunft zu geben, über körperliche Beschwerden und Krankheiten, macht teilweise unter hohem psychischen Druck auch fortschreitende Differenzierungen am eigenen Organismus erforderlich.

Es ist ein bekanntes Phänomen für die Kindermedizin, daß die Kleinen zwar Schmerz allgemein bekunden können, aber kaum dazu in der Lage sind, diesen Schmerz genau zu lokalisieren, zu spezifizieren. Infolgedessen muß schon aus ganz pragmatischen Gründen auch hier ein Differenzierungsprozeß stattfinden, der obendrein dank einer überragenden Differenzierungsfähigkeit dazu veranlaßt, gleichsam „hinter" allen Befindlichkeiten des Organismus ein verbleibendes Identisches auszumachen. Der Organismus jedenfalls taugt nicht mehr als Invariante, wenn über ihn und seine Befindlichkeiten gesprochen werden muß.

Zu den aufschlußreicheren Phänomenen dieser Entwicklungsphase zählt im übrigen ein höchst typisches Verhalten der Kinder beim Versteckspiel. Sie drücken sich schnell irgenwohin und halten mit den Händen fast krampfhaft die Augen zu in der unwillkürlichen Annahme, wenn sie den Suchenden nicht sähen, könnte dieser sie auch nicht wahrnehmen. Die enttäuschende Erfahrung aber, daß das regelmäßig mißlingt, führt zu einer noch weitergehenden „Selbstrevision".

Erst der vollständig abstrahierende Schritt, der die bloß situative Bindung des Bewußtseins an den Organismus preisgibt und als mögliche Invariante das Bewußtsein selbst ansetzt, bringt letztlich die Lösung für alle Ungereimheiten. Da das Bewußtsein gleichsam das Licht ist, das die Umgebung erhellt, befreit der abstrahierende Schritt von der Bindung an die jeweilige Situation. Indem das Kind einen ersten Begriff seines Bewußtseins erreicht, befreit es sich von dieser Situation, es kommt zum Wissen seiner selbst, zum Selbstbewußtsein.[2]

Die zunächst wieder nur angepeilte Möglichkeit dieses Abstraktionsschrittes bedarf freilich zu ihrer Absicherung erneut der Anerkennung durch das andere Subjekt, durch die entscheidende Bezugsperson. Für das irrtumsgewohnte Kind ist die Abstraktionsleistung, die es zum regelmäßigen Gebrauch des Wortes „ich" führt, nur dann tragfähig, wenn es auch insoweit Anerkennung durch die Mutter, den Vater, die älteren Geschwister findet.

Kommt also zu dem abstrahierenden Rückgang des (immer schon) identischen Bewußtseins auf sich selbst die Anerkennung durch die Bezugsperson, wird das Selbstbewußtsein zur alles überstrahlenden Gewißheit. Das „ich" wird deshalb nach anfänglicher, mehr versuchsweiser Nutzung immer dezidierter gebraucht. Verständlicherweise gewinnt es sogar in bestimmten Entwicklungsphasen bei Kindern, die in behüteten Verhältnissen aufwachsen, geradezu einen herausfordernden Klang.

Für die Verständigung über alle naheliegenden Lebensfragen, über Bedürfnisse, Befindlichkeiten und Wünsche ist dieses Wörtchen „ich" gegenüber der vorhergehenden Verwendung des Vornamens bzw. seiner Verstümmelungsformen eine enorme Vereinfachung. Diese Vereinfachung kehrt sich bezeichnenderweise nur dann zur Komplikation um, wenn das „ich" am Telefon, im Dunkel usw. den Namen ersetzen soll: Ohne den wahrnehmbaren Organismus, ohne die wiedererkennbare Stimmfärbung usw. ist die Antwort „ich" auf die Frage „Wer ist denn da?" allenfalls als Scherz geeignet. Das ist der Preis der Abstraktion, der Preis der zwingenden Gewißheit.

Mit der außerordentlichen Klarheit der Zuordnung des Wortes „ich" für denjenigen, der es gebraucht, verbindet sich nun eine merkwürdige und doch fast selbstverständliche Konsequenz: In der Sicherheit der Selbstbewußtseins-Einsicht geht das Bewußtsein der Herkunft dieser Einsicht zwangsläufig verloren. Im Gedanken „ich" hat sich eben ein Bewußtsein von aller situativen Bindung frei gemacht. Es hat sich damit gleichfalls von der Tatsache frei gemacht, daß es andere Subjekte waren, deren Anerkennung ihm die Gewißheit seiner selbst gegeben haben.

Dieses Sich-frei-machen-von wirkt nun einerseits ausgesprochen egoistisch, aber es ist für die wirkliche Freiheit eines Menschen andererseits unerläßlich. Die Freiheit des Menschen wäre nämlich nicht denkbar, wenn er sein Selbstbewußtsein nur als bedingt durch anderer Leute Zustimmung ansehen wollte. Die Ergebenheit des Hundes, der sich seinem Herrn immer unterordnet, kann nicht Sache des Kindes sein. Es muß ein Trotzkopf werden, um ganz es selbst werden zu können. Deshalb gehört es buchstäblich zur Entwicklung eines gesunden Kindes, daß es dasjenige, was es anderen verdankt, zeitweise vergißt und verdrängt. Die Pflicht und das Vergessen stehen damit in einem ursprünglichen Widerstreit.

Während die Anerkennung durch andere Menschen sich nach der Festigung einer Persönlichkeit grundsätzlich (nicht unbedingt tatsächlich) als fürderhin verzichtbar erweist, ist der jeweils eigene Organismus eines Subjekts immer nötig: Er bleibt gleichsam die Leiter, auf der sein Bewußtsein hinaufsteigt, um sich sodann – vom Organismus abstrahierend – seiner selbst zu vergewissern. Von dieser Leiter kann es im Grunde nur in fiktiver Weise absehen.

Bestätigen läßt sich dieser Zusammenhang beispielsweise an jenen Fällen des Erwachens aus tiefem Schlaf evtl. gar an fremdem Ort, wenn nach den ersten verwunderten Blicken die Frage aufdämmert: „Wo bin ich?" Man stelle sich dazu in einem Gedankenexperiment einmal vor, was von dem „ich" übrigbliebe, wenn der Organismus noch dazu an fremdem Orte plötzlich nicht mehr der vertraute wäre.

So ist also der Gedanke „ich" eine jederzeit abrufbare Gewißheit geworden. Diese Gewißheit ist eine begriffliche, das Bewußtsein hat sich im Begriff seiner selbst befreit. Dennoch aber kann sich das Subjekt jederzeit auch wieder der Tatsache inne werden, daß es seine Selbstidentifikation und damit auch seine Freiheit letztlich doch der Anerkennung durch andere Menschen verdankt.

In dieser prinzipiellen Möglichkeit, an der Basis allen Selbstseins die Anerkennung durch andere Menschen zu wissen, liegt nun auch die prinzipielle Möglichkeit der sittlichen Einsicht. Solche Anerkennung ist nur dann wirklich gegeben, wenn sie den anderen in seiner Selbstbestimmung bestätigt und damit frei gibt. Die Anerkennung leistet also dieses Merkwürdige: Sie ist einerseits Bedingung dafür, daß das Subjekt zur Selbstidentifikation findet; aber sie ist andererseits auch wieder nicht Ursache des Selbstbewußtseins, sonst wäre das Anerkannte nur verursacht und nicht etwa frei.

Während die Schulphilosophie dem für das Selbstbewußtsein so wesentlichen Ausgang vom Organismus noch nicht sehr viel Aufmerksamkeit geschenkt hat, finden sich hinsichtlich des Zusammenhangs Selbstbewußtsein und Anerkennung manche Theoreme, die sich hier einfügen lassen. Erwähnt sei nur Georg Wilhelm Friedrich Hegels „Enzyklopädie der philosophischen Wissenschaften im Grundrisse" von 1830, in deren Drittem Teil („Philosophie des Geistes") es heißt:

„Es ist ein Selbstbewußtsein für ein Selbstbewußtsein zunächst unmittelbar als ein Anderes für ein Anderes. Ich schaue in ihm als Ich unmittelbar mich selbst an … Das Aufheben der Einzelnheit des Selbstbewußtseins war das erste Aufheben; es ist damit nur als besonderes bestimmt. – Dieser Widerspruch gibt den Trieb, sich als freies Selbst zu zeigen und für den Anderen als solches da zu sein, – den Prozeß des Anerkennens.“[3]

Ohne auf Hegels Anliegen, überall mit dialektischen Prozessen zu argumentieren, näher eingehen zu müssen, ist doch zu erkennen, daß der Gedanke der Anerkennung auch hier das Selbstbewußtsein auf eine andere, auf die ihm einzig gemäße Ebene hebt. Diese Ebene ist bei Hegel das „allgemeine Selbstbewußtsein“:

„Das allgemeine Selbstbewußtsein ist das affirmative Wissen seiner selbst, deren jedes als freie Einzelnheit absolute Selbständigkeit hat …“[4] In solcher absoluten Selbständigkeit scheint die Anerkennung also aufgehoben, andernfalls wäre es wieder um die absolute Selbständigkeit getan.

Jedenfalls ist in dem jungen Menschen mit der Anerkennung durch ein anderes Subjekt zunächst eine ursprüngliche Egozentrik angelegt. Zugleich aber gewinnt das Subjekt im Gedanken „ich“ auch die Basis aller Vernunft und damit die grundsätzliche Möglichkeit, sich selbst im Verhältnis zu anderen zu relativieren und doch auch wieder bei sich zu bleiben. Darin aber liegt auch schon die Umsetzung der ursprünglichsten sittlichen Einsicht. Im Ergebnis bedeutet dies nun alles, quasi auf eine Formel gebracht: Ohne Selbstbewußtsein keine sittliche Einsicht, ohne sittliche Einsicht kein Selbstbewußtsein.

Geht man aber nochmals der Frage nach, warum sich diese sonnenklare Verbindung doch auch wieder so leicht verdunkelt, dann hat dies auf jeden Fall mit jenem „Licht“ zu tun, das das Selbstbewußtsein zu einer so gewissen Einsicht macht, daß seine Wurzeln darüber zwangsläufig in den „Schatten“ geraten.

Zurückkommend auf jene eingangs erwähnte Konstellation, daß der Mensch immer schon in sozialen Beziehungsgeflechten steht und auch sein Denken von daher beeinflußt, bedingt wird, haben wir mit der sittlichen Einsicht auch aufgedeckt, wo das menschliche Subjekt – bedingt hin, bedingt her – immer auch auf sich gestellt ist und diese Eigenständigkeit gegenüber jedermann behaupten muß. Selbst der Wissenssoziologe, der alles Denken auf soziale Ursprünge zurückführen möchte, kommt an der Ursprungskonstellation der gegenseitigen Anerkennung von „ich“ und „du“ nicht vorbei.

Hier läßt sich nichts mehr zerreden und zerlegen: Ein „ich“, das nicht zu sich gefunden, das sich nicht gegen andere kraft deren Anerkennung abzugrenzen gelernt hat, kann es nicht geben. Und wo kein solches „ich“ ist, hat es die Soziologie nicht mehr im vollen Sinne mit Menschen zu tun, zerrinnt ihr der „homo sociologicus“.

Die Vermutung, die sich dem aber anschließen muß, ist, daß der Mensch zwar als soziales Wesen beschrieben werden kann und muß, daß er aber deshalb nicht auf den höchsteigenen Standort verzichten kann. Er allein muß es verantworten, wenn ihn die Gruppe verführt und irreleitet. Der mit der Durchsetzung der Sozialwissenschaften so eingängig gewordene Entlastungsgrund der problematischen sozialen Umstände, in denen ein Mensch aufgewachsen, von denen er lange Zeit beeinflußt worden sei, muß deshalb mit Vorsicht genommen werden: hinreichen kann er nicht.

Um aber nach diesem Gedankengang eine weitere Frage vom Anfang dieses Kapitels aufzunehmen: Zwar gibt es den Menschen rein als Vernunftwesen gewiß nicht, er bleibt verwiesen auf einen Organismus, um dessen Wohl und Wehe es ihm damit gleichfalls gehen muß. Aber der Gedanke, daß es einen Menschen rein als solchen ohne Verbildung in einer jeweiligen sozialen Umgebung geben könnte, ist keineswegs so abwegig.

Ob sich nämlich das Selbstbewußtsein im Wort „ich“ oder „I“, in „je“ oder „ego“ usw. ausdrückt, spielt keine Rolle. Die Universalität der sittlichen Einsicht hängt offensichtlich rein an der Universalität menschlicher Vernunft. Und auch daß diese sittliche Einsicht – ganz anders als die Beziehung des Selbstbewußtseins zu seinem Organismus – tendenziell in Vergessenheit zu geraten droht, gehört quasi zur intellektuellen Grundkonstellation des Menschen schlechthin. Es bleibt allerdings zu vermuten, daß es geschichtliche Konstellationen und mit ihnen zusammenhängend Gesellschaftstypen gibt, die solches Vergessen befördern, genauso wie es Gesellschaftstypen zu geben scheint, die derlei Vergessen nicht so leicht hinnehmen.

Es ist gewiß nichts Weltbewegendes mehr, sich gegen die Lehre Sigmund Freuds zu wenden (s. schon oben Kap. 14). Aber gerade unsere Darlegung der Entwicklung des Menschenkindes, die sich am Selbstbewußtsein wie in einem experimentum crucis bestätigt, läßt die gewaltige Verkürzung in Freuds Menschenbegriff erkennen. So hat sich der Londoner Psychiater John Bowlby über umfangreiche Untersuchungen vor allem der Mutter-Kind-Beziehung immer definitiver gegen Freud abgegrenzt. Das Kind auf einen einzigen Trieb, die Libido, zu reduzieren, läßt sich tatsächlich nicht halten, wie Bowlby gezeigt hat.[5]

„Das Kind sucht die Nähe der Mutter nicht, weil sie ihm seine Nahrungswünsche befriedigt; es sucht sie erwiesenermaßen auch dann, wenn jemand ganz anderes es füttert. Es sucht von dem Augenblick an, da es sie erkennt (und die Erkennung ist im siebenten Monat voll ausgebildet), seine Mutter um ihretwegen. Der Bindungsinstinkt ist nicht auf einen anderen Trieb zurückzuführen. Er ist dem Menschen wie den höheren Tieren aus Überlebensgründen einprogrammiert", schrieb der Wissenschaftsjournalist Dieter Zimmer in einer Artikelfolge über Bowlby im Zeitmagazin. Bowlbys „umsichtiges und behutsames Werk" sei „niemals rechthaberisch und polemisch und immer von einer tiefen Achtung vor den Erlebnissen und Gefühlen der Menschen erfüllt".[6]

Wir brauchen diese Kritik an Freud hier nicht weiter zu vertiefen. Es ging lediglich darum zu zeigen, daß psychiatrisches Wirken wohl von einem komplexeren Menschenbild ausgehen sollte, als es Freud tut. Unsere philosophischen Überlegungen mit dem Aspekt der Notwendigkeit einer Anerkennung des kindlichen Selbstbewußtseins durch eine Bezugsperson sind offenbar mit den Lehren Bowlbys leicht zur Deckung zu bringen. Nur die Anerkennung einer Bezugsperson läßt das kindliche Selbstbewußtsein seine Selbstgewißheit finden, diese ursprüngliche sittliche Einsicht mag verschüttet werden, prinzipiell leugnen läßt sie sich nicht.

[1] Immanuel Kant, Anthropologie in pragmatischer Hinsicht, Königsberg 1798, S. 3.

[2] Vgl. dazu schon vom Verfasser: Selbstbewußtsein - Eine Theorie zwischen Kant und Hegel, Bonn 1979.

[3] G. W. F. Hegel, Enzyklopädie der philosophischen Wissenschaften im Grundrisse, 430.

[4] a. a. O. 436.

[5] Vgl. z. B. John Bowlby, Über das Wesen der Mutter-Kind-Bindung, in: Psyche 13, 1959/60.

[6] Dieter E. Zimmer, Absage an Freud, in Zeitmagazin Heft 10, 1981.

Kapitel 18

Das Sittengesetz

Mit der sittlichen Einsicht ist, das dürfte unmittelbar einleuchten, das Entscheidende in Sachen Ethik angerissen. Ja, es fragt sich, ob es eigentlich sinnvoll ist, jene Einsicht zu einem „Sittengesetz" zu entfalten, vorausgesetzt, daß dies überhaupt möglich ist. Sollte man sich nicht einfach darauf verlassen, daß sich – ausgehend von der sittlichen Einsicht – praktisch ganz von selber eine Art Sittenregel in erfahrbaren Prozessen ausbildet?

Genau das scheint es allerdings zu sein, was sich derzeit faktisch abspielt. Nur lassen sich aus Beschreibungen von faktischen Zusammenhängen keine Sollensnormen ableiten. Eine sittliche Einsicht aber, die niemals begrifflich klar gefaßt wurde, verkürzt sich beim einzelnen sehr leicht zu einem vagen „moralischen Sinn" oder „moralischen Gefühl", wie es speziell die angelsächsische praktische Philosophie schon kannte (z. B. Francis Hutcheson oder David Hume). Es geht aber darum zu klären, was der Mensch dem Menschen und der Kreatur schuldet. Der erfahrbare Eingang, den die sittliche Einsicht in das Handeln der Menschen findet, verspricht also keine Auskunft darüber, was konsequenterweise Ausfluß der sittlichen Einsicht sein müßte.

Deshalb gilt es, nochmals zum Kern jener Einsicht zurückzukehren. Im Gedanken „ich" ist einerseits eine Synthese aus eigener Selbstbefreiungsleistung und ihrer Anerkennung durch andere Subjekte entstanden. Andererseits ist im Gedanken des (strikt einzelnen) „ich" die Allheit der anderen mitgedacht oder zumindest mitzudenken und zwar via negationis, im Sinne der Negation also: Das Ich grenzt sich gegen alle anderen ab.

In beiden Hinsichten – jener Synthese und dieser Abgrenzung – ist aber auch etwas weiteres angelegt: Sie müssen letztlich zu einer in sich widerspruchslosen, geistig durchwirkten Lebenswirklichkeit entfaltet werden. Das Ich gewinnt nur dadurch einen angemessenen Begriff von sich, daß es allen anderen dieselbe Anerkennung zukommen läßt, die ihm selber zuteil wurde. Nur in der Anerkennung aller anderen Menschen und letztlich auch aller Kreatur bestimmt sich das Ich selber angemessen – ohne Hybris und ohne Unterwerfung.

Diese Anerkennung umfaßt nicht etwa nur das Geistwesen Ich. Wie ja schon jedes Ich ohne den Organismus oder Leib, dem es zugeordnet wird, sozusagen leer läuft, so muß auch die Anerkennung den ganzen Menschen umfassen, den Menschen als Vernunft- und als Leibwesen. Nun kann aber die Anerkennung des Leibwesens nicht nur um seiner Trägerrolle für den Geist willen erfolgen. Wenn sich der Geist ohne den Leib verliert, wenn der Geist ohne den Leib gar nicht er selbst sein kann, hat auch der Leib ein eigenes Recht. In der Konsequenz der Anerkennung des Menschen als Leibwesen liegt damit zugleich die Anerkennung des Selbstzwecks aller sonstigen Organismen.

So also, wie das Kind sich von seiner Mutter anerkannt findet zunächst als Organismus, dann als leib-seelische Einheit und Vernunft, so vermeidet es selber nur dann Widersprüche, wenn es alle anderen Menschen ebenso anerkennt und darüber hinaus auch allem Organischen seine eigene Zweckbestimmung einräumt. Die Anerkennung ist also prinzipiell universalisierungsbedürftig. Sie bedarf, konsequent gedacht, strikter Allseitigkeit. Meinem Anspruch auf Anerkennung entspricht derselbe Anspruch jedes anderen gegen mich. Sprachbarrieren, Rassenschranken – nichts gilt gegenüber dieser fundamentalsten Basis alles Zwischenmenschlichen.

Um es in einem weiteren Durchgang zu vertiefen: Jeder Mensch erkennt sich irgendwann als abhängig von der Anerkennung durch andere Menschen. Genauso kann er auch jeden anderen Menschen als abhängig von der Anerkennung anderer erkennen. Jeder ist als Vernunftwesen einer solchen Abstraktionsleistung mächtig. Genauso kann er sich aber auch in die Lage jedes anderen versetzen oder doch zumindest zu versetzen suchen.

Der zuletzt genannte gedankliche Ansatz läßt sich noch wieder verallgemeinern: Jeder kann sich nämlich auch die Frage stellen, was er selber abseits aller gesellschaftlichen oder sonstigen Vorzugsstellungen wäre. Als solcher, sozusagen als „nacktes Ich“, wäre er lediglich mit seiner Leiblichkeit und seiner bloßen Vernunft ausgestattet. Ohne alle Glücksgüter und sonstigen zufälligen Gaben, ohne alle Vorzüge gegenüber anderen Menschen gedacht, sei er tatsächlich Millionärssohn oder ein Hungernder der dritten Welt, weiß oder kann der Mensch doch wissen, daß er sich in seiner Selbstbestimmung insbesondere der Anerkennung anderer verdankt.

Diese Anerkennung ist fundamentaler als alle bloß negative Abgrenzung gegenüber Menschen. Sie ist eine der fundamentalsten Lebensbedingungen des Menschen als Mensch. Auch Haß und Mißgunst sind nur möglich auf der Basis irgendwo zuvor realisierter Mitmenschlichkeit. Also: Die Gründe dafür, Mitmenschen im Gegenzug Anerkennung zu zollen, sind allemal fundierter als solche Gründe, die dagegen sprechen. Und das gilt grundsätzlich gegenüber jedermann.

Das „nackte Ich" hat sich, insofern es ein Ich ist, immer schon für die Anerkennung entschieden. Damit aber bleibt ihm, wenn es denn konsequent sein und sich nicht selber widersprechen will, nur die Anerkennung jedes anderen einfach deshalb, weil der auch ein Ich, ein Mensch ist. Die sittliche Einsicht und das erwähnte Bedingungsgefüge um die Anerkennung führen so zur Universalisierung jedes engeren sittlichen Gebots zum Sittengesetz.

Während es für die oben (Kapitel 17) angestellten bewußtseinstheoretischen Überlegungen anders als im 19. und in den ersten Dekaden des 20. Jahrhunderts in der Gegenwart nicht ganz leicht ist, eine größere Zahl Gleichgesinnter zu finden, stellt sich die Situation hinsichtlich des Anerkennungstheorems ganz anders dar. So liegt es etwa auf der Hand, sich an John Rawls' „Theorie der Gerechtigkeit" zu erinnern, in der er die Grundsätze der Gerechtigkeit aus einem gedachten „Urzustand" heraus zu entwickeln suchte, in dem „niemand seine Stellung in der Gesellschaft kennt... Die Grundsätze der Gerechtigkeit werden hinter einem Schleier des Nichtwissens festgelegt. Dies gewährleistet, daß dabei niemand durch die Zufälligkeiten der Natur oder der gesellschaftlichen Umstände bevorzugt oder benachteiligt wird. Da sich alle in der gleichen Lage befinden und niemand Grundsätze ausdenken kann, die ihn auf Grund seiner besonderen Verhältnisse bevorzugen, sind die Grundsätze der Gerechtigkeit das Ergebnis einer fairen Übereinkunft oder Verhandlung... Den Urzustand könnte man den angemessenen Ausgangszustand nennen, und damit sind die in ihm getroffenen Grundvereinbarungen fair".[1]

Rawls' „Urzustand" weist wohl mehr als nur Analogien zu dem Gedanken des „nackten Ich" auf. Die bewußtseinstheoretische Absicherung dieses „nackten Ich" zeigt freilich zugleich, daß Rawls wie so viele andere in unserer Zeit dem Risiko einer Erhellung der

Struktur des Subjekts im Urzustand ausweicht. Das tut seiner „Theorie der Gerechtigkeit“ allerdings keinen Abbruch, weil Rawls eben voraussetzt, daß die Anerkennung unter Menschen einer Gesellschaft allem anderen vorausgehen muß. Für eine Moral, die für alle Menschen gelten soll, wäre eine solche Argumentation dagegen wohl kaum tragfähig.

Zurückkehrend zu unserem Gedankengang ist also festzuhalten: Im Sittengesetz wird die sittliche Einsicht auf die Ebene strikter Allgemeinheit gehoben: Gegenüber jedermann gilt die Forderung, ihm die Anerkennung nicht zu verweigern. Da diese Anerkennung aber auch die leiblichen Bedürfnisse umfaßt, werde ich dem anderen im Falle der Not nach meinen Möglichkeiten zu helfen haben, andernfalls würde wahre Anerkennung versagt. Diese verlangt also im Zweifel nicht nur das Unterlassen von Schädigungen, sondern ungeteiltes Wohlwollen.

Ich muß mich zwar um anderer willen nicht selber aufgeben, aber ich habe bei der Nutzung meiner geistigen und manuellen Möglichkeiten die Frage nach meinem Beitrag zum menschlichen Wohlergehen insgesamt zu stellen. Überdies gilt es, das Lebensrecht der übrigen Kreatur im Sinne eines gedeihlichen Miteinanders mit dem Menschen zu respektieren.

Eine solche Entfaltung der sittlichen Einsicht im Sittengesetz ist alles andere als harmlos. Wie wenig streng ist demgegenüber etwa die Lehre jener, die – wie oben erwähnt – lediglich ein „moralisches Gefühl“ des Menschen in Ansatz bringen, was nicht näher begründet wird und dem infolgedessen auch keine wirkliche Pflicht korrespondiert.

Selbst der berühmte kategorische Imperativ Immanuel Kants in seiner ersten Formulierung („Handle nur nach derjenigen Maxime, durch die du zugleich wollen kannst, daß sie ein allgemeines Gesetz werde“)[2] erweckt zumindest den Anschein, ein hehres Wollen zu fordern, ohne aber die Auswirkung solchen Wollens für das je konkrete Menschenleben durchschaubar zu machen.

Unter den zahlreichen Einwänden, die gegen die zitierte erste Formulierung des Imperativs durch Kant erhoben worden sind, muß man nach einem Hinweis von Dieter Henrich[3] auf jeden Fall zwei sehr ernst nehmen: Pflichten des Menschen gegenüber sich selbst scheinen daraus kaum ableitbar, und überdies scheint das inhaltlich Gewollte bei diesem Imperativ unerheblich, die zugehörige Maxime muß nur verallgemeinerungsfähig sein.

Für das im Vergleich mit solchen Ansätzen denkbar schlichte Sittengesetz, das sich in den von uns angestellten Überlegungen abzeichnet, stellt sich dagegen heraus, daß mir z. B. auch die Erweiterung meiner Möglichkeiten durch Schulung und Ausbildung aufgegeben ist. Ich bin also ein Leben lang gefordert, meinen Beitrag für die Menschen und für die Kreatur zu leisten.

Gewiß liegt auch hier das Scheitern stets im Bereich des Möglichen. Aber wenn nach Kant „nichts auf der Welt gut zu schätzen ist als allein ein guter Wille“[4], dann muß dieser Wille einfach so vernünftig sein, nur dasjenige anzupeilen, was in seiner Macht liegt. Dazu aber gehört beispielsweise auch möglichst weitgehendes Erfahrungswissen, was in Kants Ethik leider keineswegs durchweg deutlich wird. Nach Ludwig Wittgenstein muß das Wollen zudem, um sich nicht im bloßen Wünschen zu erschöpfen, schon ein Handeln sein (Philosophische Untersuchungen, Satz 615 [5]). Bei Kant wird dieser Aspekt seines Willensbegriffs zumindest nicht durchgehend klar.

Man könnte versucht sein, das hier bislang nur angedeutete, nicht konkret formulierte Sittengesetz auf jene Formel des Kantschen kategorischen Imperativs zu bringen, die lautet: „Handle so, daß du die Menschheit, sowohl in deiner Person als in der Person eines jeden anderen, jederzeit zugleich als Zweck, niemals bloß als Mittel brauchst.“

Gänzlich überzeugen würde dies indes nicht, denn nach unserer These habe ich nicht nur jeden Menschen als Zweck an sich zu respektieren, soweit er mir in irgendeinem Handlungskontext begegnet, sondern ich soll mich immer schon um aller Mitmenschen willen einsetzen, wobei mir natürlich das Naheliegende – je nach meiner „Reichweite“ – am ehesten aufgegeben ist. Letztlich fordert unser Sittengesetz also mehr.

Aber Kants Gesichtspunkt der Verallgemeinerung der Maxime läßt sich von seiner Methode her für die Anwendung der Forderung universellen Wohlwollens verwenden. Jedenfalls wird ein Entscheidungskriterium greifbar, wenn es darum geht, unter Voraussetzung bestehenden mitmenschlichen Wohlwollens die Frage zu klären, ob dieses Wohlwollen in Allgemeinheit zu denken ist.

Forderungen, die anderen Menschen die Chancen auf eine eigene Entwicklung nehmen, sind in diesem Sinne nicht verallgemeinerungsfähig. Das Verschwenden von Kapital – ob für Luxus oder für unnütze politische Prestigeobjekte – ist in einer Welt der Übervölkerung und der Ressourcenknappheit ein Verstoß gegen das Sittengesetz. Die Beispiele ließen sich leicht vermehren, wie sich schon in den früheren Kapiteln in den verschiedensten Bereichen gezeigt hat.

Was aber über Kant und seine erwähnte weitere Formulierung des kategorischen Imperativs hinaus auf alle Fälle auch berücksichtigt werden muß, ist der eigene moralische Rang der nichtmenschlichen Kreatur. Gewiß kann das Vernunftwesen Mensch nicht erwarten, daß sich das Tier an das Sittengesetz hält. Aber auch wenn es dem Sittengesetz mangels eigener Vernunft nicht unterworfen ist, so ist es doch ein eigener Zweck und als solcher gehört es zur Allheit jener Zwecke, die anzuerkennen Sache des Menschen ist. Während indes das Gebot der Anerkennung anderer Menschen schlechthin gilt, kann das Gebot der Anerkennung von bloßen (unvernünftigen) Naturwesen in ihrer Natürlichkeit nur unter der Bedingung gelten, daß die Natur darum nicht unnatürlich werden muß. (Der Löwe an sich ist nach dieser Auffassung – anders als etwa für diejenige Kants – ein Zweck an sich. Der Löwe im Wohnzimmer wäre dagegen eine Problemfigur.)

Vom Organismus über die Anerkennung durch die Bezugsperson zum Selbstbewußtsein, das ist der Weg des Subjekts. Vom anderen Organismus und seinen Äußerungen schließt dieses Subjekt analog zurück auf dessen Subjektivität. Dasselbe tut es auch bei nicht ichhaftem Bewußtsein. Dessen „Äußerungen" lassen sich in der Regel nicht voll verifizieren, wie es die Kommunikation unter Menschen erlaubt. Aber sicherlich ist die Entsprechung mancher „Äußerungen" höherer Tiere zu denjenigen von Menschen mitzuempfinden, evtl. gar zu erkennen. Tieren Schmerz zu bereiten, ist deshalb verwerflich.

Ob sich Organisches auf eine ihm innewohnende Vernunft hin ordnet oder nicht, ob es vielleicht gar auf eine ihm äußere Vernunft („zum Ruhme Gottes" oder ähnliches) hin ausgerichtet ist, kann für die reine Bestimmung eines Selbstzwecks dahingestellt bleiben. Indem das Vernunftwesen Mensch erkennen muß, daß seine Vernunft ihrer selbst nur über den Organismus habhaft wird, muß es auch Organisches schlechthin als selbständigen Zweck anerkennen.

Jedenfalls kann sich die Vernunft nicht selber absolut setzen. Lange genug hat sie solches – nicht zuletzt wohl auf Grund theologischer Einflüsse – getan. Der Preis dieser Selbstüberhebung der Vernunft ist letztlich in gewisser Weise ein schizophrenes Menschenbild: Dem Menschen wird eine Geistesgröße unterstellt, die er nicht zu „leben" vermag. Eines der Relikte solcher Selbstüberhebung des Menschen über seinen Organismus und die diesem Organismus verbundene Psyche dürfte übrigens das Zölibat für katholische Priester sein.

Nach dem Dargelegten erscheint es offensichtlich zu kurz gegriffen, aller nichtmenschlichen Kreatur ein Existenzrecht nur deshalb zuzusprechen, weil es sein könnte, daß selbst zur Zeit noch unnütz erscheinende Lebewesen unseren Kindern oder Kindeskindern eines Tages von Nutzen sein werden. Der entscheidende Gedanke ist vielmehr, daß uns das Sittengesetz aufgibt, nach besten Kräften ein Miteinander der Zwecke herbeizuführen.

Solches Miteinander der Zwecke macht es auch erforderlich, Schädlinge oder das Überhandnehmen einzelner Arten zu bekämpfen. Die oft unfaßlich große Verschwendung, die die Natur hinsichtlich der Individuen geschehen läßt, nur um die Art zu erhalten, spricht gerade für den lenkenden Eingriff. Allerdings ist, wie schon früher angemerkt, heute auch absehbar, daß der Mensch um der Sicherung des Miteinanders und seiner Zukunft willen die weitere Vermehrung seiner eigenen Art begrenzen muß.

Nachdem das Anerkennungstheorem solchermaßen in seiner Reichweite abgesteckt sein dürfte, scheint die Erwägung sinnvoll, ob sich das bislang nur umschriebene, nicht aber formulierte Sittengesetz in eine knappe, plausible Form fassen läßt. Offensichtlich nähert sich diese Formel jener Norm des Neuen Testamentes an, die da lautet „Liebe deinen Nächsten wie dich selbst". Ergänzen müßte man dies nur um einen Halbsatz etwa der Form „und achte das Lebensrecht aller Kreatur". Um es aber in einem etwas spröderen Sprachgebrauch der Gegenwart zu fassen: Wir müssen uns als Menschen bei allem Handeln fragen, was uns zu tun gebührt, damit allen Menschen eine angemessene Lebenschance bleibt und auch die übrige Kreatur, so weit sie einen Zweck an sich darstellt, keinen weiteren Schaden nimmt.

Ob es neben solcher relativ offenen Formel sinnvoll ist, immer weitere Details in immer weitergehende Klauseln zu fassen, läßt sich mit guten Gründen bezweifeln. Wenn man akzeptiert, daß Wohlwollen gegenüber jedermann und gegenüber der belebten Natur gefordert ist, tut sich für denjenigen, der solches praktiziert, doch immer wieder ein eigener Erfahrungshorizont auf. Der eine wird die Abgrenzung so und der andere so ziehen, gewisse Gegensätze wird es immer geben, wie es auch nie ein bloß statisches Miteinander geben kann.

Jene Liebe des Neuen Testaments oder der hier gewählte Terminus „Wohlwollen" haben ja kaum streng zu fassende Konturen. In praxi heißt dies, daß eigentlich an konkreten Fällen ein Gespür entwickelt werden muß dafür, was mein Wohlwollen hier gebietet.
Um es an einem Beispiel zu erläutern:

Dem Kind, das aus vermeintlichem Wohlwollen nur verwöhnt wird, dürfte vor allem geschadet werden. Zwar mag die Ansicht der Alten, die sagten „Wer seine Kinder liebt, der züchtigt sie", kaum so gemeint gewesen sein, wie es sich heute anhört. Aber Wohlwollen muß eben auch eine gewisse Härte vermitteln, muß das Kind an seinen Pflichtenkodex heranführen. Das Sittengesetz muß in solchem Sinne „gelebt" werden, damit es anderen wieder einen Halt gibt.

Nichts läßt sich in solchem Zusammenhang starr fassen. Das wird gleichfalls deutlich am Problem der Abstufung zwischen den verschiedenen Arten der belebten Natur. Auch der Verzehr von Tieren ist gewiß nicht völlig auszuschließen, obwohl dies manche Menschen aus ehrlicher Überzeugung ablehnen. Die Natur selber ist aber nun einmal auf solchen Verzehr hin angelegt. Es müßte jedoch sehr wohl zu denken geben, wenn durch solchen Verzehr Tierarten in ihrem Bestand gefährdet sind, wenn Tiere rein zum Zwecke des Verzehrs an jeder natürlichen Lebensweise gehindert werden oder wenn das Töten der Tiere von Qualen begleitet ist.

Eine starre Fassung des Sittengesetzes wäre schon um der Sittlichkeit selber willen problematisch. Die knappe Formel, die langes Nachdenken verzichtbar macht, wirkt hier eher verdächtig. Das Wohlwollen gegenüber jedermann und aller Kreatur sollte also immer im Zusammenhang mit der sittlichen Einsicht gesehen werden, nach der die umfassende Anerkennung anderer Zwecke – und damit also auch der eigenen Zwecke nichtmenschlicher Lebewesen – der Selbstbestimmung im Gedanken „ich" einzig gemäß ist.

Pflicht und Verantwortung vor den Menschen und vor aller Kreatur wollen also jederzeit bedacht und abgewogen sein. Je komplexer unsere Weltsicht wird und werden muß, um das Aufgegebene einlösen zu können, desto weniger kann es Patentlösungen geben. Selbstgerechtigkeit auf der Basis vermeintlich schlüssiger Formeln wäre die Verkehrung moralischen Trachtens in sein Gegenteil.

Aus den erwähnten Günden sollte mit Blick auf so manchen Versuch zur Ethik – darunter auch die Kantsche „Metaphysik der Sitten“ – die Frage diskutiert werden, ob es angehen kann, die Ethik quasi in eine Reihe von Spezialimperativen auszudifferenzieren, welche dann für alle typischen Lebenssituationen sozusagen als Stützkorsett dienen sollen. In einer Gesellschaft, die sich beständig im Wandel befindet, scheinen allerdings gerade die typischen Fälle immer von neuem in die Strudel des Wandels zu geraten.

So wird heute mutmaßlich so manche Ehe – entgegen der vor dem Traualtar erklärten Absicht – gar nicht mehr mit dem unbedingten Willen geschlossen, zusammenzubleiben bis einer der Partner stirbt. Wo aber beide Partner entsprechende Vorbehalte machen, liegt zumindest die Forderung, das gegebene Eheversprechen unbedingt einzuhalten, nicht mehr wie selbstverständlich auf der Hand.

Daß jene Kleriker, die in der Ehe ein Sakrament erkennen, dies anders ansehen, kann im Rahmen der dabei geltenden theologischen Voraussetzungen übrigens „Geltung“ haben, ohne daß deshalb unsere Ausführungen davon in Frage gestellt würden. Ganz anders stellt sich aber auch aus der Sicht des Ethikers die Auflösung der Ehe dar, wenn es wenigstens einem der Partner immer ernst gewesen ist um die Dauerhaftigkeit des Lebensbundes oder wenn sich das Lebensbild von Kindern auch daher bestimmt, welche Mitmenschlichkeit ihnen von Eltern vorgelebt wird.

Durchweg also gehört zur Anwendung eines sittlichen Imperativs die Pflicht, ohne jede Selbsttäuschung die Situation zu beurteilen, in welcher ein Handeln gefordert erscheint. Bei der Frage der Verteilung der Produktivitätsfortschritte der Unternehmen einer Volkswirtschaft beispielsweise (vgl. Kapitel 7), wird also die Möglichkeit einer Verallgemeinerung der Verhaltensmaxime zu diskutieren sein: Was bedeutet die Mehrforderung für die Arbeitslosen in der Gesellschaft? Verbleiben dem Unternehmen die nötigen Spielräume, in die Zukunft zu investieren und alle nötigen Umweltstandards einzuhalten?

Gewiß scheint es in solchen Auseinandersetzungen undenkbar, auch noch die vergleichbaren „Tarife“ in der dritten Welt und die Investitionslücke in deren Ländern zu berücksichtigen. An völlig unterschiedlicher Produktivität und gewaltig auseinanderklaffenden Lebenshaltungskosten ist dabei aber nicht vorbeizukommen. Tarifrunden haben nur dann Bestand vor dem universell geltenden Sittengesetz, wenn sie Spielräume für Investitionen lassen (vgl. Kapitel 5).

Ein für dieses Kapitel abschließender Gedanke soll noch die Frage aufnehmen, ob es nicht auch für die hier skizzierte Ethik wie teilweise auch bei Fachphilosophen erforderlich scheint, ein sittliches Unterscheidungsprinzip („principium diiudicationis") und ein Ausführungsprinzip („principium executionis") auseinanderzuhalten. Dies hält beispielsweise Dieter Henrich in der erwähnten kleinen Schrift für unerläßlich.[6] Das Auseinanderhalten beider Prinzipien scheint dann gefordert, wenn man dem Subjekt zwar zubilligt, das sittlich Gebotene zu erkennen, wenn man damit aber noch keineswegs eine entsprechende Gesamtverfassung des Subjekts einräumt, das sittlich Gebotene auch in die Tat umzusetzen.

Solche Überlegungen gehören insbesondere in die Reihe derjenigen Theorien, die sich mit der Begründung der Freiheit des Menschen schwertun. Daß die Vernunft nicht voll in den Kausalnexus eingebunden ist und deshalb über logische Kategorien verfügt, daß sie demgemäß logische Zusammenhänge nach eigenständigen Geltungskriterien (der „Wahrheit") aufdecken kann, reicht diesen Theorien nicht für die Annahme der menschlichen Freiheit aus.

Aus unserem Gedankengang steht demgegenüber aber fest, daß soviel Bescheidenheit nun auch wieder nicht gerechtfertigt ist, was ja auch der deutsche Idealismus gegen die Kantsche Skepsis zur Möglichkeit eines Freiheitsbeweises ins Feld geführt hatte. Indem sich das menschliche Bewußtsein durch jenen erwähnten abstrahierenden Schritt von der situativen Bindung befreit und im Selbstbewußtsein somit seine Freiheit wählt, kann es auch sein Handeln als seines steuern und verantworten, und sei es zunächst nur dadurch, daß es andere verlockende Handlungsziele schlicht „ausblendet".

Solches Ausblenden ist ja im reinen Gedanken „ich" schon angelegt. Auch hierzu kann man Hegel – wiederum natürlich nur in partieller Übereinstimmung – heranziehen: „Der Wille enthält ... das Element der reinen Unbestimmtheit oder der reinen Reflexion des Ich in sich, in welcher jede Beschränkung, jeder durch die Natur, die Bedürfnisse, Begierden und Triebe unmittelbar vorhandener, oder, wodurch es sei, gegebener und bestimmter Inhalt aufgelöst ist; die schrankenlose Unendlichkeit der absoluten Abstraktion oder Allgemeinheit, das reine Denken seiner selbst."[7]

Natürlich kann der Mensch nun auch bei Hegel beide Wege einschlagen: „Das Selbstbewußtsein in der Eitelkeit aller sonst geltenden Bestimmungen und in der reinen Innerlichkeit des Willens, ist ebensosehr die Möglichkeit, das an und für sich Allgemeine, als die Willkür, die eigene Besonderheit über das Allgemeine zum Prinzipe zu machen, und sie durch Handeln zu realisieren – böse zu sein."[8]

Man mag darüber ins Grübeln geraten, ob es zulässig ist, die Hegelsche Philophie mit ihrem gewaltigen Gesamtanspruch so dreist als eine Art Steinbruch zu benutzen, um sich brauchbare Stücke herauszubrechen. Aber es ist auf der anderen Seite doch auch wieder frappierend zu sehen, daß ausgerechnet dort, wo in der deutschen Philosophie der spekulative Gedanke eine kaum dagewesene Überhöhung erfuhr, die Einsichten über den Menschen auch heute noch sachgemäß erscheinen.

Zum Abschluß unserer Betrachtungen über das Sittengesetz sei noch ein weiterer Aspekt erwähnt: Wir haben uns mit unserer bisherigen Argumentation weitestgehend auf dem Boden derjenigen ethischen Theorien bewegt, für die der Pflichtbegriff eine zentrale Stellung einnimmt. Unter Rückgriff auf das griechische „deon" (= Pflicht) spricht man insoweit bekanntlich von deontologischen Theorien. In einem gewissen Gegensatz zu diesem Theorietyp steht der bereits erwähnte Utilitarismus, der sogleich danach fragt, was das Tun des einen den anderen Menschen bringt. Das Verblüffende an dem von uns abgeleiteten – oder besser: in Erinnerung gerufenen – Sittengesetz ist es nun, daß die konsequente Begründung dieses deontologischen Ansatzes im Ergebnis mit demjenigen des Utilitarismus weitgehend übereinkommt. „Das größte Glück für die größte Zahl" scheint ja doch keinen anderen Adressatenkreis unseres Handelns zu betreffen als das Wohlwollen gegenüber jedermann.

Es bedürfte einer sehr gründlichen und begrifflich möglichst trennscharfen Untersuchung, um sagen zu können, wo dennoch Unterschiede auch im Ergebnis bleiben. So dürfte beispielsweise dasjenige, was im Utilitarismus „Glück" heißt, in der Deontologie etwas anders gesehen werden. Entscheidend für unseren Argumentationsduktus ist aber etwas anderes: Die konsequent durchdachte Deontologie, die nicht im Formalismus steckenbleibt, sondern auch den materiellen Gründen der moralischen Verpflichtung nachgeht, erreicht über die dargelegten Elemente einer Subjektstheorie eine Begründungsdimension, die sich dem Utilitarimus nicht erschließt.

1 John Rawls, Eine Theorie der Gerechtigkeit, Frankfurt 1979, S. 29.

2 Immanuel Kant, Grundlegung zur Metaphysik der Sitten, Akad. Ausg. S. 421.

3 Dieter Henrich, Selbstverhältnisse (Aufsatz „Ethik der Autonomie") S. 23 ff.

4 Kant, a.a.O. S. 393.

5 Ludwig Wittgenstein Philosophische Untersuchungen, Satz 615, in: Schriften 1, Frankfurt 1969, S. 470 f.

6 Henrich a.a.O. S. 17 ff. und 28 ff.

7 Hegel, Grundlinien der Philosophie des Rechts, 5.

8 a.a.O. 139.

Kapitel 19

Warum moralisch sein?

Daß die hier vertretene Ethik im Grunde einer sehr schlichten Gedankenfügung entspringt, mögen ihr einige Vertreter gegenwärtig angesehener Theorien als Nachteil ankreiden. Für andere hingegen mag in solcher Schlichtheit gerade der Vorteil liegen. Auch wenn das nötige Erfahrungswissen, das wir in allzu vielen Fällen konkreter Durchführung sittlicher Vorgaben brauchen, sehr umfangreich sein mag: Die sittliche Einsicht muß zunächst einmal jeder Vernunft zugänglich sein. Daß dies der Fall ist, hatte sich im Rahmen unseres Gedankenganges ergeben.

Dennoch aber stellt sich die Frage, warum ich überhaupt moralisch handeln soll, oder – bezogen auf die bisherigen Konkretisierungen –: Warum soll ich eigentlich in Wohlwollen gegen jedermann jene in sich widerspruchsfreie Lebenswirklichkeit anstreben, in der ein gedeihliches Miteinander aller Menschen und der nichtmenschlichen Kreatur möglich ist? Könnte es denn nicht um meines eigenen Glückes willen weit klüger sein, mich etwa auf eine reiche Gesellschaftsordnung wie diejenige der Bundesrepublik zu beschränken, im Zweifel auch noch ein paar Asylbewerber zu dulden, ein paar Almosen für die Hungernden der Welt zu spenden und im übrigen meinen Vorteil zu suchen?

Das Glück, das solchermaßen gesucht wird, muß mit moralischen Maßstäben nichts zu tun haben. Und was wäre schon gegen eine Haltung zu sagen, mit der Menschen glücklich werden? Den „pursuit of happiness“ garantiert die amerikanische Verfassung. Aber wie schon so oft in der Philosophie und im Leben ist die Frage zu stellen: Was heißt hier eigentlich „Glück“? Seine Verfolgung kann das Schicksal ungezählter Menschen einfach verdrängen, die Pflicht gegenüber dem Mitmenschen und der Kreatur im besseren Falle auf kleinere, überschaubare Kreise begrenzen. Man kann – besonders wenn man den Verbrauch der natürlichen Ressourcen betrachtet – noch nicht einmal mit Sicherheit ausschließen, daß solches Glück nicht geradezu zu Lasten anderer erlangt wird.

Warum moralisch leben? – Das Glück, das vielleicht alle Menschen verständlicherweise anstreben, wäre wohl nur dann etwas anderes als ein egoistischer Entwurf von einzelnen oder Gruppen, wenn in dem

Begriff „Glück“ alle Mitmenschen und die Kreatur mitbedacht würden. Dies allerdings kann in zweierlei Weise geschehen: negativ so, daß nach besten Kräften niemandes (individuelles) Glück beeinträchtigt wird, und positiv so, daß man an der Erreichung des Glücks auch aller anderen aktiv teilnimmt, daß also Glück kein individuelles, sondern ein die Allheit einschließendes Ziel ist.

Mißt man solches Anstreben des Glückes aller an jenem „höchsten Gut“, das Immanuel Kant als die „unbedingte Totalität des Gegenstandes der reinen praktischen Vernunft“ in seiner „Kritik der praktischen Vernunft“[1] eingeführt hat, erscheint unser Ansatz immer noch als bescheiden. Das „höchste Gut“ verbindet nämlich Tugend und Glückseligkeit, wobei die Glückseligkeit im höchsten Gut die Tugend oder „das moralisch gesetzmäßige Verhalten als Bedingung voraussetzt“. Um der Möglichkeit und der Realisierbarkeit des höchsten Gutes willen postulierte Kant sogar Gott „als Grund aller Verbindlichkeit“, und er postulierte zudem die Unsterblichkeit der Seele.

Kants Lehre vom „höchsten Gut“ dürfte damit zu tun haben, daß seine Ethik überhaupt an dem metaphysisch orientierten Begriff „gut“ anknüpft, wie schon seine „Grundlegung zur Methaphysik der Sitten“ mit dem berühmten Wort beginnt: „Es ist überall nichts in der Welt, ja auch außer derselben zu denken möglich, was ohne Einschränkung für gut könnte gehalten werden, als allein ein guter Wille.“ Das „gut“ unterliegt hier keinen Bedingungen, es wird also nicht etwa im Sinne von „gut zu etwas anderem“ benutzt. So liegt es nahe, eine Idee eines schlechthin, ohne alle weitere Bedingung Guten zu formulieren.

Indem man aber mit diesem Gedanken alle Bedingungen hinter sich läßt, fragt sich, wie er denn wenigstens in kleinen Portionen eine Diesseitigkeit zurückgewinnen soll. Möchten wir beispielsweise im oben angesprochenen Sinne soweit möglich das Glück aller Kreatur durch unser Handeln fördern, kann dies allenfalls bedeuten, Menschen bei der Schaffung von Ausgangsbedingungen behilflich zu sein, selber ihr Glück mit Vernunft zu bestimmen. Immer wieder mag jemand hier oder dort das Gefühl haben, seine Pflicht nach besten Kräften getan zu haben, daß er dabei „das Gute“ verwirklicht hätte, kann er allenfalls kurzzeitig und dann eher irrtümlich annehmen.

„Das Gute“ zu tun ist also schon ein großes Vorhaben, es anzustreben, ohne es wirklich, d. h. als unbedingtes, zu erkennen, scheint da schon realistischer. Und so fragt sich, ob man die Idee vom „höchsten Gut" nicht sogleich einer religiösen Dimension einfügen sollte. Die Liebe, das Wohlwollen, das ich Mitmenschen und sonstiger Kreatur zuteil werden lassen kann, scheinen da schon irdischere Größen. Das muß jener Idee zwar keinen Abbruch tun, es fragt sich nur, ob – analog zur theoretischen Philosophie Kants – die Begriffsmetaphysik von höchstem Gut, Gott und Unsterblichkeit nicht zu weit getrieben ist und der Kritik bedarf.

Während solche Vorstellungen vom „höchsten Gut" jedenfalls heute kaum mehr eine Rolle spielen, kommt doch immer wieder einmal – ob als Schlußpunkt oder als von vornherein angegebenes Ziel einer Ethik – die eudämonistische Vorstellung auf, es müsse dem Menschen um Glückseligkeit oder ein „erfülltes Leben" (Robert Spaemann) gehen. Nun mag es zwar berechtigt sein zu bedenken, was dem Menschen als Sinn seines eigenen Lebens vorschwebt. Aber das sittliche Kriterium kann gerade nicht in einem frei gewählten Glück liegen. Das „erfüllte Leben" mag sich einstellen auf Grund eines Verhaltens, das gerade nicht vornehmlich auf den eigenen Vorteil bedacht ist. Dies genau war ja auch der Irrtum im heute so verbreiteten Ziel der Selbstverwirklichung: Es geht gerade an demjenigen vorbei, was dem Selbst einen Sinn und Halt gibt: das andere Subjekt, die Kreatur.

Mit unseren Erwägungen ist zugleich eine gewisse Absage verbunden an solche Theorien, die die Ethik in eine Art Dienstbarkeit zur Religion bringen möchten. Der theoretische Geltungsanspruch („die Wahrheit") und der praktische Geltungsanspruch (nach herkömmlicher Auffassung „das Gute") bleiben seit der Aufklärung nun einmal unabhängig vom religiösen Glauben. Und der Mensch, der die Kraft hat oder zu haben meint, ohne einen Glauben auskommen zu können, kann doch im moralischen Sinne der Besten einer sein. Ob sich ihm selber sein Leben schließlich als erfüllt darstellt oder nicht und ob der religiöse Mensch in dem beruhigenden Gedanken seine Tage verbringt, daß über die Erfüllung seines Lebens Gott entscheide, ist eine Betrachtungsweise sui generis.

Es ist aus der Sicht der hier vertretenen Ethik gewiß nichts dagegen zu sagen, wenn Menschen an Gott und an eine Zukunft über den Tod hinaus glauben. Ja, dieser Glaube mag sogar wichtig sein, weil er sich mit einer Selbstbescheidung verbindet, die die Gebrechlichkeit allen menschlichen Handelns erst erträglich macht: Wenn wir auf die

„Illusion einer unbegrenzten Vervollkommnungsfähigkeit“ verzichten müssen, legt sich der Glaube an eine Instanz nahe, die uns dennoch eine „verheißungsvolle Zukunft“ zusichert.[2]

Ethik und religiöser Glaube schließen einander jedenfalls nicht aus, es ließe sich weit eher vertreten, daß der Glaube der Ethik einen umfassenderen Sinn zu geben vermag, als sie ihn selber ergreifen kann. Insofern bleibt auch heute noch an Kant festzuhalten. Sein Konzept eines „vernünftigen Glaubens“[3] dürfte immer noch weit mehr Menschen eine Hilfe bieten können, als dies bloße Philosophie kann.

Aber zu viele Menschen fürchten doch heute auch, daß religiöser Glaube vielleicht nur ein bloßes Placebo ist, ein Medikament, das an sich nichts bewirkt, das nur dadurch wirkt, daß man darauf vertraut. Glaube, der sich so in Frage zu stellen beginnt, ist aber auch kein Placebo mehr. Mit allem Trost der Religion wäre es für die meisten Menschen vorbei, wenn nicht eine wesentliche situative Perspektive hinzukäme: In höchster Not entspringt der Ruf nach Gott eben doch einem in dieser Lage wirklichen Glauben. Ist es freilich mit der Not vorbei, ist oft auch der Glaube vergessen bzw. auf die Ebene einer mehr hypothetischen Verfassung zurückgeführt, die kein Bekenntnis erforderlich macht, die nur für ernstere Fälle immer wieder aktivierbar ist.

Derjenige allerdings, der solches Schwanken unter moralischem Gesichtswinkel betrachtet, erkennt den Menschen der Nachaufklärungsphase als Halm im Wind. Das Ungefestigte des heutigen Individualismus (s. o. Kap. 13) hat gewiß nach den berechtigten Bekundungen namhafter Denker auch damit zu tun, daß der Glaube so unsicher geworden ist. Ethik aber, die sich nicht im Diskurs erschöpft, kann durchaus versucht sein, den bloß situationsbezogenen Glauben zurückzuweisen:

Gottesglaube verträgt sich ohne weiteres mit dem angedeuteten Sittengesetz, wie es ja auch das Neue Testament schon fixiert hat. Aber Menschen, die einmal in rationalistischer Selbstüberhebung angeblich über alle Religion erhaben sind und die dies beim andern Mal, d. h. in der Krise, nicht durchzuhalten vermögen, haben nicht wirklich zu jener widerspruchsfreien Identität gefunden, welche Moral von uns fordert. Ein durchgehaltener vernünftiger Glaube vermag dann schon eher diese widerspruchsfreie Identität zu sichern, zumal er insbesondere der Selbstüberhebung einen wirkungsvollen Riegel vorschiebt.

Aus dem Dargelegten dürfte einleuchten, daß es keineswegs in der Konsequenz der Ethik liegt, zur Religion in Konkurrenz zu treten. Sofern Religion zu der Überzeugung gelangt, Letztbegründung sei nur aus ihrer Sicht möglich, mag dies aus dieser Perspektive sogar berechtigt sein. Aus der Sicht der hier vertretenen Ethik kann die praktische Vernunft nur die Frage stellen, ob diese Religion jener sittlichen Einsicht im Selbstbewußtsein Abbruch tut oder nicht. Wo der Ungläubige als derjenige gesehen wird, den es zu bekämpfen gilt, offenbart Religion ihre eigene Unmenschlichkeit. Wo aber der (ungläubige) Samariter der Menschlichere ist und dies die Religion einräumt, ist nichts verstellt.

Vor solchem Hintergrund hat die Lehre von Hans Küng viel für sich. Für ihn besitzt das Christentum kein Wahrheitsmonopol, und die Ethik, das „Humanum", ist ein entscheidendes Kriterium für die Wahrheit der Religion. „Sollte es nicht möglich sein, mit der Berufung auf die gemeinsame Menschlichkeit aller ein allgemein-ethisches Grundkriterium zu formulieren, das auf dem Humanum, dem wahrhaft Menschlichen, konkret auf der Menschenwürde und den ihr zugeordneten Grundwerten beruht?"[4]

Wahrhaftes Menschsein kann sich bei Küng nicht wieder aus der jeweiligen Religion herleiten, sonst wäre es kein Kriterium mehr für die Menschlichkeit der Religionen. Ein außerreligiöses Kriterium ist nun allerdings für den Letztbegründungsanspruch von Religionen eine heikle Sache. Was bleibt von Religion übrig, wenn sie von anderen Begründungsinstanzen abhängig wird? Mit solchen Problemen fertigzuwerden, ist Sache der Theologen. Der Philosoph kann – wie übrigens auch der Menschenrechtler – nur fordern, eine Ethik, die in jedem Subjekt als solchen ursprünglich verankert ist, zu berücksichtigen.

Gerade mit Blick auf den Individualismus, der nicht zuletzt auch ein Ergebnis der Aufklärung war und dessen Stabilität in unserem Gedankengang angezweifelt wurde, empfiehlt sich noch ein weiterer Exkurs. In seinem Buch „Religion nach der Aufklärung" hat der Philosoph Hermann Lübbe die These vertreten, Religion sei entscheidendes Element der „Kontingenzbewältigungspraxis". Dies kommt zweifelsohne mit der zitierten Aussage von Jürgen Werbick überein:

Die Umstände, in die wir geboren sind, unsere Begabungen und alles sonstige Zufallsbedingte sind aus der Sicht unseres eigenen Handelns unverfügbare Größen, mit denen wir uns abfinden müssen. Keine Aufklärung kann dahinter zurück. Und nur in der Anerkennung all solcher Zufälligkeit, in der Anerkennung dieser „Kontingenz" unseres Daseins[5] erreichen wir eine Verhaltenskultur, die das Leben lebbar macht. Dazu aber, so Lübbe, ist Religion praktisch unverzichtbar. Wollten wir „selbsttäuschungsfrei und wahrheitsfähig existieren", seien wir auf Religion angewiesen[6] und auch Moral sei deshalb letztlich nur „in religiöser Lebensorientierung lebbar".[7]

Angewandt auf unsere Zeit ist es nun allerdings gerade für denjenigen, dem das Wohl aller Menschen und der sonstigen Kreatur am Herzen liegt, schwer zu verkraften, was da um uns herum geschieht bzw. geschah. Während jahrelang in Bosnien die Menschen in einem Krieg mit unfaßlich archaischen Kriegszielen starben und verdarben, während anderswo Millionen hungern und auf der Flucht sind oder auch während einzelne Menschen um uns herum nur noch in Qualen leben, lassen wir es uns recht gut gehen in der Hoffnung, daß es nicht wieder so schlecht wird, wie es das auch schon mal war. Kann man sich über solche Unterschiede eigentlich noch beruhigen ohne die Hoffnung, daß es eine Instanz gäbe, bei der alles Leid ein Ende hat?

Gerade für denjenigen, der es mit der Moral ernst meint und der nicht zugleich auch über eine tröstliche religiöse Gewißheit verfügt, ist solche Realität mehr als anstößig. Immer wieder wird in ihm die Frage aufkeimen, ob er nicht mehr tun müßte, immer wieder wird er darüber fast verzweifeln, daß er nicht mehr tun kann. Moralische Konsequenz ohne religiösen Glauben, das scheint ein schweres Unterfangen, auch wenn es rein logisch gerade nicht undenkbar ist. Ist man nun ein größerer Realist, wenn man auf jenen Glauben verzichtet, um das Schwere bewußt mitzutragen, oder kommt man einer ungeteilten Realität näher, wenn man glaubt und einer anderen Instanz den größeren Teil der Last all des Leides überläßt?

Im Zusammenhang mit der Argumentation Lübbes steht es, daß Aufklärung keine eigene Verhaltensstabilität des Menschen garantieren könne, ja sie habe sogar den Anfechtungen durch die Hochideologien Marxismus und Faschismus den Weg geebnet. Wenn aber, so der Zürcher Philosoph, Aufklärung nicht ihre eigenen Lebensbedingungen garantieren kann, erscheint Religion quasi als ihre Schutzmacht.[8]

So faszinierend sich solche Thesen auch darstellen mögen, es gibt dennoch gute Gründe, sie zumindest in ihrer letzten Schlußfolgerung in Frage zu stellen. So wird gerade in der Gegenwart besonders augenfällig, wie mit dem Niedergang des Marxismus auch die Funktion der Kirchen als Zufluchtstätten versinkt, ohne daß sich deshalb andere, „lebendige“ Formen der Religiosität abzeichneten. Allenfalls könnte man versuchen, jene neuen Formen von Spiritualität im Sinne Lübbes aufzubieten, die ganz bewußt den Zusammenhang von Religiosität und Vernunft aufgeben. Dann aber wäre energisch zu bestreiten, daß Religion „Schutzmacht“ von Aufklärung sein könnte.

Auch die heutigen vielfältigen, irrational erscheinenden Formen der Angst (s. o. Kap. 13) lassen im übrigen Zweifel aufkommen, ob hier der religiöse Mensch der Nachaufklärungsphase gefestigter ist als der nichtreligiöse Mensch. Wie oft waren es gerade kirchliche oder kirchennahe Kreise, die ihre Angst oder evtl. ihr Ängste in den vergangenen Jahren besonders laut betont haben.

Sofern die Angst nur von diesem oder jenem Objekt, von Atombombe oder Kernkraftwerk, von Chemiebetrieb oder Zeckenbiß herrührt, wird man die ganz praktische Frage danach stellen müssen, ob diese Angst wirklich berechtigt ist und wie ihr auf der Subjekt- bzw. auf der Objektseite zu begegnen sei. Dort aber, wo die Angst Grundbefindlichkeit sein soll, wo sie weitgehend das Subjekt ausmacht und sich nur auf Objekte jeweils entlädt, scheint sie eine Frage der ganzen menschlichen Identität zu sein.

Erinnern wir uns an die Erwähnung Martin Heideggers (Ende Kap. 13). Laut seinem Werk „Sein und Zeit“ sollte die Grundbefindlichkeit der Angst eine ausgezeichnete Erschlossenheit des Daseins sein. „Die Angst offenbart im Dasein das Sein zum eigensten Seinkönnen, das heißt das Freisein für die Freiheit des Sich-selbst-wählens und -ergreifens.“[9] Die Angst, so scheint Heidegger hier zu meinen, eröffne dem Menschen erst den Blick auf seine Freiheit. Angst scheint danach der Freiheit innigst verbunden zu sein.

Aus Heideggers Sicht dürfte es mutmaßlich „vulgäres“ Denken sein, was ihm hier entgegengehalten wird. Aber wir hatten immerhin gute Gründe dafür gefunden, daß mit dem Selbstbewußtsein zugleich die Freiheit gewählt wird. Man kann im Sinne unserer Argumentation gute Gründe dafür anführen, daß Heidegger nicht nur – wie er es beansprucht – Verschüttetes neu thematisiert hat, sondern daß er seinerseits anderes verschüttet hat. Heidegger hat sich von der Kantschen und Fichteschen Frage nach dem Selbstbewußtsein abgewandt und lieber nach den gemeinsamen Wurzeln von Denken und Anschauen gesucht.[10] Da sich aber offenbar in einer Erklärung des Selbstbewußtseins entscheidende Hinweise auch auf das menschliche Dasein ergeben, muß man Heideggers Thesen zu Dasein und Angst denn doch erheblich relativieren.

Ausgerechnet der Theologie unserer Tage scheint es nun aber besonders wichtig zu sein, an jener von Kierkegaard aufgebrachten und von Heidegger vertieften Perspektive einer Grundbefindlichkeit der Angst festzuhalten. Ja, man könnte geradezu die Frage stellen, ob in manchen theologischen Ansätzen eigentlich der religiöse Glaube dazu da ist, die Angst zu überwinden, oder ob der Angst gehuldigt wird, um Anlaß zum Glauben zu finden.

Die Theologie als Geisteswissenschaft hat es verstanden, die Erkenntnisse von Geschichts- und Sozialwissenschaften zu verarbeiten. Die historisch-kritische Methode hat für den vernunftgeleiteten Menschen der Gegenwart viel Erhellendes gebracht und dabei auch vieles so sehr relativiert, daß manche Menschen die Rückkehr zum unverfälschten Wortlaut der Bibel fordern und praktizieren. Jedenfalls scheint mit der historisch-kritischen Methode der Zeitgeist offenen Zugang zu den religiösen Aussagen der Theologen gefunden zu haben.

In diesem Sinne war es auch nicht verwunderlich, wie viele Kreis- und Landessynoden der evangelischen Kirche beispielsweise während der Phase des Meinungsstreites um den NATO-Nachrüstungsbeschluß (vgl. oben Kap. 5) gar nicht mehr die Frage stellten, wie eine verbindliche Auslegung der Bergpredigt und des Neuen Testaments aussehen mußte, um von daher die Diskussion zu führen, ob man sich überhaupt so weit in die Politik vorwagen konnte. Nein, der politische Wille vieler Synodaler entschied und überwand auf diese Weise die Zweifel. An anderes, was in der Bergpredigt ebenso kategorisch steht wie das Gebot der Feindesliebe, hielten sich die Synodalen freilich nicht: Man weiß eben vorweg, daß man nicht leben kann wie die Vögel im Himmel, die nicht säen und nicht ernten und die doch von ihrem himmlischen Vater ernährt werden.

Ergriffen vom jeweiligen Zeitgeist wissen offensichtlich viele Theologen dem Zeitgeist nicht mehr zu steuern. Wo solches erkennbar wird, scheint es nicht unberechtigt, die Frage zu stellen, ob nicht ein Sittengesetz, das als Norm die Zeitlichkeit hinter sich läßt und das zu Zeiten Christi genauso galt wie es heute gilt, sogar manche Theologen zu neuer Einkehr bringen müßte: Es kann nicht darum gehen, die Angst wenigstens soweit zu pflegen, daß sie ängstigend allezeit erhalten bleibe, es muß darum gehen, zu tun, was die sittliche Norm gebietet.

Es gibt trotz aller Angstverkünder in der heutigen Gesellschaft viele Menschen, die Sorgen kennen, die aber von einer existentiellen Grundbefindlichkeit der Angst nichts spüren. Soll man also nun soweit kommen, sie alle für krank zu halten? Ängste und Sorgen mögen – immer wieder erfahrbar – menschliches Leben solange begleiten, wie es vernunftgeleitetes Leben ist. Das heißt aber nicht, daß Angst schlechthin eine Wesensbestimmung des Menschen wäre.

Im übrigen sollte der Mensch doch wohl seine eigene Relativität erkennen und „leben" können. Aussagen, die unterstellen, solch ein Mensch müsse zur Kompensation der Angst versuchen, selber „Absolutheiten" zu schaffen, sind Deutungen von Fehlentwicklungen. Ein zwingender Zusammenhang läßt sich nicht erkennen. Der Beweis dafür, daß jene Relativität nicht gelebt werden kann, steht jedenfalls aus. Viel schwerer erscheint es da erträglich, welches Leid andere Menschen zu tragen haben (s. o.). Sich an seiner eigenen Angst bzw. seinen Ängsten hochranken zu wollen, erscheint demgegenüber extrem egoistisch.

Angst, so steht es fest, kann man abarbeiten. Manche Psychologen, manche Pschoanalytiker und – von deren Erkenntnissen gewitzt – auch manche Theologen werden hierbei natürlich Verdrängungsversuche mutmaßen. Wo indes die Angst nicht als stehende und bleibende Grundbefindlichkeit des Menschseins nachweisbar ist, kann auch niemand beweisen, daß ein Handeln im Sinne des Sittengesetzes, die ernsthafte Arbeit, nur Verdrängung eines „Eigentlichen" sei.

„Vertiefen" lassen sich Ängste freilich erfolgreich im repressionsfreien Diskurs. Angst steckt bekanntlich an. Und diejenigen, die die solchermaßen gepflegte Angst politisch zu nutzen gewillt waren, hat es auch gegeben und gibt es noch immer. Gewiß hat die radikale Linke insoweit derzeit schlechte Karten. Aber wenn man betrachtet, was etwa auf der radikalen Rechten allein aus der Angst vor Ausländern gemacht wird, weiß man doch genauso gut, daß Angst „ein schlechter Ratgeber" ist (Helmut Schmidt).

Nun mag es durchaus sein, daß man die „Partei“ der Angst im Grunde weit überschätzt. Jedenfalls scheinen ihre Verkünder in der veröffentlichten Meinung ebenso überrepräsentiert zu sein wie die bekannten negativen Nachrichten. Wer fände es schon erwähnenswert, wenn eine Kirchengemeinde ihren Gottesdienst verläßt und gestärkt und vertrauensvoll in die Woche geht?

Soweit es aber anders ist, sollte es gerade einer Ethik erlaubt sein zu sagen, wo statt der Pflege von Angstgefühlen Mut und Verantwortungsbereitschaft weiterhelfen können. Insofern wird sich der schlichte Ethiker jedenfalls von der feinsinnigen Theologie der Angst nicht ins Bockshorn jagen lassen. Ohnehin beantwortet sich ja auch die Frage nach dem Sinn des Lebens nicht unbedingt gänzlich anders, je nachdem, ob sie von der Ethik oder von der Religion aufgenommen wird:

Es ist das Wohlwollen, die Liebe für den Mitmenschen und die Achtung, die ich der Kreatur zolle, welche den Sinn meines Lebens nach der skizzierten Ethik ausmachen. Wer dazu aus Sicht der Religion noch die Liebe zu Gott hinzufügt, der dem Menschen und der Kreatur Erlösung verspricht, braucht sich mit dem Nichtgläubigen kaum zu streiten. Von beiden Perspektiven her gesehen ist kaum etwas Größeres denkbar, als wenn Menschen sogar das eigene Leben für andere hingeben, sofern es eine außerordentliche Situation erfordert. Sache der Lebenden aber ist es, die Opfer der Toten als Sinn zu erkennen und demgemäß zu handeln.

So hat der Mensch – aus der Offenheit fürs Bestimmtwerden kommend – mit dem Schritt zum Selbstbewußtsein seine Freiheit gewählt. Er kann sich ihrer nicht mehr entledigen. Die Vernunft als Wille ist deshalb gefordert. Ihm ist es aufgegeben, das Allgemeine, das Wesentliche zu wollen und zu tun. Um dazu nochmals mit Hegel fortzufahren: „Das Gute hat zu dem besonderen Subjekte das Verhältnis, das Wesentliche seines Willens zu sein, der hiermit darin schlechthin seine Verpflichtung hat. Indem die Besonderheit von dem Guten unterschieden ist und in den subjektiven Willen fällt, so hat das Gute zunächst nur die Bestimmung der allgemein abstrakten Wesentlichkeit, – der Pflicht; – um dieser ihrer Bestimmung willen soll die Pflicht um der Pflicht willen getan werden.“[11]

Angesichts solcher Vorgaben, verliert sich ans „Besondere“, wer sich der Angst überläßt. Ja, auch die Angst lädt im Grunde nur ein zum Vergessen der Pflicht. Warum moralisch sein? Weil ich nur so ganz

Mensch sein kann, ohne mich zu erheben und auch ohne mich selber belanglos zu machen.

[1] Kant, Kritik der praktischen Vernunft, Akad. Ausgabe S. 194 ff.

[2] Vgl. etwa Jürgen Werbick, Schulderfahrung und Bußsakrament, Mainz 1985, S. 47 f.

[3] Kant, Grundlegung zur Metaphysik der Sitten, Akad. Ausgabe S. 462.

[4] Hans Küng, Theologie im Aufbruch – Eine ökumenische Grundlegung, Zürich 1987, S. 292.

[5] Hermann Lübbe, Religion nach der Aufklärung, Graz, Wien, Köln 1986, S. 167.

[6] a.a.O. S. 255.

[7] a.a.O. S. 217.

[8] a.a.O. S. 279.

[9] Heidegger, Sein und Zeit, S. 188.

[10] Vgl. dazu Heideggers Buch „Kant und das Problem der Metaphysik", Frankfurt 1951.

[11] Hegel, Grundlinien der Philosophie des Rechts, § 133.

Kapitel 20

Der Prozeß der Zivilisation und die Freiheit

Gehen wir vor dem Hintergrund unserer Überlegungen zur ursprünglichen sittlichen Einsicht und zum Sittengesetz nochmals ein auf die gesellschaftlichen Entwicklungen in Deutschland und anderen westlichen Industriestaaten. Individualismus, Pluralismus und Wohlfahrtsstaatlichkeit verbunden mit dem Populismus der Politiker und der Verführbarkeit der Massen scheinen alle zusammen einen Prozeß auszumachen, den niemand mehr grundsätzlich zu steuern vermag. Dieser Prozeß dürfte in die Entwicklungslinien dessen gehören, was Norbert Elias den „Prozeß der Zivilisation" nannte.

Im „Entwurf zu einer Theorie der Zivilisation", der das letzte Drittel des zweiten Bandes „über den Prozeß der Zivilisation" darstellt, wird in aller Deutlichkeit ausgesprochen, daß dieser Prozeß kein Produkt der menschlichen Vernunft ist und genausowenig einer auf weite Sicht berechneten Planung entspringt. „Die Zivilisation ist nichts ‚Vernünftiges': sie ist nichts ‚Rationales', so wenig sie etwas ‚Irrationales' ist", schrieb Elias. Sie werde „blind in Gang gesetzt und in Gang gehalten durch die Eigendynamik eines Beziehungsgeflechts, durch spezifische Veränderungen der Art, in der die Menschen miteinander zu leben gehalten sind."[1]

Der Soziologe, der den Prozeß auf Grund einer langfristigen Betrachtungsweise sehr positiv sah und seine jüngste Phase nicht mehr erlebte, vermerkte mit Nachdruck: Die „fundamentale Verflechtung der einzelnen, menschlichen Pläne und Handlungen kann Wandlungen und Gestaltungen herbeiführen, die kein einzelner Mensch geplant oder geschaffen hat. Aus ihr, aus der Interdependenz der Menschen, ergibt sich eine Ordnung von ganz spezifischer Art, eine Ordnung, die zwingender und stärker ist, als Wille und Vernunft der einzelnen Menschen, die sie bilden".[2] Wenn diese Ordnung und damit der ganze Prozeß wirklich zwingender und stärker ist als der einzelne Mensch, scheint es übel auszusehen, sofern die von Elias erkannte positive Entwicklungsrichtung des Prozesses nicht stimmt bzw. irgendwann umschlägt.

Die Ausführungen von Elias wissen sowohl die psychischen als auch die sozialen Aspekte des Prozesses zusammenzufassen. Je genauer man dies betrachtet, um so schwerer ist ersichtlich, wie ein solcher Prozeß irgendwann einmal einer rationalen Steuerung zugänglich gemacht werden könnte. Da mit dem Fortschreiten des Prozesses regelmäßig nicht zuletzt eine fortschreitende Entlastung des Subjekts verbunden ist, scheint eine Art Rückabwicklung kaum mehr denkbar. Bis in welche Verästelungen hinein der Prozeß der Zivilisation die Menschen verändert, läßt sich mit Elias beispielsweise an Scham- und Peinlichkeitsgefühlen festmachen, die der Zivilisationsprozeß überhaupt erst hervorbringt.[3]

Beunruhigend mit Blick auf unsere Gedankengänge zu ursprünglicher sittlicher Einsicht und Sittengesetz ist es damit schon, daß die Veränderung der menschlichen Psyche bis in sublime Bereiche hinein zu den Ergebnissen der Übernahme und Internalisierung von Vorgaben des Zivilisationsprozesses gehören:

„Erst wenn man sieht, mit welch hohem Maß von Zwangsläufigkeit ein bestimmter Gesellschaftsaufbau, eine bestimmte Form der gesellschaftlichen Verflechtung kraft ihrer Spannungen zu einer spezifischen Veränderung und damit zu anderen Formen der Verflechtung hindrängt, erst dann kann man verstehen, wie jene Veränderungen des menschlichen Habitus, jene Veränderungen in der Modellierung des plastischen, psychischen Apparats zustande kommen, die sich in der Menschheitsgeschichte von den frühesten Zeiten an bis zur Gegenwart immer von neuem beobachten lassen."[4] Wo so dezidiert von der „Modellierung des plastischen, psychischen Apparats" beim Menschen die Rede ist, wird die Frage unausweichlich, ob diese Modellierung nicht auch schon die ursprüngliche sittliche Einsicht berührt oder gar weitgehend überformen kann.

Man könnte diese Frage noch untermauern mit offenkundigen Entwicklungen unserer Zeit: So fällt es etwa – an vielen Beispielen belegbar – Fernsehjournalisten nicht schwer, ansonsten brave Bürger vor der Kamera zu der Aussage zu veranlassen, daß sie es einer Versicherung nach Meldung eines Diebstahls nicht mitteilen würden, wenn sich Einzelstücke der Diebesbeute anderweitig wiederfinden. Es gilt also überhaupt nicht mehr als anstößig, die Versicherung zu betrügen, gesellschaftliche Ächtung droht nicht. Die Modellierung scheint erstaunliche Trends anzunehmen, wenn man solche Elemente des Prozesses der Zivilisation genauer betrachtet.

Mit Bezug auf die Ausführungen von Elias sollte deshalb interessieren, woher seine Zuversicht rührt, daß jener Prozeß dermaßen positiv verlaufen wird, daß über seine negativen Aspekte kaum gesprochen werden muß. Zum Ausklang des Werkes stellt der Sozialwissenschaftler dar, daß sich immer weitergehende Verflechtungen auch zwischen den Staaten ergeben würden, daß sich auf solchem Wege die zwischenstaatlichen und die innerstaatlichen Spannungen austragen lassen würden. Erst wenn dies erreicht sei, „werden wir mit besserem Recht von uns sagen können, daß wir zivilisiert sind".[5]

So endet das Werk mit einer Utopie: Es könne eines Tages nicht mehr die Ausnahme, sondern die Regel sein, „daß der einzelne Mensch jenes optimale Gleichgewicht seiner Seele findet, das wir so oft mit großen Worten wie ‚Gück' und ‚Freiheit' beschwören: ein dauerhafteres Gleichgewicht oder gar Einklang zwischen seinen gesellschaftlichen Aufgaben, zwischen den gesamten Anforderungen seiner sozialen Existenz auf der einen Seite und seinen persönlichen Neigungen und Bedürfnissen auf der anderen".[6]

Mit solchen Verheißungen hat indes noch kaum jemand einen guten Griff getan. So war es – wie eingangs (Kap. 1) erwähnt – noch vor wenigen Jahren Francis Fukuyama, der mit der Behauptung scheiterte, mit dem Untergang des Kommunismus und dem Sieg der liberalen Demokratie sei das Ende der Geschichte zumindest im Prinzip erreicht. Bezüglich der Überlegungen Elias' aber könnte man aus den Erfahrungen der letzten Jahre zu der Vermutung kommen, daß der Prozeß der Zivilisation, unter freiheitlichen Bedingungen ablaufend, genauso zur Ausdifferenzierung kleinerer sozialer Gemeinwesen wie zur Integration immer größerer Einheiten führen kann.

Gemessen an den in diesem Buch angewandten Kriterien spricht nun aber auch ansonsten nichts für Elias' ungeteilte Zuversicht bezüglich des Zivilisationsprozesses. Eher schon könnte man diesen Prozeß mittlerweile mit einer Marktwirtschaft vergleichen, der keine Ordnungspolitik angepaßt worden ist und die deshalb zunehmende Fehlentwicklungen aufweist. Die Frage ist nur, ob auch in einem weitergehenden Sinne über den Wettbewerbsdruck der Volkswirtschaften eine Hoffnung auf rational konzipierte Korrekturen für den Prozeß der Zivilisation besteht.

Wenn es überhaupt eine Basis für eine Gegenbewegung gegen die bisherige Verlaufsrichtung des Prozesses der Zivilisation geben sollte, wenn sich die Vernunft gegen Fehlentwicklungen soll stemmen können, dann spricht vielleicht eher das Unverfälschte jener ursprünglichen sittlichen Einsicht dafür, diese Instanz zu sein, als etwa die Optimierungsempfehlungen von Volkswirtschaftlern und klugen Wirtschaftspolitikern, die sich ohnehin nur zu oft im Gestrüpp der pluralistischen Gesellschaft verheddern.

Beide Ausgangsebenen für gewisse Kurskorrekturen schließen einander allerdings nicht im strengen Sinne aus, sondern könnten sich im positivsten Falle sogar ergänzen. Überdies kann noch hinzukommen, daß eine zunehmende Zahl von Menschen (gut utilitaristisch) zu der Einsicht gelangt, ohne Hemmung des Egoismus gehe es allen Menschen schrittweise immer schlechter. Das eben ist ja der Ansatz der Kommunitarier. Vielleicht kann es auch sein, daß sich solche Gegenkräfte auf irgendeiner Stufe so sehr aktivieren, daß irgendwo eine Art Gleichgewicht entsteht. Der gesamte Prozeß würde dann – ob mit rational steuernden Elementen oder nicht – schlecht und recht weiterlaufen.

Immerhin spricht für diese Möglichkeit auch der erwähnte Wettbewerbsdruck: Leistungsfähigere gesellschaftliche Systeme veranlassen andere Systeme jedenfalls zu Anpassungsversuchen. So hat beispielsweise die britische Wirtschaft durch die einschneidenden Maßnahmen der früheren Premierministerin Margaret Thatcher zu einer Vitalität zurückgefunden, die inzwischen für die übrige Europäische Union weit überdurchschnittlich ist. Eine für die Entwicklung zufällige und doch sehr erhebliche Rolle hat es dabei aber auch gespielt, daß Frau Thatcher ein entscheidendes Tief ihrer Regierungszeit durch den Falkland-Krieg überwunden hat, in dem ihr die argentinische Militärjunta die Chance bot, alte britische „Tugenden“ im Sinne von „Britannia rule the waves“ zu reaktivieren.

Margaret Thatcher hat aber insgesamt – ob man es nun durchweg gutheißt oder zu manchen ihrer Maßnahmen strenge Distanz hält – mehr bewegt, als dies für heutige Gesellschaften – speziell aber für diejenige der Bundesrepublik mit ihren umfassenden „checks and balances“ des Verfassungssystems – noch denkbar schien. Allerdings läßt gerade das britische Verfassungssystem, das kein föderales Gegengewicht, kein Verfassungsgericht, nur ein schwaches Oberhaus und ein rigoroses Mehrheitswahlrecht kennt, eine Machtansammlung in den Händen eines erfolgreichen Premiers zu, wie dies etwa in Deutschland unmöglich scheint.

Solche Regenerationsfähigkeit eines Staates, bei dem auch Elemente einer rationalen Steuerung des Zivilisationsprozesses erkennbar zu sein scheinen, hat also über den entsprechenden Konkurrenzdruck auch wieder Einfüsse auf andere Länder. Ähnlicher oder noch stärkerer Konkurrenzdruck ist mittlerweile im übrigen durch die Staaten Osteuropas und die wirtschaftlich aufstrebenden Staaten des Fernen Ostens entstanden. Doch auch wenn solcher Druck jedenfalls von der Wirtschaft in andere Bereiche ausstrahlt, kann er den Prozeß der Zivilisation nur dann in eine bessere Richtung lenken, wenn der zu steigernden Leistungsbereitschaft auch mehr soziale Veranwortung auf freiwilliger Basis zur Seite tritt.

Je nach der Tiefe des Einschnitts durch eine Krise, die sich durch höhere Staatsverschuldung und Fortschreibung der Probleme nicht mehr lösen läßt, werden jedenfalls Korrekturen unausweichlich. Wenn so in einer Gesellschaft ein grundsätzliches Umdenken erfolgen soll, wenn der Prozeß der Zivilisation solchermaßen beeinflußt werden soll, daß Verantwortung und Pflichterfüllung des einzelnen nicht weiter von dem Prozeß überwuchert, sondern gegen diesen Prozeß verstärkt zur Geltung gebracht werden sollen, gilt es, der liberalen Demokratie neue Impulse zu geben.

Wie wir bereits erwähnt haben, gibt es namhafte Theoretiker, die mit guten Gründen vertreten, daß die liberalen Demokratien die Sinn-Grundlagen nicht schaffen können, von denen sie leben (s. zuletzt oben Kap. 19). Alles, was solche Staaten ihren Bürgern zu geben vermögen, scheint sich heutzutage in meßbaren Vor- und Nachteilen prüfen zu lassen. Die Loyalität der Bürger gilt dem System also nicht mehr im umfassenden Sinne, nicht mehr auf Gedeih und Verderb. Aller Sinn, der von den einzelnen oder auch von Gruppen produziert wird, wirkt in keiner Weise kollektiv verbindlich. Ohne andere Sinnlieferanten, so hatte es Lübbe dargelegt, stünde es schlecht um die Demokratie.

Jene, die das genauso sehen, ohne mit Lübbe auf die tragende Funktion der Religion zu hoffen, nutzen teilweise die vielversprechende Formel, es müßten erst „neue Werte" gefunden werden. Auch die bis zum Überdruß zu hörende These vom Wertewandel, der sich in den modernen Gesellschaften vollziehe, entspringt im Grunde demselben Relativismus, der die Haltlosigkeit der liberalen Demokratie ausmacht. Empirisch-analytisch dürfte also die Aussage von jenem grundlegenden Manko der freiheitlichsten aller Staatsformen zutreffen.

Allerdings wissen zugleich auch fast alle, daß es ohne einen moralischen Minimalkonsens in keiner Gesellschaft geht und daß nur eine kulturübergreifende Moral zuverlässig den Frieden zwischen den Völkern sichern kann. So empfiehlt sich der Versuch, einen rechtliche und sittliche Elemente umfassenden, normativen Ansatz zu prüfen, mit dem sich ein ganz anderes Ergebnis denken läßt: Liberale Demokratie setzt ja doch an ihrer Basis freie, vernünftige Menschen voraus. Wenn nun unsere Gedankenführung betreffend ursprüngliche sittliche Einsicht und Sittengesetz zutrifft, dann zehrt die liberale Demokratie von dieser Basis und findet zugleich ihre entscheidende Sicherung darin, daß sie diese Basis in ihrer Lebenskraft keinem Erosionsprozeß aussetzt.

Wollte man in solchem Zusammenhang Verfassungstheoretiker bemühen, mit deren Lehre unsere Auffassung zu Deckung kommt, fällt der Blick auf den viel zu früh verstorbenen Max Imboden. Er hat 1961 unter dem Titel „Politische Systeme" in einer in Basel gehaltenen Vorlesung für Hörer aller Fakultäten auf den idealistischen Ursprung des Verfassungsstaates aufmerksam gemacht. Das Volk nämlich, das gemäß allen demokratischen Verfassungen der wahre Souverän ist, kann als solcher Souverän nicht identisch sein mit dem beherrschten Volk:

Der „dem Verfassungsstaat eigene Gedanke einer letzten Harmonie von Herrscher und Beherrschtem bleibt ... eine nur gedachte Gegebenheit. Sie nur als ‚Scheinvorstellung' zu bezeichnen, wäre zwar ein zu hartes Urteil; jedenfalls aber entspricht ihr keine greifbare Wirklichkeit. Denn das ‚Volk', wie es am Ursprung der Herrschaft steht, ist eine andere Größe als das Volk, wie es schließlich zum Gegenstand der Herrschaft wird. Das Volk als vorgestellter Träger der Staatsgewalt ist nicht eine reale Potenz, eine sichtbar handelnde Einheit; es ist eine bloße Idee."[7]

Jeder, der an solchen Thesen nicht zumindest etwas Wahres erkennt und glaubt, ohne alle ideellen Voraussetzungen sei auf das tatsächliche Volk als Souverän Verlaß, der versuche nur einmal probeweise, auf Meinungsumfragen ein funktionsfähiges Gemeinwesen aufzubauen. So sagt Imboden: „Am Ursprung des Staates steht das Volk als die der Gemeinschaft immanente unbeirrbare Vernunft ..."[8] Imboden kam anschließend (also schon 1961) zur folgenden Aussage: „Wird das Volk nicht mehr als Inbegriff der verpflichtenden Maximen des Gemeinwohls verstanden, rückt es vielmehr zum selbständigen Machtträger auf, dann muß die demokratie gouvernee innerlich auseinanderbrechen. In diesem Prozeß sind wir heute begriffen."[9]

Wendet man Imbodens weitere Differenzierungen an, befinden wir uns heute gemäß seiner Begrifflichkeit nach der Zwischenstufe der „realen Demokratie" mit Gruppenkonkurrenz (der Parteien) auf dem Weg zur „pluralistischen Funktionsgemeinschaft". Hier könnten zwar zunächst „allein die individualistischen Züge hervortreten – in einem solchen Maße, daß man in dieser Ordnung die zeitgemäße Form des ‚Person-Seins' hat erkennen wollen. Gewiß ist dieses politische System intentionell darauf gerichtet, dem Einzelnen das Dasein zu erleichtern. Je mehr indessen die Daseinsvorsorge zum Leitprinzip der geschaffenen Institutionen wird, desto mehr verliert sich der Befürsorgte an die helfende und tragende Funktionsgemeinschaft. Mit goldenen Ketten wird er dem das Gesicht des großen Fürsorgers tragenden Kollektiv verpflichtet. Er wird Glied der ‚einsamen Masse'. Er ist einsam und massengebunden zugleich. Einerseits auf sich selbst zurückgeworfen, bleibt er andererseits doch unlösbar an den ihn umgebenden und umhegenden Leistungsapparat gebunden".[10]

Die pluralistische Funktionsgemeinschaft liegt mithin in der Konsequenz des ungelenkten Prozesses der Zivilisation. Selbst die Richter der höchsten Gerichte, selbst die Verfassungsrichter in Karlsruhe, von denen man doch vielleicht ein etwas klareres Verständnis der Entwicklung unserer Verfassungswirklichkeit erwartet hatte, haben diese Entwicklung mit vorangetrieben, als säßen sie wie Bundestagsabgeordnete im Parlament (wie es bezeichnenderweise auch einige von ihnen getan haben). Würde man dem Verfassungsgericht aber vorwerfen, es habe sich der Entwicklung zur pluralistischen Funktionsgemeinschaft nicht genügend in den Weg gestellt, kämen heftige Kommentare der Art, man wolle das höchste Gericht für altliberale oder gar reaktionäre Auffassungen mißbrauchen. So etwas verfängt immer.

Besinnt man sich indes – auf die Gefahr hin, als Außenseiter abgestempelt zu werden, – auf einen Subjektsbegriff, der dem Demokratiekonzept Max Imbodens entspricht und es zu ergänzen vermag, dürfte sich der in den Kapiteln 17 und 18 entfaltete Ansatz als optimal geeignet erweisen. Das Subjekt der ursprünglichen sittlichen

Einsicht und des erwähnten Sittengesetzes ist ja doch genau diejenige Instanz, die gänzlich real ist und zugleich ideell verwurzelt. Es trägt das Spannungsfeld von Individuum und Gemeinschaft quasi in der eignen Brust. Es weiß, daß es der Gemeinschaft viel schuldet, daß es aber nicht in der Gemeinschaft aufgehen muß und auch nicht sollte. Will es der Einsamkeit der pluralistischen Funktionsgemeinschaft entgehen, will es der Flucht in die Selbstverwirklichungs-Marktsegmente entgehen, muß es der Verführung der „goldenen Ketten“ (s. o.) widerstehen.

Der amerikanische Diplomat und Historiker George F. Kennan hat der Gesellschaft seines Landes in einem 1993 erschienenen Buch ein Zeugnis ausgestellt, das in den gravierenden Punkten mit dem übereinstimmt, was auch für dieses Buch der Anstoß war. Eine durch Konsumsucht, Technologieverherrlichung und Medienrummel deformierte Gesellschaft, die sich ohne Eliten dem Bürokratismus nicht mehr entziehen kann. Die USA haben nach Ansicht Kennans im Grunde schon ihre Handlungsfähigkeit verloren.[11] „Ein pessimistisches Vermächtnis“, schrieb die FAZ in einer Besprechung des Buches. Kennans Rezept richtet sich insbesondere auf die Formung einer neuen Elite. Die Individuen seien geistig und moralisch zu fördern, vor allem ihre Führungsqualitäten.

Die Hoffnung auf eine neue Elite kann jedoch nicht ganz überzeugen. Wer auf Eliten hofft, der muß dann auch noch diese Eliten in die nötigen Schlüsselpositionen bringen. Wer aber sagt uns, daß es solche Eliten – vielleicht in etwas zu kleiner Zahl – nicht längst gibt? Viel mehr spricht dafür, daß die liberalen Demokratien heutigen Zuschnitts diese Eliten gerade nicht in die demokratischen Entscheidungszentren zu holen vermögen oder auch nur holen wollen.

Das Problem scheint wesentlich breiter angelegt. Es gilt, die Individuen so zu festigen, daß sich ihnen die ursprüngliche sittliche Einsicht nicht verstellt und daß sie zugleich in der Verallgemeinerung des Wohlwollens dem Sittengesetz genügen. Es gilt, sie zugleich sensibel zu machen für solches Pflichtgefühl und dafür, daß in der Erfüllung der Pflicht ein Glück zu finden ist, das keine Glücksjagd erreichen kann.

Wer auch immer in der heutigen Gesellschaft noch einen Sinn für die Pflicht hat, kann erkennen, daß die vergessene Pflicht das zentrale Problem unserer Zeit ist. Wie sollen junge Menschen, die Jahr ein,

Jahr aus nur gehört haben, daß die Arbeitszeit verkürzt werden muß und daß den Arbeitnehmern mehr Geld zusteht, dahin kommen zu begreifen, daß die Pflichterfüllung in der Arbeit mehr Zufriedenheit, mehr bleibendes Glück vermittelt als der Zeitvertreib in der „Disco“ und sonstwo? Wie soll in einer Gesellschaft, die nur das Tauziehen um bessere Befriedigung dieser oder jener Interessen kennt, der Sinn für die zentrale Bedeutung von Pflicht und Pflichterfüllung in einem Menschen vermittelt werden?

Im Gespräch mit älteren, für ihre Arbeit engagierten Arbeitnehmern, mit Meistern usw. lassen sich heute aus den resignativen Äußerungen über die neu entstandenen Maßstäbe immer neue Belege dafür erbringen, daß es für hohe Prozentsätze der Menschen vorrangige Sorge ist, nur ja nicht mehr zu arbeiten, als es tariflich vereinbart ist. Ja, es gibt in vielen Betrieben ganze Sanktionskataloge, die es den Mitarbeitern schwermachen, einfach nur ihre Arbeit bestmöglich zu tun. Die vom Vorgesetzten ausgesprochene Anerkennung, welche die bestmögliche Erfüllung einer Pflicht bestätigt, kann geradewegs zu bestimmten Formen der „Abmahnung“ durch die Kollegen führen. Ähnlich ist es in manchen Kreisen, wenn einer die Pflicht gegenüber seiner Familie, gegenüber anderen bewußt ernst nimmt. Wo Pflichterfüllung für andere wie eine Anklage wirken muß, entsteht nur zu leicht ein Anpassungsdruck, die Pflicht „zu vergessen“.

Natürlich sind es die Verlockungen der auf den Konsum von Gütern angelegten Branchen der Marktwirtschaft, welche den Blick auf bessere Inhalte verstellen. Es sind aber genauso auch sozial definierte Erlebnisinhalte, darunter bisweilen sinnloseste Formen des Zeitvertreibs usw., die die Pflicht vergessen machen.

Um letztmals den Zusammenbruch der DDR zu erwähnen: Der Niedergang des Pflichtenkodex der DDR-Bürger, neben legitimen Pflichten von einer Unzahl systemspezifischer Zutaten und von falschen Grundentscheidungen verzerrt und fehlgeleitet, hat zusammen mit den endlosen Verlockungen niederster Art, welche die Marktwirtschaft aufzubieten vermag, eine dramatische Orientierungskrise vieler Menschen aufbrechen lassen. Mancher alte Orden der DDR mag immer noch eine bessere Orientierung gegeben haben, als unwürdige Verlockungen, deren Erfüllung Leere und deren Nichterfüllung Neid und Mißgunst hinterläßt. Aber der Niedergang der DDR hat zugleich auch gezeigt, daß das Verbot solcher Verlockungen die Menschen bevormundet und nicht festigt.

Nimmt man jenes früher erwähnte Manifest amerikanischer Kommunitarier hier nochmals zur Hand, fallen Bestätigung und Abgrenzung nicht mehr schwer. Einerseits ist ihm zuzustimmen, daß der Aufruf gegen Selbstsucht, Raffgier und sonstige egoistische Interessen, daß der Aufruf zu mehr Dienst an der Gemeinschaft in diese Zeit gehört. Andererseits ist die folgende Wendung sehr bezeichnend: „Lebten wir heute in China, würden wir uns mit aller Kraft für mehr individuelle Rechte einsetzen; in den Vereinigten Staaten betonen wir die individuelle und soziale Verantwortung."

So richtig es ist, Gemeinschaftsorientierung zu fordern und die Regierung solange heraushalten zu wollen, wie die untergeordneten Systeme die Probleme selber lösen können: Es ist eine bezüglich der Innenseite des moralischen Subjekts verkürzte Sichtweise. Nicht leicht verkappte Formen der Gleichschaltung, sondern auf jeweils eigener, sittlicher Überzeugung basierendes Handeln ist gefragt. Gerade auch in der heutigen Wohlstandsgesellschaft darf diese Innenseite noch weniger ausgespart werden als jemals zuvor. Es gilt zu erkennen, daß erst moralisches Handeln den Menschen so zu sich finden läßt, daß er zu sich und seinen Mitmenschen in ein Verhältnis der Bejahung kommt. Das aus der getanen Pflicht resultierende Glück wird zu einer zusätzlichen Kraftquelle, sich der Pflicht immer wieder neu zu stellen und ihre Erfüllung anzustreben.

Erst wer dahin gelangt ist, kann den vollen Blick dafür gewinnen, daß unsere Zeit auch über Kostbarkeiten verfügt, die man sich nicht versagen sollte. Mitsamt der Pflichterfüllung lassen sie einen dem Mitmenschen und der übrigen Kreatur aufgeschlossenen Menschen seine je individuelle Lebenserfüllung finden. Das Bleibende an großen Teilen menschlicher Kulturarbeit – auch der Technik –, das Schöne und das Erhabene der Natur wie das Kunstschöne aller Kulturen lassen zugleich unserer Hoffnung Raum, daß es für das Menschliche auf der Welt noch nicht zu spät ist. Mag sein, daß nur der demütige Glaube an Gott diese Hoffnung auch zur Gewißheit machen kann. Was uns so erfüllt, wäre dann sein Wirken auf dieser Welt.

[1] Norbert Elias, Über den Prozeß der Zivilisation, Frankfurt 1976, Bd. 2 S. 312 ff.
[2] a.a.O. S. 314.

[3] a.a.O. S. 397 ff.

[4] a.a.O. S. 315 f.

[5] a.a.O. S. 453.

[6] a.a.O. S. 454.

[7] Max Imboden, Politische Systeme/Staatsformen, Stuttgart 1964, S. 12.

[8] a.a.O. S. 24.

[9] a.a.O.

[10] a.a.O. S. 90 f.

[11] George F. Kennan, Around the Cragged Hill – A Personal and Political Philosophy, London, New York 1993.